개정판 **한국의 가난** 새로운 빈곤, 오래된 과제

| 개정판 |

새로운 빈곤, 오래된 과제

한국의 가난

김수현 · 이현주 · 손병돈 지음

한울
아카데미

머리말

가난은 수천 년 전부터 우리와 함께해왔다. 정도의 차이가 있을 뿐 빈곤 문제는 인류의 출현과 함께 생겨나 지금껏 인간 사회의 오래된 숙제로 남아 있다. 가난 앞에서 무력했던 사회 현실은 많은 개혁가들을 낳았고, 이들은 목소리 높여 빈곤 없는 세상을 외치기도 했다. 수많은 종교들도 이웃의 가난을 돌볼 것을 촉구하면서 가난에 지친 영혼들을 달래왔다. 그럼에도 가난은 지독히도 떨어지지 않는 인류의 적이었다.

제2차 세계대전 이후 현대 복지국가들은 비록 잠깐 동안이나마 가난을 근절할 수 있다는 희망을 품기도 했다. 생산력이 비약적으로 발전하면서 대중 소비 시대가 열리고 민주주의와 각종 복지제도가 자리를 잡자, 불가능해 보였던 빈곤 퇴치가 눈앞에 다가온 듯했다. 그러나 낙관의 시대는 오래가지 못했다. 1970년대부터 선진국에 재정위기가 닥쳐왔던 것이다. 과다한 복지 지출을 그 원인으로 꼽기도 하지만, 기본적으로 재정만의 문제는 아니었다. 세계 분업구조상 선진국들이 더 이상 독점적 지위를 누리기 어려워진 것이다. 이후 복지 혜택은 줄어들었으며, 신자유주의라는 이름으로 경쟁이 권장되었다. 빈곤층은 늘어났으며, 빈곤의 성격도 더 복잡해지고 악화되었다. 물질적 자원의 부족을 뜻하던 빈곤은 문화적·사회적 문제로까지 정의가 확대되었다. 일을 하는데도 빈곤에서 벗어나지 못하는 현상이 확산되면서, 희망의 상실이 빈곤의 가장 중요한 특징으로 떠올랐다. 이른바 새로운 빈곤이 등장한 것이다.

선진국마저 빈곤 문제로 부심하고 있는 상황에서 가난한 나라들의 빈곤은 더욱 심각해졌다. 아시아와 아프리카 등 전통적인 개발도상국들이 밀집된 지역에는 국민의 반 이상이 빈곤 상태에 놓여 있다. 선진국들은 자신의 문제를 해결하지 못하는 것은 물론, 세계적인 자원 수탈 구조를 통해 가난한 나라들이 가난에서 벗어날 기회마저 박탈하고 있다. 원유 가격 상승으로 대체에너지 개발이 활발해졌지만, 차량 한 대가 한 번 넣을 바이오 연료를 생산하는 데 드는 곡식의 양은 가난한 나라 성인 한 명이 1년간 먹을 곡식의 양과 맞먹는다. 선진국의 유가 상승이 가난한 나라의 곡물 가격을 올려놓은 셈이다. 산술적으로 봤을 때 전 세계에서 생산되는 곡물의 양은 전체 인구가 굶지 않아도 될 만큼 이미 충분하다. 이처럼 생산성의 향상으로 자원의 양이 늘어났지만, 사회적 배분의 문제로 빈곤은 여전히 해소되지 않고 있는 것이다. 더구나 저개발 국가에서 벌어지는 정권의 부정, 부패, 독재와 내전은 유리걸식하고 있는 자국민을 돌볼 여유도 이유도 찾지 못하게 하고 있다.

우리나라에도 빈곤의 시대가 다시 찾아왔다. 2008년 미국의 서브프라임 모기지 사태를 계기로 전 세계가 경기침체에 빠지면서 우리도 다시 빈곤층이 늘어나고 있는 것이다. 기준에 따라 조금씩 차이가 있기는 하지만, 최근 우리나라의 빈곤율은 15%를 넘어섰다. 6~7명 중의 한 명이 빈곤층으로 분류되는 것이다. 비록 굶는 사람은 거의 사라졌다지만, 무엇보다 일을 해도 가난한 사람들이 늘어나고 있다. 이른바 개발연대에는 일만 열심히 하면 어떻게든 가난에서 벗어날 수 있었다. 그러나 이제는 아무리 일을 해도 가난한 사람들이 사라지지 않는 시대가 되어버린 것이다. 외환위기를 겪는 동안 우리 사회에서 쓰이게 된 '양극화'라는 용어와 함께 '일하는 빈곤층(워킹 푸어, working poor)' 또는 '신빈곤층' 등은 이제 너무나 일상적인 용어로 자리 잡았다.

이 책은 이렇게 고대부터 지금까지, 후진국에서 선진국에 이르기까지 계속해서 인류를 괴롭혀온 빈곤 문제를 한국 사회의 맥락에서 이해하기 위해 집필되었다. 무엇을 빈곤이라고 하는지, 가난한 사람들은 어떻게 살아가는지, 또 왜 가난해지며, 어떻게 하면 빈곤에서 벗어날 수 있는지에 대한 답을 '우리 사회'의 맥락에서 찾아보았다. 다른 개발도상국이나 선진국의 빈곤 문제를 다룬 책은 쉽게 찾아볼 수 있다. 그러나 우리의 관점에서 우리의 빈곤을 다룬 책은 그야말로 빈곤한 것이 현실이다. 사실 우리의 현실을 바로 보는 것이 더 어려운 것일지도 모른다. 어느 낯선 나라의 참상은 거리를 두고 객관적으로 바라볼 수 있지만, 나의 문제이자 우리 이웃의 문제를 있는 그대로 받아들이는 것은 결코 쉬운 일이 아니다. 여전히 우리 사회에 만연해 있는 자수성가의 신화는 문제를 올바로 보는 것을 더욱 어렵게 한다. 가난은 당사자의 책임으로 전가되며, 빈곤층이 15%가 넘는 시대에도 가난한 사람들이 보호받을 권리는 부끄러운 것으로 취급된다. 이러한 상황에서 우리의 가난을 정확히 바라보려는 노력은 매우 중요하다.

이 책은 먼저 빈곤이란 무엇인가 하는 질문에서 시작한다. 만약 사람들이 자신의 주관적 시각에서 빈곤을 정의한다면 애초부터 논의가 불가능해진다. 어떤 이는 밥을 굶는 절대 빈곤만을 빈곤으로 인정할 수도 있으며, 다른 이는 극단적인 상대 비교를 통해 누군가보다 (즉, 상대적으로) 못사는 모든 경우를 빈곤으로 볼 수도 있다. 따라서 우리가 '가난하다'라고 말할 때는 객관적이고 모두가 납득할 수 있는 기준이 있어야 한다. 그 기준이 합리적이고 정확해야 빈곤 대책에 대해서도 객관적으로 논의할 수 있다. 따라서 다소 이론적인 내용일지라도 1장에서는 빈곤에 대해 다양한 정의를 소개하고, 각 정의가 지닌 문제점과 쟁점을 설명하는 것으로 시작한다.

빈곤은 왜 문제가 될까? 어느 정도의 빈곤은 한 사회의 자연스러운 현상이 아닐까? 이 지점에서 우리는 빈곤과 빈곤 대책을 둘러싼 현격한 시각차를 발견하게 된다. 많은 이들은 빈곤층이 그 자체로 불쌍한 존재이므로 그들을 도와야 한다고 생각한다. 그러나 어떤 이들은 빈곤층 대책, 넓게는 복지정책 자체가 자본주의 체제를 유지하기 위한 방편이라고 본다. 2장에서는 빈곤 문제를 바라보는 다양한 시각들을 살펴보고, 왜 우리가 빈곤 문제에 개입해야 하는지를 정리한다.

이어서 우리나라의 빈곤 상황에 대해 전반적으로 살펴본다. 최근에는 빈곤층에 관한 조사가 과거에 비해서 많이 늘어났기 때문에, 우리나라 빈곤층 실태의 전모가 어느 정도 드러나고 있다. 3장에서는 수입이 최저생계비에 못 미치는 절대 빈곤층 외에도 중위소득의 40~60% 이하로 정의되는 상대 빈곤층에 대해서도 개략적인 모습을 그려본다. 빈곤층의 소득, 인구구조, 가족 상황, 근로활동, 질병, 장애, 주거상황 등을 정리한다. 선진국과 비교해 어떤 특징을 보이는지도 다룬다. 그러나 빈곤층 집단별 특징은 2부에서 다룰 과제로 남겨두었다.

2부에서는 가난의 다양한 모습을 살펴봄으로써 빈곤의 실체에 한 발 더 다가가 본다. 먼저 4장에서는 우리나라 빈곤층에서 가장 큰 비중을 차지하고, 그 원인 역시 개인적인 문제 외에도 역사적으로 누적된 문제를 안고 있는 노인 빈곤에 대해 살펴본다. 노인은 근로활동에 참여하기 어려우므로 가난할 수밖에 없다고 보는 경향이 우리 사회에 여전히 남아 있다. 그러나 외국 사례를 보면 노인의 빈곤율이 오히려 일반 가구보다 낮은 경우가 많다. 이는 결국 우리의 노인 빈곤율이 높은 것이 연금을 비롯한 노후소득 보장제도가 형편없기 때문이라는 것을 의미한다.

5장에서는 거리에서 쉽게 볼 수 있는 빈곤층에 대한 이야기로 이어간다. 그야말로 정처가 없는 빈곤이기에 빈곤의 가장 극단적인 경우라고 할 수 있다. 가족도 집도 이웃도 없이 떠도는 빈곤층이다. 그러나 이들은 일반의 생각과는 달리 거리로 내몰리기까지 많은 사연을 안고 있으며, 대부분 육체적·정신적 질환으로 고통을 받고 있다. 선진국에서도 노숙인 숫자는 줄어들 기미를 보이지 않는다. 1997년 외환위기 이후 우리는 주변에서 더 많은 노숙인과 마주치게 되었지만, 앞으로도 이 문제는 간단히 해결되지 않을 것이다. 쪽방, 고시원, 심야 사우나 등에서 생활하는 사람들처럼 겉으로 드러나지 않는 경우도 많기 때문이다.

노숙인의 빈곤이 우리 사회에 이미 존재하고 있던 빈곤 문제라면, 새롭게 생겨난 유형의 빈곤 문제도 있다. 새로 우리 사회의 일원이 된 결혼 이주 여성이나 탈북자들의 빈곤 문제가 바로 그것이다. 이들의 생활력이나 빈곤을 극복하려는 의지는 매우 높다고 알려져 있다. 6장에서는 이들이 출발선상의 가난을 적절히 극복할 수 있을지, 다른 문화, 다른 사회에 제대로 적응할 수 있을지, 나아가 이들을 우리 이웃으로 받아들이려는 정책적 노력이 적절한지 등을 살펴보고자 한다.

가난한 사람들의 집은 옹색하다. 예전 판자촌이 그러했고, 오늘날 지하 셋방이 그러하다. 돈이 없으니(즉, 가난하니) 싼 집을 찾았을 것이라 짐작하지만, 이들이 사는 집은 허술하고 춥고 불편하다. 이른바 최저주거기준 이하의 주택에 거주하는 경우가 대부분이다. 게다가 얼핏 보면 주거비가 싸 보이지만 실상은 그렇지 않다. 대개 월세로 살다 보니 전세에 비해 오히려 더 부담이 크다. 더 큰 문제는 재개발이니 뉴타운이니 하면서 그마저도 점점 없어지고 있다는 사실이다. 이 때문에 전세금이 크게 오르는 것은 물론이다. 결국 가난 때문에 싼 집에 살 뿐 아니라 싼 집이 없어져서 더 가난해지고 있는 것이다. 7장에서는 이러한 문제에 관해 논의한다.

빈곤층은 모여서 산다. 주거비가 싼 동네가 몰려 있기 때문이기도 하지만, 가난한 사람들이 서로 의지하며 살기도 하기 때문이다. 게다가 서울에서 가난한 사람들이 가장 많이 살고 있는 영구임대아파트의 경우에는 정부가 정책적으로 빈곤층의 입주를 유도하기도 했다. 전국적으로도 빈곤층 비율이 높은 지역은 따로 있다. 대개가 농촌, 산간, 도서 지역 등 낙후된 지역에 집중되어 있다. 이러한 지역에는 젊은이들이 도시로 떠나고 주로 노인들만 남아 있다. 가난을 개인과 가구 단위로 보는 데서 벗어나 지역 단위로도 고민할 필요가 있다. 말하자면 '가난의 지리학'을 생각해보는 것이 8장의 내용이다.

3부에서는 왜 가난해지는지 그 원인을 살펴보고자 한다. 팔자 탓에? 부모 잘못 만나서? 게을러서? 약자를 희생하는 사회·경제 구조 때문에? 사람들마다 강조하는 부분이 다를 것이다. 그러나 국내외에서 이루어진 많은 연구에서는 그러한 선입관 없이 빈곤의 이유를 생각해 볼 수 있는 자료를 이미 생산해두었다.

무엇보다 중요한 것은 일을 해도 가난에서 벗어날 수 없는 경제구조의 문제다. 이른바 근로 빈곤층 문제는 과거 개발연대와 현재의 빈곤을 구별 짓는 가장 중요한 특징이다. 산업구조의 변화와 노동시장의 불안정 속에서 저임금 노동자들이 양산되는 것이 한 원인이다. 근로 빈곤층의 빈곤은 다시 그들이 부양하는 노인이나 아동의 빈곤으로 이어진다. 근로 빈곤층의 빈곤 문제가 전통적 빈곤 문제를 더 악화시키는 것이다. 여기에는 어떤 해결책이 있을까? 기존의 방법으로 해결할 수 있을까? 9장에서는 이처럼 일을 해도 가난에서 벗어날 수 없는 상황에 대해 살펴본다.

이어서 10장에서는 여성의 빈곤을 다룬다. 근로 빈곤층의 60~70%는 여성이다. 여성은 남성보다 임금이 적을 뿐 아니라, 육아나 간병, 가사 등으로 일에 몰두하기가 어렵다. 남성의 노동은 가정을 부양하기 위한 것으로 보는 반면, 여성의 노동은 부업 정도로 치부하는 사회 분위기도 문제다. 여성 가구주의 비율이 20%에 이르는 상황에서 이러한 생각이 남아 있다는 것이 오히려 신기할 정도다. 더구나 이러한 생각에 바탕을 둔 연금제도나 사회복지제도는 여성의 자활과 자립을 더욱더 어렵게 한다.

일하기 어려운 상황에 있는 사람들은 더 쉽게 가난해진다. 노인, 장애인, 만성 및 중증질환자가 있는 가구는 그렇지 않은 가구에 비해 가난에 노출될 가능성이 훨씬 더 높다. 이들은 그야말로 전통적인 빈곤층이다. 이미 수천 년 전부터 이들은 우리 주변에 있어왔고 그래서 그 대책도 발전해왔지만, 우리 사회에서 여전히 가난한 이웃의 전형으로 남아 있다. 이들을 지원해야 할 공공부조제도마저 비현실적인 잣대로 도움이 절실한 대상자를 외면하고 있다. 11장에서는 이들의 빈곤 문제를 살펴본다.

이와 함께 사회적으로 크게 우려할 만한 가난이 있다. 바로 부모가 가난해서 자식이 그 굴레를 벗어나지 못하는 경우다. 부모의 가난이 자식에게 이어지는 것은 얼핏 자연스러운 일일 수 있으나, 바로 이 때문에 많은 젊은이들이 희망 없이 사회에 첫발을 내딛게 된다. 선진국에서는 빈곤의 세습을 막기 위해 매우 많은 정책적 노력을 기울이고 있다. 특히 재산의 정도와 상관없이 교육을 받고 사회적 차별을 당하지 않도록 하는 데 중점을 둔다. 그러나 우리나라에서 교육은 빈곤 탈출 수단이 아니라 오히려 빈곤을 고착화하는 핵심 원인이 되고 있으며, 어려서부터 가난에 따른 차별을 겪기도 한다. 12장에서는 세대를 이어 계속되는 가난의 문제를 논의한다.

4부에서는 우리 사회의 빈곤을 넘어서기 위한 방법을 생각해보고, 희망을 만들기 위한 사회적 노력을 제안한다. 우리나라도 외환위기 이후 이른바 사회안전망 구축을 정부 정책의 최우선 순위에 두고 자원을 투입해왔다. 기초생활보장제도가 자리 잡았으며, 기초연금, 보육서비스 지원 등 직간접적인 빈곤층 지원 대책이 광범위하게 이루어지고 있다. 그러나 아직 우리의 빈곤 대책은 공공부조 일변도에서 벗어나지 못하고 있다. 공공부조, 사회보험, 사회서비스의 3대 안전망이 균형을 이루기는커녕 곳곳에 사각지대가 널려 있다.

따라서 마지막 13장에서는 우리의 사회적 목표를 빈곤 극복에 두고, 다양한 사회안전망을 강화하기 위한 현실적인 방안을 제시한다.

우선은 급한 대로 국민기초생활보장제도를 보완하는 데서 시작할 수 밖에 없다. 그러나 여기에 머물러서는 안 된다. 외환위기 이후 우리 사회정책의 최대 성과가 국민기초생활보장제도 도입이었다면, 이제는 그것을 넘어서야 한다. 적극적 노동시장정책을 도입해 정착시키고, 사회서비스의 종류와 수혜 대상을 확대하며, 사회보험 사각지대를 해소할 수 있는 근본 대책을 단계적으로, 그러나 중단 없이 추진해야 한다. 1997년 이후 우리에게 빈곤은 새롭고 놀라운 현상이었지만, 선진국들의 경험은 이미 빈곤 문제를 극복할 위한 해법을 알려주고 있다. 다각적인 사회안전망과 더 많은 일할 기회, 적절한 노동의 대가가 그것이다. 이에 대해 국민들이 이해하고 예측할 수 있도록 비전과 로드맵을 제시해야 한다. 각 정당들은 바로 이 영역에서 경쟁해야 하며, 진보와 보수를 가르는 잣대도 여기서 찾아야 한다.

이 책은 세 사람의 협동 작업으로 저술되었다. 김수현은 철거민, 노숙인 문제 등을 다루며 빈곤 문제를 몸소 체험하면서 연구했다. 노무현 정부 기간에는 사회정책비서관으로 참여하면서 빈곤 극복을 위한 사회적 노력과 그 한계에 대해 고민했다. 이현주는 한국보건사회연구원에서 빈곤에 관해 여러 건의 연구를 남겼다. 차상위 빈곤층 연구를 계속해왔고, 빈곤에 대한 기존 논의를 정리한 보고서를 여러 권 발간하기도 했다. 손병돈은 대학에서 빈곤 문제를 가르치며 이미 『빈곤과 사회복지정책』이라는 책을 저술했고, 기초생활보장제도의 효과, 노인 빈곤 문제 등에 관해 여러 편의 논문을 발표했다. 이렇게 세 명의 필자는 각기 다른 배경과 활동 분야에서 빈곤 문제에 관심을 쏟아왔다.

필자들이 의기투합한 것은 우리 사회의 빈곤 문제에 대해 대중이 읽을 만한 책이 없기 때문이었다. 개발도상국의 빈곤 문제를 다룬 책들(삭스, 2006; 데이비스, 2007; 다나카 외, 2007)이 사회과학 분야 베스트셀러에 오르는 동안, 우리나라의 빈곤 문제는 전문가들의 토론 과제 정도로만 다뤄질 뿐이었다. 학생들에게 빈곤론을 가르치려 해도 강의가 개설된 대학도 없을뿐더러 마땅한 교재조차 없는 실정이다. 따라서 이 책은 외환위기 이후 우리나라에서도 급성장한 빈곤 연구를 대중과 공유하는 한편, 새롭게 닥친 경제위기 속에서 이미 만성화된 빈곤 문제를 어떻게 이해하고 대처할 것인지를 사회적으로 논의하는 데 그 목적을 두었다. 되도록 쉽게, 그러나 고민거리는 풍부하게 담자는 것이 필자들의 의도였지만, 제대로 이루어졌는지는 의문이다.

보통 필자가 여럿이면 각 장별로 담당자의 이름을 밝히는 것이 상례다. 그러나 이 책은 초안을 작성한 사람은 있되 함께 토론하고 수정했으므로 특별히 누군가에게 장별로 책임을 맡길 이유가 없다. 다시 말해, 책 전반의 내용과 수준에 대해서는 공동의 책임이다.

이 책은 아직 출발에 지나지 않는다. 사회복지 분야에 종사하는 사람들까지도 빈곤에 대해 '자신만의 시각'(편견인 경우가 많다)으로 보고 있는 마당에, 빈곤 문제의 온전한 모습을 공유하기까지는 아직 갈 길이 멀다. 더 많은 연구와 토론, 다양한 분야의 대중적 책자들이 논의를 이어가리라 기대해본다.

2009년 11월에 처음 출간된 이 책의 초판은 쇄를 다섯 차례 거듭하며 6년이 지난 최근까지도 계속 판매되었다. 초판이 이렇게 오랫동안 읽힐 수 있었던 것은 가난을 이해하고 고민할 만한 책이 충분치 않기 때문이라고 생각한다. 진즉에 개정판을 내거나 아예 책을 새로 써야 했지만, 필자들이 서둘지 못한 점을 사과드린다. 우선 수치나 정책 등이 많이 바뀐 대목을 중심으로 이번 개정판을 준비했다. 최신 수치가 아니지만 우리 빈곤의 실상을 이해하는 데 도움이 되는 부분은 불가피하게 그냥 두었다. 가난에 대해 좀 더 깊이, 또 더욱 많은 분들의 생각을 모을 수 있는 책을 조만간 다시 쓸 것을 약속드린다.

마지막으로 매번 '돈 안 되는 책'을 기꺼이 맡아주시는 한울엠플러스(주)와 저자들과 생각을 나누고 이를 활자화하는 수고를 마다하지 않은 윤순현, 최규선 씨에게 감사드린다.

2016년 6월 개정판을 준비하면서

저자 일동

차례

1부 빈곤이란 무엇인가

2부 가난의 모습

1부 빈곤이란 무엇인가

1장 빈곤의 뜻과 쟁점

빈곤이란 무엇인가

빈곤의 사전적 의미는 '기본적인 욕구가 충족되지 않은 상태'다. 이러한 정의에서 핵심은 '기본적인 욕구'와 '충족'이다. 다시 말해, 기본적인 욕구란 무엇인지, 그리고 어느 수준까지 채워지면 충족되었다고 할 수 있는지가 빈곤을 정의하는 데 핵심이다(김태성·손병돈, 2007).

빈곤 정의에서 기본적인 욕구는 사람이면 누구나 생존하는 데 없어서는 안 되는 필수적인 욕구를 말한다. 음식, 옷, 주택 등은 인간이 생존하는 데 필수적인 생필품이므로 기본적인 욕구에 해당한다. 그러면 여기에는 의식주만 해당하는가? 이것은 생존을 어떻게 보느냐에 따라 달라진다. 단지 '육체적'으로 생명을 유지하는 것을 생존이라고 본다면, 먹고 자고 입는 것과 관련한 욕구만을 기본적인 욕구라고 할 수도 있을 것이다. 하지만 '인간다운 생존'에 강조점을 둔다면, 기본적인 욕구의 범위는 '육체적인 생존'보다 훨씬 넓어진다. 일정 수준의 심리적 욕구, 사회적 욕구, 문화적 욕구 등도 기본적인 욕구에 포함되는 것이다.

생존의 의미는 사회나 시대에 따라 다르다. 덜 발달한 사회일수록 '육체적'인 생존이 강조되는 반면, 발달한 사회일수록 '인간적' 생존이 강조된다. 이처럼 빈곤을 정의하는 데 핵심적인 요소라 할 수 있는 기본적인 욕구는 추상적인 개념이며, 그것의 구체적인 내용은 고정불변한 것이 아니라 사회나 시대에 따라 변화한다.

그렇다면 기본적인 욕구의 충족 수준이 어느 정도일 때 빈곤한 상태에서 벗어났다고 할 수 있는가? 빈곤의 정의에서 기본적인 욕구의 충족 수준을 정하는 방법도 논란이 된다. '육체적' 생존을 유지하는 데 필요한 최소 수준으로 정의할 수도 있고, '인간적' 생존을 유지하는 데 필요한 최소 수준으로 정의할 수도 있다. '육체적' 생존보다 '인간적' 생존을 기준으로 하는 경우에 기본적인 욕구의 충족 수준이 더 높다. 이처럼 육체적 생존 유지냐 인간적 생존 유지냐에 대한 논란이 제기될 수 있으며, 어느 정도가 최소 수준인가 하는 점도 논란이 될 수 있다. 이러한 어려움 때문에 기본적인 욕구의 충족 수준을 국민의 생활수준을 고려해 결정하기도 한다. 즉, 국민 평균소득의 50%나 중위소득의 50%와 같이 기본적인 욕구의 충족 정도의 기준을 정하기도 하는 것이다.• 이렇게 기본적인 욕구의 충족 수준을 정하는 것도 빈곤 정의와

• 평균소득은 전체 국민소득의 총합을 국민 수로 나눈 값이고, 중위소득은 소득순으로 전체 국민을 일렬로 세웠을 때 중앙에 있는 사람의 소득을 말한다. 예컨대 100명으로 평균소득과 중위소득을 계산하면, 평균소득은 100명의 소득을 모두 더한 값을

관련하여 논란이 되며, 쉽게 합의되기 어려운 사항이다.

이처럼 빈곤은 추상적인 개념이며, 사회적인 합의를 이끌어내기가 쉽지 않다. 그렇기 때문에 빈곤을 구체적으로 논의할 때는 보통 기본적인 욕구가 충족되지 않은 상태를 나타내는 어떤 기준선을 정하여 빈곤 여부를 판단한다. 그 기준선이 바로 빈곤선이다. 다음에서는 빈곤선을 정하는 다양한 방법과 그 특징을 살펴볼 것이다.

빈곤은 다양한 방식으로 정의(측정)된다

빈곤을 구체적으로 측정하는 방법은 기본욕구의 충족 수준이 되는 어떤 기준선을 정해 개개인이 보유한 자원을 비교하고 자원이 기준선보다 적으면 빈곤하다고 판단하는 것이다. 기준선을 정하는 방식에는 절대적인 방법, 상대적인 방법, 주관적인 방법, 정책적인 방법이 있다.

절대적 빈곤

절대적 빈곤은 "총수입이 순전히 육체적 효율성을 유지하는 데 필요한 최소한의 생필품을 획득하기에도 불충분한 상태"라고 정의할 수 있다 (Rowntree, 1922; 류정순, 1996). 이렇게 절대적 빈곤은 유지되어야 할 '최

100으로 나눈 것이고, 중위소득은 50번째에 해당하는 사람의 소득이 된다. 일반적으로 한 사회의 소득분포는 소득이 낮은 사람이 밀집되어 있고, 소득이 매우 많은 사람이 소수 존재하는 분포를 보인다. 따라서 평균소득보다 중위소득이 보통 더 적다. 소득분포가 이러하기 때문에 중위소득이 보통 사람들의 생활수준을 좀 더 잘 반영하는 지표라고 할 수 있다.

소한의 생활수준'을 상정하고 그것을 충족하기 위한 필수품을 구입하는 데 필요한 소득수준을 설정한다. 이 소득수준을 절대적 빈곤선이라 부르며, 소득이 그보다 적으면 절대적 빈곤 상태인 것으로 판단한다.

절대적 빈곤선을 정하는 방법에는 크게 전물량 방식(market basket method)과 반물량 방식(engel method)이 있다(여유진 외, 2007). 전물량 방식은 인간이 생활하는 데 필요한 모든 필수품과 그 각각의 최저 수준을 정하고, 그것을 가격으로 환산한 값의 총합을 절대적 빈곤선으로 설정하는 방법이다. 예를 들어, 한 달간 생활하는 데 쌀 1가마, 옷 2벌, 김치 2kg 등이 필요하다고 한다면 그것 각각의 가격을 모두 더한 값이 절대적 빈곤선이 된다. 2015년 맞춤형 급여제도로 국민기초생활보장제도가 바뀌기 전까지 대상자 선정 기준 및 급여기준으로 사용된 우리나라의 최저생계비도 전물량 방식으로 계측되었다.•

반물량 방식은 최저생활에 필요한 음식비만 산출하고 그것에 일정한 값을 곱해서 빈곤선을 설정하는 것이다. 미국의 절대적 빈곤선인 오르샨스키(Orshansky) 빈곤선은 미국인들이 평균적으로 음식비에 자기 소득의 약 3분의 1을 사용한다는 것을 바탕으로 최소한의 음식비에 3을 곱하여 빈곤선을 산출하고 있다. 또한 엥겔계수(Engel's coefficient)

• 우리나라의 최저생계비가 절대적 빈곤선인지는 논란이 된다. 맞춤형 급여체계(2015년 7월 1일부터 시행)로 '국민기초생활보장법'이 바뀌기 전의 '국민기초생활보장법' 제6조(최저생계비의 결정)는 "보건복지부장관은 국민의 소득·지출수준과 수급권자의 가구유형 등 생활실태, 물가상승률 등을 고려하여 최저생계비를 결정하여야 한다"라고 규정한다. 여기서 국민의 소득수준과 지출수준을 고려해야 한다는 점은 상대적 빈곤 개념을 반영한 것으로 이해되기도 한다. 하지만 이러한 측면을 고려하더라도 절대적 빈곤 개념에 가깝다는 시각이 대체로 더 우세하다.

를 이용할 때에는 최저생활수준에 해당하는 사람들의 총지출에서 음식비가 차지하는 비율의 역수를 음식비에 곱하여 빈곤선을 산출할 수 있다.

그런데 절대적 빈곤선을 결정하는 데는 전물량 방식이든 반물량 방식이든 전문가의 자의성이 개입될 수 있다는 문제가 있다. 전물량 방식으로 빈곤선을 산출할 때 필수품 항목 구성이나 그것의 최저 수준 설정은 전문가가 한다. 그러므로 전문가의 가치관에 따라 필수품의 항목과 수준이 달라질 수 있다. 예컨대, '핸드폰'이나 '화장실용 휴지'를 모두 생필품이라 할 수 있는가, 아니면 '화장실용 휴지'만 생필품인가? 어떤 이는 핸드폰도 이제 생필품이라 할 것이고, 다른 어떤 이는 화장실의 휴지만 생필품이라 할 것이다. 심지어 어떤 이는 화장실 휴지가 없다고 죽지 않으니 이 또한 생필품이 아니라고 할지 모른다. 반물량 방식으로 빈곤선을 설정할 때에도 최저생활에 필요한 음식비를 산출하는 영양학자 등 전문가의 견해에 따라 그 수준이 달라질 수 있다.

한편 절대적 빈곤은 빈곤선을 정할 때 생존의 수준에만 관심을 갖고 일반 국민의 생활수준은 전혀 고려하지 않는다. 따라서 경제가 성장해 일반 국민의 생활수준이 전체적으로 올라가면 일반 국민의 생활수준과 절대적 빈곤선 간에 격차가 커진다.

가난한 시기에는 대다수 국민이 절대적 빈곤의 해결을 강조한다. 이 시기의 사람들에게는 생존 자체가 가장 절박한 문제이기 때문이다. 하지만 사회가 발전해 일정한 수준에 오르면 생존의 문제보다는 다른 사람과의 비교에서 더 큰 상실감을 느낀다. 절대적 빈곤선의 유용성이 떨어지는 것이다.

상대적 빈곤

상대적 빈곤은 사회구성원의 생활수준을 고려해 빈곤을 정의하는 것이다. 즉, 상대적 빈곤은 사회구성원 대다수가 누리는 생활수준을 누리지 못하는 상태로 정의할 수 있다(김태성·손병돈, 2007). 이렇게 빈곤을 정의하면, '대다수 사회구성원이 누리는 생활수준'을 어떻게 설정할 것인지가 논란이 된다. 그 수준을 정할 수 있는 이론적 또는 과학적 근거가 없기 때문이다. 따라서 수준을 정하는 것이 임의적일 수밖에 없다는 문제가 있다.

일반적으로 상대적 빈곤선은 사회구성원의 평균소득이나 중위소득의 일정 비율로 정한다. 따라서 평균소득을 기준으로 할 것인지, 아니면 중위소득을 기준으로 할 것인지, 그리고 상대적 빈곤선을 설정하기 위한 비율을 몇 %로 정할 것인지가 논란이 될 수 있다. 한 사회의 소득분포에서 월소득이 몇억 또는 몇십억 이상인 부자들이 극소수 존재하고, 평균소득보다 낮은 사람이 대다수인 경우가 일반적이다. 이 때문에 평균소득이 중위소득보다 일반적으로 더 높다.

상대적 빈곤선으로는 일반적으로 평균소득이나 중위소득의 40%, 50%, 60% 등을 사용한다. 세계은행(World Bank)은 개발도상국에 대해 평균 가구소득의 3분의 1, 선진국에 대해 평균 가구소득의 2분의 1을 상대적 빈곤선으로 적용하며, OECD는 중위소득의 40%, 50%, 60% 등을 상대적 빈곤선으로 사용한다. 일본은 일반 근로자 가구 소비지출의 68%를 빈곤선으로 설정해 이를 빈곤정책에 활용한다(박찬용 외, 1998).

이처럼 상대적 빈곤은 그 사회의 소득 불평등 정도와 밀접한 관련이 있다. 소득 불평등이 심한 사회일수록 상대적 빈곤 상황도 심하다.

그리고 상대적 빈곤은 평균소득이나 중위소득과 연관시켜 빈곤선을 설정하므로, 사회의 생활수준 변화를 빈곤 측정에 반영할 수 있다. 경제 호황으로 평균소득이나 중위소득이 높아지면 상대적 빈곤선도 높아진다.

그런데 상대적 빈곤의 적용이 현실적이지 못한 경우도 있다. 무엇보다 저개발국에서 상대적 빈곤선을 활용하는 것은 무의미한 일이다. 국민 대다수가 빈곤할 때에 상대적 빈곤선은 육체적 생존을 유지할 수 있는 절대적 빈곤선보다 오히려 낮아질 수 있기 때문이다. 예를 들어, 국민의 70%가 겨우 하루 세끼 먹을 수준인 20만 원 이하의 소득을 올린다고 가정해보자. 그 나라에서 하루 세끼 식사와 의복, 주거 등 육체적 생존을 유지할 수 있는 절대적 빈곤선이 25만 원이라고 한다면, 중위소득의 50%를 빈곤선으로 한 상대적 빈곤선은 10만 원보다도 더 적을 것이다. 그러나 국민 대다수가 절대 빈곤 상황을 벗어난 사회라면 상대적 빈곤 개념의 유용성은 커진다. 그러한 사회에서는 다른 사람과의 비교가 삶의 만족이나 행복에 큰 영향을 준다. 현재 우리 사회처럼 사회 양극화가 점점 확대되는 경우에도 상대적 빈곤선을 활용하는 것은 의미가 있다. 그것은 바로 상대적 빈곤이 불평등과 양극화를 반영하기 때문이다.

주관적 빈곤

주관적 빈곤은 빈곤에 대한 사람들의 주관적 평가에 기초해 빈곤을 정의한다. 즉, 사람들이 빈곤하다고 느끼는 소득수준을 빈곤선으로 정하고 그보다 소득이 낮으면 빈곤한 것으로 평가한다. 주관적 빈곤선을 정하는 방법은 제3자가 평가해 결정하는 방법과 본인이 직접 평가해

결정하는 방법이 있다.

제3자의 평가로 주관적 빈곤선을 정하는 방법은 "이곳에서 일주일 동안 4인 가족이 건강하고 안락한 생활을 하기 위해 필요한 최소한의 소득은 얼마입니까", 또는 "이곳에서 4인 가족이 근근이 살아가는 데 필요한 최소한의 돈은 얼마입니까"와 같이 제3자 입장에서 최저생활수준을 묻는 방식으로 빈곤선을 도출하는 것이다(여유진 외, 2007).

본인이 직접 평가해 빈곤선을 정하는 것은 라이덴(Leyden) 방법이라고도 한다. 이는 네덜란드 라이덴 대학의 학자들이 처음으로 개발한 방법이다. 이 방법은 설문조사에 응답하는 각 대상자들에게 자기 가구의 실제 소득을 묻고 나서, "당신의 가구는 얼마의 소득이 있다면 근근이 살아갈 수 있겠습니까"라는 식의 질문을 하여 각 가구의 실제 소득과 이들이 직접 판단한 최소 소득 간의 관계를 분석해 빈곤선을 결정한다(김태성·손병돈, 2007).

주관적 빈곤 개념에 기초해 빈곤을 측정할 때 문제는 설문지의 구성과 개발이 쉽지 않다는 것이다. 앞서 살펴보았듯이 빈곤은 가치관으로부터 완전히 자유로울 수 없는 개념이다. 따라서 빈곤한 상황을 묻는 설문지에는 설문지를 구성하는 연구자의 빈곤관이 개입될 수밖에 없다. 예를 들어, 빈곤선을 묻는 최저 소득을 '근근이 살아가는 데 필요한 최소한의 비용'으로 질문하느냐, 또는 '건강하고 안락한 생활을 하는 데 필요한 최소한의 비용'으로 질문하느냐에 따라 응답자의 대답은 달라질 것이다.

정책적 빈곤

정부는 빈곤정책 대상자를 선정하기 위해 일정한 소득 기준을 정하는 데, 이를 정책적 빈곤선이라 부른다. 즉, 정책적 빈곤은 정부의 빈곤정책을 위한 개념이다. 우리나라의 대표적인 빈곤정책인 국민기초생활보장제도의 경우 급여를 받을 대상자의 자격 기준으로 중위소득의 일정비율을 정하여, 활용하고 있다. 국민기초생활보장제도에서 생계급여의 대상자 선정 기준은 중위소득의 30%이고, 의료급여는 40%, 주거급여는 43%, 교육급여는 50%이다. 이러한 선정 기준이 곧 우리나라의 정책적 빈곤선이라고 할 수 있다.

정책적 빈곤은 실행 가능성을 최우선적으로 고려한다는 점에서 정치적 요인 및 정부의 재정 능력, 사회의 지배적 가치나 이념의 영향을 크게 받는다. 각 국가의 정책적 빈곤선을 보면, 사회연대의 가치가 강하고 사회민주주의 정당의 영향력이 큰 서유럽 복지국가에서는 대체로 정책적 빈곤선이 높으며(OECD, 2004), 시장 경쟁이 강조되고 사민주의 정당이 없는 미국이나 정부의 재정 능력이 약한 저개발 국가에서는 대체로 정책적 빈곤선이 낮다.

정책적 빈곤선은 이론적 근거보다는 실행 가능성을 최우선적으로 고려하기 때문에 앞서 살펴본 절대적 빈곤선이나 상대적 빈곤선과 상당한 격차를 보일 가능성이 크다. 예컨대 국민기초생활보장제도가 실행되기 전 우리나라의 대표적인 빈곤 대책이었던 생활보호제도의 보호 대상자 선정 기준은 육체적인 생존을 유지하기에도 어려울 정도로 낮은 수준이었다(표 1-1 참조). 1970년 생활보호제도에 의한 보호 대상자 선정 기준선은 1970년 가치로 하면 800원이고, 2005년 가치로 환산하면 1만 2802원에 불과하다. 이는 1970년 도시 근로자 평균소득의 15.2%에 지나지 않으며, 아마 그것으로는 육체적 생존을 유지하기에도 부족했을 것이다.

표 1-1 **한국의 정책적 빈곤선 변화 추이**

연도	① 국민기초생활보장 제도 선정 기준[1]	2005년 가치로 환산	② 도시 근로자 가구 1인당 평균소득	①/②
1966년[2]	600원	1만 5369원	2148원	27.9
1970년[3]	800원	1만 2802원	5277원	15.2
1975년	2400원	1만 8852원	1만 2726원	18.9
1980년	2만 원	7만 0987원	5만 1561원	38.8
1985년	3만 8000원	9만 5677원	10만 1385원	37.5
1990년	4만 8000원	9만 2824원	23만 7600원	20.2
1991년	5만 5000원	9만 7280원	29만 2578원	18.8
1995년	19만 원	27만 1922원	51만 5112원	36.9
1996년	20만 원	27만 2799원	58만 9777원	33.9
1997년	21만 원	27만 4262원	63만 120원	33.3
1998년	22만 원	26만 7243원	58만 7635원	37.4
1999년	23만 원	27만 7138원	61만 4570원	37.4
2000년	32만 원	37만 7065원	67만 4279원	47.5
2002년	35만 5128원	39만 1295원	80만 4726원	44.1
2004년	38만 5029원	39만 5631원	89만 9816원	42.8
2005년	40만 1146원	40만 1146원	95만 537원	42.2
2008년	46만 3047원	42만 2103원	112만 7462원	41.07
2010년	50만 4344원	43만 4437원	117만 6050원	42.88
2012년	55만 3354원	44만 8489원	136만 840원	41.75
2014년	60만 3403원	47만 6674원	143만 841원	42.17
2015년	62만 4935원	49만 222원	145만 7255원[4]	42.88

1 1962~2000년은 생활보호제도 대상자 선정 기준이고, 2002~2014년은 국민기초생활보장제도의 1인 가구 소득 인정액 기준이며, 2015년은 국민기초생활보장제도 의료급여 대상자 1인 가구 선정 기준임. 1966~1979년에는 생활보호 대상자 선정 소득 기준이 도시와 농어촌 간 서로 달랐고, 1980~1986년에는 대도시, 중소도시, 농어촌 간에 차이가 있었으며, 1987~1990년에는 단일 기준을 적용함. 1991~2000년에는 거택보호와 자활보호 간 기준을 달리함. 여기서 1966~1979년은 도시 기준이고, 1980~1986년은 대도시지역 기준이며,1991~2000년은 거택보호 대상자 선정 소득 기준임.

2 1966~1969년은 소득 기준이 600원으로 동일함.

3 1970~1974년은 소득 기준이 800원으로 동일함.

4 2015년 가계동향조사 4/4분기 도시 근로자 가구 1인당 평균소득임.

자료: 박순일(1994); 이두호 외(1991); 김태성·손병돈(2007); 김태성·손병돈(2016); 통계청(각 연도)에서 재구성.

절대적 빈곤선, 상대적 빈곤선, 주관적 빈곤선이 빈곤을 어떻게 측정할 것인가 하는 측정 방식에 따른 분류라면, 정책적 빈곤선은 정책의 실행과 관련된 것이다. 따라서 정책적 빈곤선은 절대적 방법으로 설정할 수도 있고 상대적 방법이나 주관적 방법을 활용해 설정할 수도 있다.

빈곤 개념이 확대되고 있다: 사회적 박탈, 사회적 배제

최근 빈곤에 관한 논의에서 사회적 박탈(social deprivation)과 사회적 배제(social exclusion)라는 개념이 많이 사용된다. 이 개념들은 빈곤과 밀접한 관련이 있지만, 문제 인식이나 포괄하는 범위 등에서 기존의 빈곤 개념과 부분적으로 다르며, 빈곤보다 더 확장된 개념이다.

사회적 박탈이란 개인, 가족, 집단이 자기가 속한 사회에서 널리 인정되는 음식, 의복, 집안의 문화시설, 주거 조건과 그 부대시설 등 물리적 자원을 누리지 못하고 보통 사람이 경험하는 노동, 교육, 오락, 가족관계 및 사회활동에 참여할 수 없는 경우로 정의된다(Townsend, 1979). 이처럼 사회적 박탈은 빈곤 개념에서 강조되어온 소득이나 재산과 같은 경제적 자원의 부족이라는 범위를 넘어 사회생활 일반까지 포괄해 빈곤 문제에 접근한다. 더불어 사회적 박탈 개념은 어떤 절대적인 기준을 설정하기보다는 보통 사람들의 삶과 비교하는 것을 통해 빈곤 문제를 다룬다.

이처럼 사회적 박탈은 기존의 빈곤 개념을 넘어서는 것이기는 하지만, 전통적인 빈곤 현상과 밀접한 관계를 맺고 있다. 박탈은 일반적인 사회생활에 참여하지 못할 때 발생하는데, 사회생활에 참여하지 못하는 것은 자원의 결핍이 주요한 원인이므로, 결국 자원이 사회적 박탈을 결정하는 것이다(류정순, 1996). 예컨대 영화를 보거나 경기장에서 프로축구 경기를 관람하는 등 보통의 서울 시민들이 할 수 있는 문화생활을 누리지 못하고 있다면 사회적으로 박탈되었다고 할 수 있는데, 이러한 사회적 박탈은 경제적으로 여유가 없어서 발생하는 경우가 대부분이다.

사회적 배제라는 개념은 좀 더 최근에 등장한 것으로, 현재 우리 사회에서도 널리 사용된다. 1970년대 프랑스에서 대두된 이 개념은 1980~1990년대 유럽연합(EU)에 의해 수용되어 유럽연합 회원국 사회정책의 이론적 기초로 자리를 잡았을 정도로 유럽에서는 폭넓게 사용된다(강신욱, 2006). 우리도 1997년 외환위기 이후 빈곤율이 높아지고 근로하는 사람의 빈곤 문제가 새롭게 등장하면서, 빈곤 문제를 새로운 시각으로 접근하는 사회적 배제 개념에 대한 관심이 커지고 있다.

사회적 배제가 무엇인지를 놓고는 지금까지도 다양한 논의가 이어지고 있다. 사회적 배제 개념이 언제 어디에서나 같은 의미로 사용되는 것은 아니다. 사회적 배제의 대표적인 정의 중 하나로서 유럽연합이 정의한 사회적 배제 개념을 살펴보면 다음과 같다.

> 사회적 배제란 인간이 현대사회의 정상적인 교환, 관행, 권리로부터 배제되는 결과를 초래하는 복합적이고 변화하는 요인들을 말한다. 빈곤은 가장 명백한 요인의 하나이기는 하지만, 사회적 배제는 또한 주거, 교육, 건강 및 서비스에 대한 접근 등의 권리가 부적절하게 주어져 있는 상태를 의미하기도 한다(강신욱 외, 2005: 45에서 재인용).

사회적 배제 개념의 특징으로는 먼저 동태적 개념이라는 점을 들 수 있다. 이 개념은 자원의 결핍이나 사회적으로 고립된 상태를 의미하는 동시에 그러한 상태에 이르는 과정을 포함한다. 빈곤 문제는 사람들을 정상적인 사회생활에서 점점 배제하기 때문에 발생한다. 또한 사회적 배제 개념은 다차원적이다. 빈곤 개념이 소득과 같은 경제적 자원의 결핍에만 초점을 맞춘다면, 사회적 배제는 물질적 결핍뿐만 아니라 주거, 건강, 노동, 교육, 사회적 관계망 등 다양한 영역에서 나타날 수 있고, 각 영역에서의 배제는 다른 영역에서의 배제의 원인인 동시에 결과로 해석될 수 있다. 사회적 배제 개념이 사람들 간 관계에 주목하고 있다는 것도 빈곤 개념과 다른 점이라고 할 수 있다. 빈곤 개념이 부유한 자와 빈곤한 자 간 분배적 이슈에 초점을 맞추고 있다면, 사회적 배제는 사회참여나 사회통합의 부족, 권력의 부족 등과 같은 관계적 이슈에 초점을 맞춘다(강신욱 외, 2005).

빈곤에는 쟁점이 많다

빈곤 개념에는 빈곤에 대한 사회적 태도가 담겨 있다

어떤 사회에서는 절대적 빈곤 개념에 기초하여 빈곤 문제에 대응하는가 하면, 다른 사회에서는 상대적 빈곤 개념에 기초하여 접근하기도 한다. 미국의 공식적 빈곤선인 오르샨스키 빈곤선은 1963년에 오르샨스키가 설정한 절대적 빈곤선을 소비자물가 상승률을 반영해 조정한 값으로서 지금도 공식적 빈곤선으로 사용된다. 한편 일본에서는 일반 근로자 가구 소비지출의 68%를 빈곤선으로 설정해 빈곤정책에 활용한다. 왜 이러한 차이가 발생하는 것일까?

이는 한 사회의 빈곤 개념이 빈곤에 대한 그 사회의 가치를 반영하기 때문이다. 한 사회가 빈곤을 개개인의 '육체적' 생존 차원의 문제로 본다면, 그 사회는 절대적 빈곤 개념을 중심으로 빈곤 문제에 접근하려 할 것이다. 이와 달리 빈곤을 함께 살아가고 있는 사람들 간 격차의 문제로 본다면, 상대적 빈곤 개념에 입각해 대응할 것이다.

한편 절대적 빈곤 개념에 기반을 두고 빈곤 문제에 접근한다고 할지라도 빈곤에 대한 사회의 태도에 따라 빈곤 여부를 판단하는 기준은 다를 수 있다. 예컨대 어떤 사회는 절대적 빈곤을 개개인의 '육체적' 생존을 유지할 수 있는 수준으로 보는가 하면, 다른 사회는 '인간다운' 생존을 유지할 수 있는 수준으로 볼 수도 있다. 육체적 생존을 유지하는 수준으로 절대적 빈곤을 볼 경우, 생존을 유지하기 위해 필요한 정도의 의식주 문제만 해결할 수 있는 수준으로 빈곤선을 설정하면 될 것이다. 하지만 인간다운 생활을 유지할 수 있는 수준으로 절대적 빈곤을 본다면, 영화 감상 같은 최소한의 문화적 생활, 또는 핸드폰처럼 현 시대를 살아가는 사람들에게 꼭 필요한 물품을 고려해 그 수준을 정할 것이다. 이처럼 동일한 빈곤 개념을 사용할 경우에도 빈곤선은 시대와 사회에 따라 다를 수 있다. 이는 어떤 종류의 빈곤 개념을 사용하더라도 그 개념이 사회적 가치에서 완전히 자유로울 수 없기 때문이다. 빈곤의 원인을 개인의 결함으로 보는 사회일수록 빈곤선은 낮게 설정될 것이고, 사회의 결함으로 보는 사회일수록 높게 설정될 것이다.

빈곤하다는 것을 무엇으로 측정할 수 있는가: 소득, 소비, 부

만약 돈이 많은 부자인데 구두쇠라서 먹고 자고 입는 데 지출을 거의 하지 않는다면 이 사람을 빈곤하다고 할 수 있는가? 돈이 하나도 없는데 다른 사람에게 빚을 얻어 호의호식한다면 이 사람은 빈곤한가? 좋은 집을 소유하고 있는데 당장 쓸 돈이 없다면 이를 빈곤하다고 할 수 있는가?

무엇을 기준으로 하느냐에 따라 빈곤 여부가 다르게 판단될 수 있다. 빈곤 여부를 판단하는 경제적 능력은 대체로 소득, 소비, 부(wealth)를 기준으로 측정한다. 일반적으로 부는 부유한 사람들에게 집중되어 있고, 대다수 사람들은 재산을 많이 가지고 있지 않으므로 이를 기준으로 가난한 사람들을 구분해내기는 쉽지 않다. 그래서 빈곤을 판단하는 기준으로 부만을 사용하는 경우는 별로 없다. 대부분 소득을 주된 기준으로 사용하고 부를 보조적으로 사용한다. 보조적으로 부를 사용할 경우에도 거주하고 있는 주택을 부의 범주에 포함할 것인지가 논란이 된다.

사회복지가 발달한 선진국에서는 보통 본인이 거주하는 주택은 빈곤 여부를 판단하는 범주에서 배제한다. 직접 살고 있는 주택은 아무리 비쌀지라도 임대를 주지 않는 한 거기서 필요한 소득을 얻을 수 없기 때문이다. 단지 주택이 있다면 주거비가 덜 들기 때문에 주거비를 지원해주는 제도의 대상에서 제외할 뿐이다. 하지만 우리나라에서는 살고 있는 주택도 빈곤 여부를 판단하는 데 중요하게 고려한다. 그 결과 소득이 전혀 없는데도 별로 비싸지 않은 주택 한 채를 소유하고 있다는 이유로 국민기초생활보장제도의 생계급여를 받지 못하는 노인들이 생겨난다. 자기가 살고 있는 주택을 빈곤 여부를 판단하는 기준으로 활용하면, 가난한 사람들이 주택을 마련하기 위해 저축할 동기가 떨어질 위험이 있다. 저축으로 부가 증가하면 지원 대상에서 제외될 수 있기 때문이다.

그러면 소득과 소비 중 경제적 능력을 판단하는 기준으로는 어떤 것이 더 적절한가? 일반적으로 소득이 많은 사람이 소비도 많이 하는 경향이 있다. 하지만 때로 소득은 많지만 절약 정신이 몸에 배어 소비를 적게 하는 사람도 있다. 반대로 소득은 적지만 빚을 내서 소비를 많이 하는 사람도 있다. 이러한 경우에 소득과 소비 중 어떤 기준을 사용하느냐에 따라 빈곤 여부에 대한 판단은 달라진다.

'기본욕구가 충족되지 않은 상태'라는 빈곤의 정의를 충실히 따른다면, 소비를 기준으로 경제적 능력을 판단하는 것이 더 적절하다. 즉, 소비는 현재 살고 있는 삶의 수준이나 생활 상태를 직접적으로 반영한다는 점에서 빈곤 여부를 판단하는 기준이 될 수 있다. 또한 소비는 현재뿐만 아니라 미래의 장기적인 삶의 수준까지 잘 나타내는 지표라는 점에서 한 개인의 경제적 능력을 더 잘 보여주는 기준이라고 할 수 있다. 예를 들어, 일류 대학교 학생은 미래의 소득이 높을 것으로 기대해 현재의 소득이 없어도 소비를 많이 할 수 있다. 그런 점에서 이 학생이 '진정한 빈곤자'가 아니라는 것은 소비를 기준으로 판단해야 더욱 잘 알 수 있다(김태성·손병돈, 2007).

그런데도 빈곤 여부를 판단하는 기준으로 소비를 사용하는 경우는 드물고 대체로 소득을 사용한다. 빈곤 여부를 판단할 때 실질적으로 판단하고자 하는 것은 현재 누리고 있는 삶의 수준, 즉 기본욕구의 충족 여부가 아니라, 그것을 향유할 수 있는 자원의 많고 적음인 경우가 많기 때문이다(여유진 외, 2005). 다시 말해, 자신의 선호나 기호로 조절할 수 있는 소비보다 의지로 조절할 수 없는 자원의 양, 즉 소득의 많고 적음을 판단하고자 하는 것이다. 소비를 기준으로 빈곤 여부를 판단한다면, 소득이 적어 어쩔 수 없이 빚을 내서라도 소비를 할 수밖에 없는 저소득층까지 빈곤하지 않은 것으로 판단할 수 있다.

빈곤 여부를 판단할 때 소득을 기준으로 하는 또 다른 이유는 소비의 경우 정확히 측정하기가 어려울 뿐만 아니라 신뢰할 수 있는 자료를 구하기도 쉽지 않기 때문이다. 우리가 일상생활에서 소비하는 물품은 매우 많으며, 돈을 주고 사지 않은 현물이나 서비스 형태의 것들도 있다. 이러한 모든 물품의 소비를 가격으로 환산해 정확히 측정하기는 쉽지 않으며 매우 번거로운 일이다. 특히 가구집기나 전자제품은 한 번 사면 오래 쓸 수 있어 측정하기가 더욱 어렵다.

소득은 기본욕구의 충족 여부를 간접적으로 측정할 수 있는 지표다. 예컨대 어떤 사람의 소득을 알면 그 사람이 어느 정도의 생활수준을 누릴 수 있는지 판단할 수 있다. 그런 점에서 소득은 잠재적 소비능력을 측정할 수 있는 지표다. 특히 소득은 '선호에 대해 중립적'이라는 점에서 소비에 비해 경제적 능력을 판단하는 데 더 적절한 지표로 간주된다. 소비 수준은 과시하기를 좋아한다든지 근검절약이 몸에 배어 있다든지 하는 취향에 많은 영향을 받는다. 하지만 소득은 취향의 영향을 크게 받지 않는다. 그런 점에서 소득이 소비보다 더 신뢰할 수 있는 경제적 능력 지표로 받아들여진다. 그리고 소비에 비해 소득은 정확하고 신뢰할 만한 자료를 얻기가 더 쉬운데, 이 또한 경제적 능력을 측정하는 지표로서 소득을 더 많이 이용하는 이유다.

어떤 소득인가

이처럼 빈곤 여부를 판단하는 기준으로서 소득을 많이 사용한다. 그런데 한 사회의 빈곤 상황은 어떤 종류의 소득 개념을 사용하느냐에 따

표 1-2 **통계청과 OECD의 소득 구분**

<table>
<tr><th colspan="4">통계청</th><th colspan="5">OECD</th></tr>
<tr><td rowspan="6">소득</td><td>비경상소득</td><td colspan="2">경조금 및 폐품 매각 대금 등</td><td colspan="5"></td></tr>
<tr><td rowspan="5">경상소득</td><td colspan="2">근로소득</td><td>Wage and Salary Income</td><td rowspan="3">1차 소득</td><td rowspan="4">시장소득</td><td rowspan="5">총소득</td><td rowspan="3">가처분소득</td></tr>
<tr><td colspan="2">사업 및 부업소득</td><td>Gross Self-Employment Income</td></tr>
<tr><td colspan="2">재산소득</td><td>Realized Property Income</td></tr>
<tr><td rowspan="2">이전소득</td><td>사적</td><td>Occupational Pensions & other private cash</td><td rowspan="2">2차 소득</td><td rowspan="2">소득세 + 사회보장 부담금</td></tr>
<tr><td>공적</td><td>Public Transfer Income</td><td></td></tr>
</table>

자료: 박찬용 외(2002: 28).

라 차이가 난다. 그리고 빈곤 상황을 개인 단위로 파악하느냐, 아니면 가구 단위로 파악하느냐에 따라서도 달라진다.

먼저 소득을 어떻게 분류할 수 있는지 살펴보자. 소득을 구분하는 가장 일반적인 방법은 시장소득(market income)과 가처분소득(disposable income)으로 나누는 것이다. 표 1-2에서 보는 바와 같이 시장소득은 근로나 사업 또는 재산에 의해 발생한 소득의 총합인 1차 소득에 사적 이전소득(private transfer income)을 더한 것이다. 여기서 사적 이전소득은 자녀가 연로한 부모에게 용돈이나 생활비를 주는 것처럼 개인이 비공식적으로 제공함으로써 발생한 소득을 말한다. 시장소득은 보통 세금(또는 사회보험료)을 납부하기 이전의 소득, 즉 세전소득(pre-tax income)을 의미한다. 시장소득에 정부가 주는 사회복지소득(공적 이전소득)을 더한 것이 OECD에서 정한 총소득이며, 우리나라 통계에서는 경상소득에 해당한다. 가처분소득은 총소득에서 소득세 및 사회보험료 등을 뺀 소득으로, 세후소득(post-tax income)을 가리킨다. 결과적으로 가처분소득은 각 개인이나 가정이 자신의 결정에 따라 소비할 수 있는 소득인 셈이다.

시장소득은 국가의 정책적 개입이 이루어지기 전 소득이고, 가처분소득은 국가의 조세 및 사회복지정책의 영향을 받은 후의 소득이다. 따라서 시장소득을 기준으로 한 빈곤과 가처분소득을 기준으로 한 빈곤을 비교하면, 빈곤을 해결하기 위해 국가가 얼마나 적극적으로 노력하는지를 알 수 있다. 즉, 시장소득으로 측정한 빈곤보다 가처분소득으로 측정한 빈곤이 적다면, 정부의 조세와 복지정책이 그만큼 빈곤을 완화한 것이라고 볼 수 있다.

빈곤 논의에서 소득과 관련한 또 다른 쟁점은 빈곤 여부를 개인 단위로 판단할 때와 가구 단위로 판단할 때 빈곤 실태가 다르게 나타날 수 있다는 점이다. 이론적으로는 개인 단위로 빈곤 수준을 측정하는 것이 바람직하다. 빈곤율은 전체 인구 중 빈곤한 사람의 비율을 나타내는 지표이며, 가구보다는 개인을 단위로 했을 때 한 사회의 빈곤 정도를 더 잘 나타낼 수 있기 때문이다.

그러나 현실에서는 먼저 가구 단위로 빈곤 여부를 판단한 뒤 가구원 수를 곱해서 몇 명이 가난한지를 파악한다. 예컨대 4인 가구의 소득이 빈곤선보다 적다면 4명 모두 빈곤한 것으로 계산하는 것이다. 이처럼 빈곤 상황을 가구소득을 기준으로 판단하는 것은 실질적으로 개인의 소비가 가구 단위로 이루어지기 때문이다. 만약 개인을 단위로 소득을 파악해 빈곤 여부를 판단한다면, 경제활동을 하지 않아 소득이 없는 어린이나 주부는 모두 빈곤한 것으로 간주된다. 하지만 이들은 본인이 직접 획득한 소득이 없어도 가구소득을 공유해 소비하기 때문에 기본욕구의 충족이 이루어진다. 이러한 점에서 개인 단위의 소득을 기초로 개인의 빈곤 여부를 판단하는 것은 비현실적이다.

개인이나 가구 단위로 빈곤율을 산출할 때 또 다른 쟁점은 가구의 규모 또는 구성이 다른 가구 간에 빈곤 여부를 판단하는 기준선을 어떻게 설정할 것인가 하는 문제다. 예를 들어, 혼자 사는 가구의 빈곤선이 30만 원이라면, 2인 가구의 빈곤선을 60만 원(=30만 원×2인)으로 설정하는 것이 적절한지, 아니면 더 낮게 설정하는 것이 적절한지의 문제도 논란이 된다. 혼자 살더라도 기본적인 생필품은 필요하지만, 2인이 사는 가구에서는 밥솥이나 TV 같은 물품 또는 침실을 함께 사용할 수 있으므로 생활비가 1인 가구 생활비의 2배보다는 적게 들 것이기 때문이다.

가구원 수가 같은 두 가구 간에도 가구원의 구성에 따라 빈곤 여부를 판단하는 기준이 다를 수 있다. 예컨대 같은 2인 가구라도 40대 부부로 구성된 가구와 40대 어머니와 2세 유아로 구성된 가구는 기본욕구의 충족에 필요한 자원의 종류와 양이 서로 다를 수 있다.

이처럼 가구 규모의 차이나 가구원 구성의 차이에 따른 기본욕구의 내용과 충족 수준의 차이를 고려해 가구별 경제적 욕구를 비교할 목적으로 만든 것이 '가구균등화지수(equivalence scale)'다. 가구균등화지수는 시대와 사회에 따라 다르다. 이는 시대와 사회에 따라 소비 행태가 다르기 때문이다(김태성·손병돈, 2007). 빈곤 연구에는 OECD의 가구균등화지수가 많이 쓰이는데, 그것은 $\sqrt{n}$(n은 가구원 수)이다. 즉, 4인 가구는 $\sqrt{4}=2$이므로 1인 가구 생활비의 2배가 된다. 이와 더불어 OECD의 수정균등화지수도 많이 사용된다. 이는 성인과 아동 간 기본 욕구의 차이를 고려한 것으로, 1인 가구의 가구균등화지수를 1로 했을 때 성인 가구원 1명이 추가되면 0.7을 더해주고 아동이 1명 추가되면 0.5를 더해주는 것이다. 만약 아이 2명, 성인 2명으로 구성된 가구라면 성인 1인 가구의 2.7배[$1+(0.5\times2)+(0.7\times1)=2.7$] 소득이 기준이 될 수 있다.

읽을거리 ❶

한국의 최저생계비 결정

한국에서 최저생계비는 전물량 방식으로 계측되었다. 지금까지 1999년, 2004년, 2007년, 2010년, 2013년에 계측되었다. 계측되지 않은 연도의 최저생계비는 계측된 연도의 최저생계비에 물가, 생활 실태 등을 고려하여 조정된다. 최저생계비는 11개의 항목으로 구성되었는데, 그것은 식품비, 주거비, 광열·수도비, 가구집기·가사용품비, 피복·신발비, 보건의료비, 교육비, 교양·오락비, 교통·통신비, 기타 소비지출 등이다.

다음 표는 최저생계비를 구성하는 항목 중 최저 교통·통신비 항목이 어떻게 구성되는지를 보여준다. 여기서 표준가구란 우리나라의 대표적인 가구를 말하는데, 가구주의 연령이 39세이고 배우자와 2명의 초등학생 자녀를 둔 4인 가구다. 표는 이러한 4인 가구의 월 최저 교통·통신비가 12만 9275원임을 보여준다. 이는 표에서 최저 교통·통신비를 구성하는 각 항목의 단가와 수량을 곱한 뒤 모두 합산한 것이다.

① 표준가구의 최저 교통·통신비의 결정(2007년도)

중분류/품목	내구 연수	수량	단가	합계
교통·통신비 합계				12만 9275원
가장 출근(시내버스)	1월	56회	868원	4만 8608원
주부 외출(시내버스)	1월	12회	868원	1만 416원
자녀 외출(시내버스)	1월	12회	649원	7788원
택시	1월	1회	4340원	4340원
친지 방문(고속버스)	6월	1회	4만 9200원	8200원
교통비 소계				7만 9352원
전화 기본요금	1월	1회	4000원	4000원
전화 시내통화	1월	35회	39원	1365원
전화 시외통화	1월	26회	261원	6786원

중분류/품목	내구 연수	수량	단가	합계
전화 이동통신	1월	27회	261원	6612원
전화 부가세	1월	1회		1876원
전화 이전비	5.74년	1회	1만 원	145원
전화기 구입비	4년	1회	3만 5490원	739원
이동전화 기본요금	1월	0회	1만 3000원	0원
이동전화 사용요금	1월	0회	360원	0원
이동전화 부가세	1월	0회		0원
이동전화기 구입비	5년	0회	10만 원	0원
이동전화 가입비	35년	0회	5만 5000원	0원
인터넷 요금	1월	1회	2만 5500원	2만 5500원
인터넷 부가세	1월	1회		2550원
공중전화	1월	5회	70원	350원
통신비 소계				4만 9923원

② 최저생계비 구성은 시대적 변화에 따른 필수품의 변화를 반영한다

1999년도 최저생계비 계측에서는 최저 교통·통신비를 구성하는 세부 항목으로 인터넷 요금 항목이 없었으나, 2007년도 계측에서는 인터넷 요금 항목의 비용으로 월 2만 5500원이 포함되었다. 이는 1999년도에는 가정에서 인터넷 이용이 필수품이라고 할 정도로 일반적이지 않았으나, 2007년에는 국민 대다수가 가정에서 인터넷을 설치해 이용하고 있는 점을 반영한 것이다.

③ 최저생계비를 구성하는 필수품의 결정에 전문가의 자의성이 개입된다

표에서 이동전화와 관련한 항목들의 수량은 모두 0이다. 이는 최저생계비를 직접 계측한 연구자들이 휴대전화를 필수품으로 간주했으나 최저생계비를 최종 결정하는 중앙생활보장위원회에서 필수품으로 간주하지 않아 2007년도 최종 최저 교통·통신비의 구성 항목에 휴대전화 구입 및 이용과 관련한 비용이 모두 제외되었기 때문이다.

2장 빈곤이 왜 문제인가

가난의 고통은 깊고 오래간다

빈곤이 '사회적으로 합당하다고 간주되는 기본적 욕구가 충족되지 못한 상태'를 뜻한다면, 이는 당연히 끔찍한 경험이다. 가난한 사람이나 가족은 '합당한 최소 수준'의 지출마저 억제해야 하고, 이는 때론 밥을 굶거나 제때 치료를 받지 못하는 것을 의미하기도 한다. 설령 필수적인 의식주는 해결한다 해도 신형 스마트폰은 못 가질 수 있다. 돈이 있는데도 절제하고 절약하는 것과 달리 애초 돈이 없어 지출할 수 없는 경험은, 특히 어린 나이에 겪는다면 더욱더 마음에 큰 상처를 남긴다.

가난하여 지출을 줄인 영향은 무엇보다 개인의 능력을 키우는 부분에서 심각한 문제로 나타난다. 학습능력이나 건강과 같은 이른바 '인적 자원' 측면에서 지출 축소의 영향은 단기간에 그치지 않고 장기간에 걸쳐, 때로는 대를 이어서까지 나타난다. 한국에서 공교육만으로 좋은 대학을 가기 어렵다는 것은 이미 상식이 되었다. 사교육비 지출 격차는 날이 갈수록 벌어지고 있다. 이 차이는 성적과 진학하는 대학 수준의 차이를 불러오고 이후 취업과 사회 진출에까지 영향을 미친다.

마찬가지로, 어렸을 때의 건강은 단순히 육체뿐 아니라 지능이나 심리적인 건강에도 영향을 준다. 영유아기의 영양 결핍이나 질환은 평생의 능력을 좌우하기도 한다. 더구나 성장기의 가난과 그것이 원인이 된 가정불화, 가정폭력, 가족해체는 이후의 인성에도 영향을 끼친다는 것이 많은 연구의 결론이다. 이러한 상황에서 성장한 아이들은 쉽게 자존감을 잃고, 삶에서 겪을 여러 가지 어려움에 대처하는 능력이 떨어질 수밖에 없다.

이처럼 가난에 처한 가정은 당장의 지출을 줄여야 하는 데서 고통을 겪고, 더 나아가 가난으로 장래의 가능성이 훼손됨으로써 가난이 더욱 장기화되고 고착화된다. 이뿐만 아니라 음주 습관, 자기 절제, 대인 관계 기술, 나아가 일상의 조심성까지도 일정 부분 가난과 관련이 있다. '불운'만으로 설명하기 곤란한 크고 작은 사고, 사기 피해, 이웃간 불화, 재난 등이 유독 가난한 사람에게 많이 일어나는 것은 그런 탓이 크다. 결국 가난은 당사자에게 큰 고통을 줄 뿐 아니라 그 가족과 2세에게도 어려움을 줄 수 있다.

사회가 가난을 문제 삼는 이유

가난으로 고통과 불편을 겪는 것은 개인이다. 그렇다면 사회는 왜 그 문제에 신경을 써야 할까?

극단적으로 보면 빈곤은 개인의 '운명' 탓이라고 생각할 수도 있다. 즉, '안타깝기는 하지만 나쁜 운명 또는 팔자여서 그런 것이니 근본적으로 어쩔 수 없지 않느냐'는 것이다. 마치 운동신경이 부족해 공을 잘 못 차는 사람이 있는 것처럼 말이다. 더구나 공부를 열심히 안 하면 성적이 제대로 나오지 않듯이 가난을 당사자의 노력이 부족한 탓으로 돌린다면 빈곤 문제는 더더욱 개인의 책임이 된다. 이러한 관점에 서면 결국 '안타깝기는 하나 빈곤은 개인과 개별 가정의 문제일 뿐 빈곤 문제에 굳이 사회가 나설 필요가 있느냐'는 결론으로 이어진다.

그러나 현대 문명국가에서는 빈곤을 개인과 개별 가구의 문제로만 보지 않는다. 빈곤의 책임이 누구에게 있는가 하는 논의나 판단과는 별개로 정부는 빈곤 문제를 완화하기 위해 개입한다. 심지어 빈곤의 개인 책임을 강조하는 보수적인 정당이 집권하더라도 상당한 수준의 빈곤 대책이 당연하게 시행된다. 물론 빈곤에서 벗어나려고 노력하지 않는, 또는 벗어나지 못하는 빈곤층에 대해 불평하고 비난하기도 하지만, 그렇더라도 사회 안전망의 필요성마저 부인하지는 않는다.

우리는 왜 빈곤을 개인의 문제로 내버려두지 않고 개입하려는 것일까? 사회는 왜 가난을 문제 삼을까?

이웃의 가난은 그 자체가 고통이자 부끄러움이다

우리가 이웃의 가난을 문제시하고 무언가 조치를 취해야 한다는 압박감을 느끼는 일차적인 이유는 무엇보다 '동정심'에서 찾을 수 있다. '남의 어려운 처지를 안타깝게 여기는 마음'인 동정심은 자연스럽고 자발적인 감정이다. 텔레비전 방송의 다양한 기부 프로그램은 대부분 독거노인이나 장애인, 어린이의 '가슴 아픈' 사연을 다룬다. 시청자는 가난과 어려움의 원인에 대해 이성적으로 따지기 전에, 그리고 그 원인을 제공한 누군가를 탓하기 전에 기부를 할 수 있는 자동응답전화번호를 누른다. 그보다는 좀 더 찝찝한 마음을 갖기도 하지만, 지하철이나 거리에서 만난 걸인에게도 생각보다 많은 사람이 돈을 보태준다. 인간은 자신보다 못한 처지의 사람을 보면 동정심을 느끼고, 이는 그렇지 않은 자신의 운명에 대한 안도감으로 이어지곤 한다.

이렇게 오래전부터 사람들은 가난한 사람에 대해 동정심을 품어왔으며, 빈곤층을 돕는 일을 가치 있고 윤리적인 일로 권장해왔다. 인간 사회의 윤리적 합의에 영적인 정당성을 부여한 것이라고도 할 수 있는 '종교'는 가난한 사람에 대한 동정심을 칭찬받을 일로 규정한다.

구약성서에서 부귀와 재산은 신의 축복이자 인간이 희망하는 대상으로 그려진다. 그러나 시대가 변하면서 사회구조가 바뀌고 재화의 축적과 권력의 집중이 일어나 사회의 불의와 부정, 타인의 재산을 착취하는 일이 빈번하게 발생했다. 구약의 이른바 '예언자들의 시대'에 이르러서는 사회적 가난과 서민의 물질적 결핍이 권력자나 부자의 착취와 폭정, 이웃에 대한 무자비함 때문에 일어나며 이러한 행위가 신의 심판 대상이 된다고 인식되었다. 그리고 가난하고 압제받는 자는 선량한 사람이며 의롭게 살기 위해 노력하는 자의 대명사가 되었다. 신약성서에서 예수는 산상수훈을 통해 가난의 축복을 말하면서 제자들에게 부를 경계하며 살 것을 가르쳤다. 사도들은 예수의 가르침대로 가난한 삶을 실천했으며 다른 이들에게도 그러한 가르침을 전했다. 십일조 역시 가난한 사람들의 생존권을 보호하려는 데서 출발했다고 볼 수 있다. 그리고 이는 정당한 부와 이웃을 돕고 사랑을 실천하는 것을 강조하는 청빈사상으로 이어졌다.

무소유를 수련의 덕목으로 강조하는 불교에서도 부의 축적과 올바른 사용에 대해 설파한다. 특히 불교에서는 돈을 바르게 벌어 바르게 사용하는 '자리이타(自利利他)'의 보살행을 특별히 강조한다. 부처는 "병자를 돌보아주는 것은 곧 나(붓다)를 돌보는 것이요, 병자를 간호하는 것은 곧 나를 간호하는 것이다", "어떤 괴로움이 가장 중하냐. 이른바 빈궁의 괴로움이다"라고 하면서 가난하고 병든 이를 도울 것을 가르쳤다(박경준, 2004).

이웃의 가난을 안타까워하는 것은 개인적 수행이나 실천의 문제에 그치지 않는다. 가난을 문명국가의 수치로 보게 되면서 빈곤 상황은 하나의 인권 문제가 되었다. 1948년 제정된 유엔의 '세계인권선언'에서는 "모든 사람은 의식주, 의료 및 필요한 사회복지를 포함하여 자신과 가족의 건강과 안녕에 적합한 생활수준을 누릴 권리와 실업, 질병, 장애, 배우자 사망, 노령 또는 기타 불가항력의 상황으로 인한 생계 결핍의 경우에 보장을 받을 권리"(제25조)를 갖는다고 규정한다. 이를 바탕으로 국제사회는 일부 빈곤국에 대해 빈곤을 야기한 문제를 해결하도록 촉구하는 결의문을 채택하거나 때로는 직접 개입하는 등 '문명국가의 규범'을 강요하기도 한다. 최근 내전으로 피폐해진 아프리카 일부 국가에 대해 국제사회는 '국민을 굶기는 정부는 통치할 자격이 없다'는 시선으로 바라본다.

이웃의 빈곤을 그냥 내버려둘 수 없는 이유가 '억제할 수 없는 동정심'이나 종교적 실천 또는 천부적 인권에 대한 믿음에서 출발했다 하더라도, 이것만으로 각 사회의 빈곤 대책을 설명할 수는 없다. 동정심은 대개 빨리 사라진다. 우리가 사회제도로서 빈곤 대책을 세우는 데에는 동정심이나 문명국가의 부끄러움 이상의 구조적 이유가 있다.

즉, 극심한 빈곤이나 빈부 격차는 사회의 질서와 안정을 해칠 수 있고, 나아가 국가의 경쟁력을 떨어뜨릴 수 있기 때문이다. 다시 말해, 지속적이고 제도화된 빈곤 대책은 동정심을 넘어 사회를 건강하고 안전하게 유지하려는 '이기심'이 작용한 결과인 것이다. 그만큼 빈곤에는 사회 전체가 문제 삼아야 하는 무엇인가가 있다.

가난은 사회를 유지할 수 있는 건강한 인력 확보를 어렵게 한다

앞서 가난이 개인과 가정을 고통스럽게 하며 그 영향이 오래 지속된다고 말했다. 그러나 이는 개개인의 문제에 그치지 않고 개인 및 각 가정의 집합체인 사회 전체에도 큰 영향을 미친다. 그중에서 특히 사회가 필요로 하는 유능하고 건강한 인력 양성에 문제를 일으킨다. 빈곤한 가정에서 자란 아이가 한 '개인'으로서 능력이 떨어지는 것은 차치하더라도 사회의 요구에 부응하지 못하는 구성원이 되는 결과가 초래될 수 있는 것이다. 이른바 문명국가에서 일정 수준의 교육을 의무화하고 공교육에 엄청난 비용을 투입하는 이유는 바로 여기에 있다. 특히 저소득층 가정에 대한 교육비 지원은 다른 분야보다 관대하다. 실제 우리나라도 국민기초생활보장제도의 혜택을 받는 비율은 전체 가구의 5% 수준이지만, 여러 가지 명목으로 학비 지원을 받는 고교생은 전체의 40%에 가깝다. 그리고 다른 많은 나라에서는 아동기 질병 예방과 건강 유지를 위해 의료비 본인부담금을 받지 않거나 각종 영양제 등을 무상으로 제공하기도 한다. 특히 빈곤 아동에 대해서는 조기개입을 강조하면서 건강 유지는 물론이고 인성 개발, 학습능력 향상 등을 지원한다. 최근 우리나라에서도 저소득층 가정 아동에게 독서 프로그램이나 비만 프로그램을 제공하는 등 지원을 확대하고 있다.

나아가 실직 상태의 빈곤층에게 직업훈련이나 직업능력개발 프로그램을 제공하는 데 국가가 엄청난 예산을 지원한다. 실직 상태에 놓인다는 것은 개인에게도 고통이지만 사회 전체적으로도 큰 손실이기 때문이다. 변화한 산업구조에 적응할 수 있도록 새로운 기술을 가르치는 것은 물론이고, 근로습관을 유지하도록 실업수당을 제공하는 조건으로 훈련이나 교육 참여를 강제하기도 한다. 이와 더불어 조기에 재취업하면 추가로 수당을 주는 등 근로활동을 장려한다. 실제로 상당수 선진국에서는 이렇게 실업수당, 직업훈련, 취업알선을 패키지화해 실직 기간을 단축하는 '적극적 노동시장정책(active labor market policies: ALMP)'을 펴고 있다. 개인의 실직과 빈곤에 대해 사회 전체의 노동인력 유지라는 관점에서 대처하는 것이다.

빈곤층 지원은 소비를 늘리고 나아가 경제를 활성화한다

가난하다는 것은 당장 쓸 수 있는 돈(즉, 가처분소득)이 없는 상황을 뜻한다. 경기 침체나 빈곤층 확대로 가난한 가정이 늘어나면 그 문제는 가정에만 그치지 않는다. 사회 전체의 소비가 침체되고 경제 불황이 심화되는 경향이 나타나는 것이다. 따라서 빈곤층에 대한 현물이나 현금 지원은 한 가정의 다급한 생계 문제를 해결하는 것을 넘어 사회의 내수 구매력을 높이고 나아가 경제 활성화에 기여한다. 특히 가난한 사람은 수입의 대부분을 소비하기 때문에, 현물이나 현금 지원은 가계 유지에 보탬이 되는 것은 물론, 곧바로 소비 및 생산활동으로 이어져 국가 경제에도 도움을 준다. 많은 나라들이 극심한 경기 침체 상황에서 빈곤층에 대한 직접 지원을 늘리는 이유다.

그런데 빈곤층 지원은 기본적으로 정부 재정으로 이루어지기 때문에 세금으로 가난한 사람을 돕는 것을 놓고 많은 논란이 발생한다. 특히 빈곤의 개인 책임을 강조하는 사람들은 이러한 재정지출을 '버리는 돈'으로까지 생각하는 경향이 있다. 그러나 빈곤층 지원이 사회적으로 필요한 인적 자원을 확보하는 것은 물론, 당면한 가계 위기를 안정시키면서도 위기 국면의 경제를 회복시키는 데 보탬이 된다는 것은 정설이 되었다. 1930년대 대공황 당시에 미국에서 시행한 뉴딜정책은 기본적으로 빈곤층에 대한 가처분소득 지원책이었다. 극심한 경기 침체기에 국가가 빈곤층의 유효수요를 지원함으로써 경기를 안정시키는 방식이었던 것이다. 우리나라에서도 외환위기 직후 공공근로사업이나 한시생계보호사업 등을 통해 빈곤층에게 생계비를 지원했으며, 최근에는 '희망근로'를 비롯해 비슷한 방식의 정책이 추진되고 있다.

빈곤은 사회불안과 갈등, 사회적 비용을 유발한다

국가가 빈곤 문제에 개입하는 고전적 이유 중 하나는 바로 사회통합 유지다. 빈곤층 확대나 빈부 격차 심화가 사회불안을 야기하므로 국가가 이를 완화하기 위해 개입하는 것이다. 실제 인류 역사에서 극심한 빈부 격차 때문에 사회적 갈등이 발생한 사례는 무수히 많다. 근대 이전에 발생한 민중 반란은 대개 빈곤층의 박탈감이 원인이었다. 동서양을 떠나 반란은 대부분 민중의 가난과 지배층의 호사가 극에 달했을 때 발생했다.

근대에 들어 지나친 부의 불평등을 바로잡아야 한다는 주장은 정교한 논리와 사상으로 뒷받침되었다. 서구의 시민혁명은 왕권을 억제하려는 정치적 혁명인 동시에 소수가 독점한 부를 대중에게 분배할 것을 요구하는 것이었다. 이후 자본주의가 자리 잡을 무렵에는 '평등한 사회'를 이상으로 하는 사회주의가 지배체제를 위협했다. 다소 공상적인 사회주의사상부터 급진적이고 전복적인 사상에 이르기까지 빈곤과 빈부 격차의 해소를 기치로 한 사상이 등장했다. 실제 19세기 후반에 이르러서는 크고 작은 소요 사태가 빈발했고, 20세기 초 유럽에서 가장 가난한 나라였던 러시아에서는 사회주의혁명이 처음으로 성공했다.

이후 유럽의 자본주의국가들은 체제를 유지하기 위해 대타협을 이끌어냈다. 노동운동이 더 이상 체제 전복을 꿈꾸지 않는 대신, 자본가들은 충분한 임금과 복지를 약속했다. 이른바 현대 복지국가체제가 등장한 것이다. 각국의 경제·사회·정치체제의 특징에 따라 이들을 북구형, 대륙형, 영미형 등으로 분류할 수 있지만, 기본적인 얼개는 체제 타협을 기반으로 한다.

그러나 복지국가 전성시대도 그리 긴 세월을 구가하지는 못했다. 1970년대에 이르러 이른바 복지국가의 재정 위기에 직면하자 상당수 국가에서는 복지를 축소하고 근로연계형 정책을 강화했다. 흔히 말하는 신자유주의 물결이 휩쓸었던 것이다. 이에 따라 많은 나라에서 빈부 격차는 다시금 확대되었으며, 빈곤층 역시 증가했다. 전 세계적인 자본시장 통합 속에서 자본은 더욱 빨리 이윤을 쫓아 이동하고, 노동은 불안정해졌으며, 실업률도 높아졌다. 단순히 물질적인 빈곤을 넘어 '기회'와 '희망'에 대해 의심하는 사람들이 늘어나면서, 빈곤 문제는 '사회적 배제(social exclusion)'의 문제로까지 확장해서 이해해야 하는 것이 되었다. 이에 대해 많은 사람이 사회통합의 위기를 우려하면서 국가가 적극적으로 개입할 것을 요구하는 목소리를 높이고 있다.

실제로 최근에 발생한 유럽 테러의 전조는 빈곤과 격차 문제가 터져 나오기 시작한 10여 년 전에 이미 나타나기 시작했다. 2005년 프랑스에서 시작된 폭동은 이슬람계의 인종폭동으로 알려져 있지만, 조금 더 깊이 들여다보면 그 배경에 인종과 종교 문제 외에도 빈곤 문제가 존재했음을 알 수 있다. 프랑스는 전체 국민의 약 8%가 이슬람계인데, 이슬람계를 비롯해 가난한 이민자가 밀집해 있는 저소득 지역은 실업률이 프랑스 전체 평균의 2배가 넘는 반면 소득은 2분의 1밖에 되지 않는다. 특히 25세 미만의 무슬림 청년 이민자의 실업률은 전체 평균의 3배에 달하는 36%에 이르는 상황이었다(이강국, 2008: 62).

이처럼 빈곤 문제는 사회 불안정을 불러올 위험을 내포하고 있고, 지배층은 이러한 문제를 완화하거나 완충하기 위해 다양한 방식으로 개입해왔다. 현대 복지국가체제는 빈곤 문제에 그나마 가장 체계적이고 안정적으로 대처하는 형태로 여겨졌지만, 이 역시 최근에는 그 효과를 의심받기에 이르렀다. 그럼에도 분명한 것은 극심한 빈곤이나 빈부 격차가 사회 불안정을 일으키고, 그것이 국가가 이 문제에 개입하는 가장 중요한 이유 중 하나라는 점이다.

빈곤은 민주주의의 위기를 부른다

가난은 개인의 불행이나 사회의 생산성 훼손뿐 아니라 민주주의의 위기를 부른다. 가난과 절망에 빠진 사람들은 자신의 정치적 권리 행사에 무관심해지거나 적절한 판단력을 잃기 쉽다. 생존 문제 해결에 급급한 상황에서 시민으로서의 의무와 권리는 먼 이야기가 아닐 수 없다. 실제로 미국에서 흑인의 투표 참여율은 (버락 오바마 대통령이 후보로 나왔던 지난번 선거는 예외이지만) 백인보다 10~15% 정도 낮고, 비슷한 정도로 히스패닉계가 흑인보다 낮다. 글자를 읽을 수 없는 문맹과 마찬가지로 정치적 문맹이 많은 것이다. 특히 최근 선진국의 빈곤 현상은 불법체류, 이민 등과 같이 시민권 부재 문제와 연결된 경우가 많다. 따라서 빈곤 문제를 해결하는 것이야말로 정당한 시민권을 부여하는 일이라고 볼 수 있다(Scott, 1994).

쉽게 말하자면, 민주주의는 '평등한 시민권, 1인 1표의 투표권에 의한 정치 참여의 권리, 공정하고 자유로운 선거의 주기적 실시와 이를 통한 정부의 선출'을 특징으로 한다고 볼 수 있다. 그러나 자본주의가 창출하는 불평등이 강화되고 사회 양극화가 심화될수록 민주적인 권리 행사와는 거리가 멀어진다. 분배의 악화와 빈곤의 심화 같은 '노동의 위기'는 곧 '민주주의의 위기'인 것이다(최장집, 2005). 실제로 가난한 사람들이 정치에 대해 관심과 참여가 저조한 것은 단순히 자기 권리를 행사하지 못하는 것을 넘어, 한 사회의 민주적 역동성마저 떨어뜨리게 된다.

빈곤을 보는 관점에 따라 대응 수준이 다르다

빈곤이 개인뿐 아니라 사회 전체에도 문제가 된다 하더라도 빈곤 문제 해결에서 목표나 수위는 관점에 따라 큰 차이를 보인다. 문제를 방치할 수는 없으나 지원은 최소한의 선에 그쳐야 한다는 입장이 있는가 하면, 빈곤이 발생하는 근본적인 원인을 제거해야 한다는 입장도 있다. 빈곤의 원인을 놓고도 서로 다른 입장을 보인다. 전자는 개인의 책임을 강조하는 반면, 후자는 사회구조 자체가 빈곤의 고착화와 전승을 불러온다고 본다.

개인의 책임을 강조하는 접근은 뿌리가 깊다. 어찌 보면 그것은 동정심과 동전의 양면이라 할 만큼 인간 심성에 자리 잡고 있다. 빈곤의 원인이 개인적 요인이 아니라 사회 자체의 잘못된 구조 때문이라면 동정심이 아니라 부끄러움을 가져야 할 것이기 때문이다. 따라서 동정심의 저변에는 빈곤의 원인이 (비난할 수 있든 없든 간에) 개인에게 있다는 생각이 한 자락을 차지한다.

이렇게 빈곤의 책임이 개인에게 있다면 빈곤 대책은 제한적일 수밖에 없다. 사회에 짐이 될 정도의 사태는 막아야 하지만, 그렇다고 스스로 노력하는 사람보다 더 나은 조건을 만들어줄 수는 없는 것이다. 최소한의 생계 수단을 지원하되 동정을 받고 있다는 점을 본인이 끊임없이 인지하게 하려는 경향이 따른다. 이른바 '열등처우(less eligibility)'의 원칙•에 입각하는 것이다. 특히 급속한 경제성장을 경험한 우리나라에서는 '일이 없어서 못 한다'는 사실이 쉽게 인정되지 않는다.

그러나 빈곤을 개인의 책임이라기보다는 사회·경제 구조의 문제로 보는 시각 역시 뚜렷하다. 우리나라의 예를 들어 설명해보자. 우리는 놀라운 경제성장을 자랑하지만, 그 속도만큼이나 급속한 산업구조 변화로 노동시장 낙오자가 양산되는 구조에 놓여 있다. 불과 10여 년 전까지 우리 산업의 한 축을 담당하던 섬유, 신발, 봉제 등 재래식 산업은 이제 애물단지가 되고 말았다. 외국으로 이전하거나 이주노동자가 담당하지 않으면 안 될 수준의 한계산업으로 전락한 것이다. 그런 산업에 수십 년을 종사한 기능인도 더 이상 산업 역군이 될 수 없는 상황이 되고 말았다. 대기업과 중소기업의 양극화, 만성적인 고용 불안정,

• 공공 지원으로 받는 혜택은 근로를 통해서 얻을 수 있는 가장 낮은 임금액보다 높아서는 안 된다는 원칙이다.

고령자의 노동시장 조기 퇴출은 이제 당연한 것이 되고 말았다.

이런 상황에서 실업과 빈곤을 개인의 책임으로만 돌릴 수는 없다. 한때 돈벌이가 된다면 사막이든 정글이든 마다 않고 찾아가 열심히 일했던 우리나라 사람들이 그새 일하기 싫어하는 민족으로 변했을 리도 없다. 실직자에 대한 정부 지원이 형편없는 상태에서 자발적으로 실업을 택했을 가능성도 거의 없다. 결국 경제구조의 변화와 산업구조의 전환이 노동시장을 악화시키고 빈곤에 처할 위험을 높인 것으로 볼 수밖에 없다.

이제 사회안전망의 도움 없이도 가족들 간 도움이나 자신의 근면으로 빈곤에 빠지지 않고 세상을 헤쳐 나가던 일은 옛날이야기가 되고 말았다. 경제구조가 불안정해지면서 가족해체 또한 급속히 확대되고 있다. 갑자기 닥친 고령화 사회는 노후 준비를 하지 못한 고도성장 세대들을 빈곤으로 내몰고 있다. 당장 사회복지를 확대한다고 해도 이들의 준비되지 않은 빈곤을 해결하기에는 역부족일 것이다. 결국 최근 우리 사회에서 일어나는 빈곤은 사회·경제 구조 변화에서 큰 영향을 받은 것으로 봐야 한다. 이것이 빈곤의 책임을 개인에게 돌리면서 최소한의 지원책에 그쳐서는 안 되는 이유다.

물론 빈곤 문제에 대한 사회책임론은 이 정도에 머물지 않는다. 자본과 노동의 관계 자체가 불평등하며 노동자가 노동의 대가를 적게 받기 때문에 만성적인 (상대적) 궁핍에서 벗어날 수 없다는 것이다. 자본주의가 발전하면서 자본은 한곳으로 집중되고 노동 생산력은 발전하지만 상대적으로 노동계급은 빈곤과 생활환경의 악화를 겪게 된다는 이른바 '궁핍화 이론'이다. 실제 빈곤층 중에는 밤낮으로 두 가지 이상의 일에 매달려도 생계유지마저 어려운 이들이 허다하다. 영국의 한

저널리스트는 최저임금을 받는 다양한 직종에서 직접 일하면서 아무리 일해도 빈곤에서 벗어나기 어려운 현실을 생생하게 밝히기도 했다(토인비, 2004). 열심히 일한다고 반드시 빈곤에서 탈출할 수 있는 것은 아니다.

이러한 생각은 더 나아가 자본주의사회가 필요 인력보다 더 많은 사람을 항시 유지함으로써 임금을 낮추려 한다는 의심으로 이어진다. 이는 고전적인 마르크스주의의 상대적 과잉인구론이다. 실제로 청년 실업률이 높은 상태에서도 이주노동자가 계속 유입되는 선진국에서는 이 모순적인 현상을 둘러싼 논쟁이 격렬하다. 일부에서는 일자리가 있는데도 일하지 않는 청년들의 근로윤리 문제를 지적하기도 한다. 그러나 사회책임론에서는 임금이 싸고 희망도 없는 일자리만 양산되는 노동시장 구조에서 문제의 원인을 찾는다. 이러한 관점에서 바라본 빈곤 대책은 매우 근본적인 사회개혁 논의로 이어질 수밖에 없다.

어떻든 빈곤 문제에 대한 관점은 개인과 구조의 양단을 사이에 두고 다양한 스펙트럼이 있다. 어떤 부분에서는 개인의 문제, 또 어떤 부분에서는 구조의 문제가 더 설득력 있게 다가오기도 한다. 그러나 어떤 시각으로 바라보든 빈곤을 개인의 일로만 내버려둘 수 없다. 동정심 때문이든, 생산성 유지를 위한 이기적 심산에서든, 아니면 평등주의로의 체제 개혁을 지향하기 때문이든, 국가와 사회는 빈곤 문제에 개입하지 않을 수 없다. 더욱이 경제의 변동성이 심화되고 누구라도 빈곤의 위험에서 자유로울 수 없는 상황에 놓이면서, 빈곤은 이제 모두의 문제가 되었다. 외환위기 이후 급속히 상승한 빈곤율은 본인의 의지나 노력과 무관하게 수많은 사람들이 빈곤의 위험에 처할 수 있음을 보여준다. 결코 나와 무관한 일이 아닌 것이다.

3장 우리나라 빈곤의 현주소

경제가 성장해도 줄어들지 않는 빈곤

100명 중 13명 이상은 빈곤하다

1934년에 발간된 ≪성서조선≫이라는 잡지에는 당시 우리나라의 빈곤 실태를 개탄하는 글이 실려 있다. 글에는 "조선이 모두 가난하여 경성의 빈곤굴을 (특별히) 구별해 찾아낼 수 없을 뿐 아니라, '밥이나 먹는다'는 말이 조선의 부(富)의 최고 수준을 나타내는 표현"(김교신, 1934)이라고 기술되어 있다. 지금으로서는 상상하기도 어려운 지경의 가난이 아닐 수 없다.

이처럼 우리는 어쩌면 과거의 빈곤에 더 익숙한지도 모른다. 한국전쟁으로 폐허가 된 집터에서 몇 끼를 굶어 몸과 마음이 지친 아이가 해진 옷을 입고 망연자실하게 서 있는 모습, '가난'이라고 하면 떠오르는 장면이다. 하지만 요즘에 이런 장면을 만나기는 쉽지 않다. 빠른 속도로 경제성장을 이루어 세계 상위권의 경제 수준을 자랑하는 한국에 그러한 빈곤이 더는 존재하지 않을 것이라고 막연하게 생각하는 것도, 가난이라고 하면 떠오르는 그런 모습을 주변에서 볼 수 없기 때문일지 모른다. 과연 한국에서 빈곤은 경제성장과 함께 사라졌을까? 이제 이 땅에 가난은 사라진 것일까? 결코 그렇지 않다.

2014년 현재 우리나라의 빈곤율은 가처분소득 중위 50%를 기준으로 약 13.3%다(정은희·이주미, 2015). 즉, 여전히 100명 중 13명 이상이 가난한 생활을 하고 있는 것이다. 2014년 우리나라의 인구가 5042만 명 정도이니 약 671만 명 정도가 가난한 상태에 있다고 하겠다. 13.3%라는 수치에 대한 소감은 사람마다 다를 것이다. 어떤 이는 그렇게 많은 사람이 빈곤하다는 사실에 놀랄 것이고, 또 어떤 이는 그보다 더 많은 사람들이 어려운 생활을 하고 있다고 할지 모른다. 이런저런 소감은 모두 일리가 있다.

이 책의 뒷부분에서 좀 더 자세히 다루겠지만, 가난은 대부분 모여 있기 때문에 가난에서 멀리 있는 사람은 가난을 본 적도 없고, 따라서 이렇게 많은 사람이 어려운 삶을 살아가고 있다는 사실이 생소할 수 있다. 언론도 가난한 사람들을 비추고 싶어 하지 않는다. 드라마에 등장하는 인물은 대부분 중산층이며 상류층이나 재벌도 흔하다. 가난한 사람은 거의 보이지 않는다. 더욱이 지금 우리의 가난은 예전의 헐벗고 굶주린 모습의 가난과는 다르다. 이 시대에 가난하다는 것은 동시대를 살아가는 다른 이의 삶과 비교해 기본적인 생활이라 여기는 수준을 유지하지 못하는 것을 의미하기 때문이다.

그림 3-1 **우리나라의 빈곤율 변화**

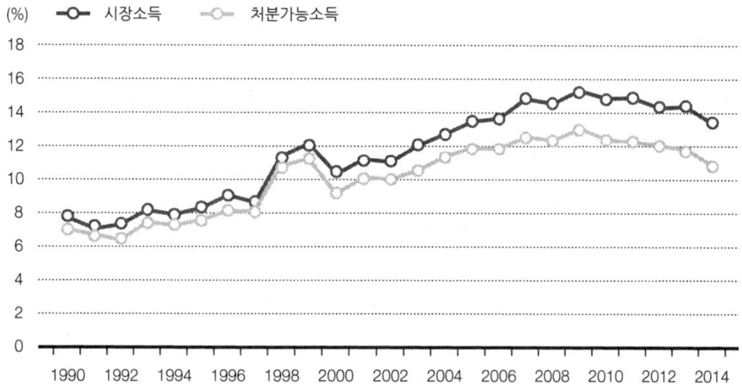

※ 중위 소득 50% 기준, 도시 근로자 대상으로 산출함.
자료: 통계청.

이제 경제가 성장해도 빈곤은 쉽게 줄지 않는다

가난한 사람의 수는 그 사회의 경제적 사정이나 정책적 노력 등에 따라 달라진다. 한국도 경제가 성장하면서 가난한 사람이 줄어든 것이 사실이다. 하지만 이는 1998년 외환위기가 발생하기 전까지의 이야기다. 1997년까지는 경제가 성장하면서 빈곤율이 계속 줄었지만, 1998년 외환위기를 거치면서 빈곤층이 크게 늘었고, 1999년 이후 다소 회복되었다가 2003년 가계신용위기와 함께 다시 증가했다(그림 3-1 참조). 그리고 2008년 세계금융위기에 따른 경제적 어려움으로 가난한 사람의 수가 또다시 늘어나기도 했다.

1950년대 초와 같이 국민 대다수가 끼니를 걱정하던 수준의 빈곤은 이제 찾아보기 어렵다. 하지만 그렇다고 빈곤이 사라진 것은 아니다. 더욱이 빈곤은 옛날처럼 경제성장과 함께 줄어들지 않고 우리 곁에 그대로 남아 있다. 최근 많은 학자들은 우리나라가 과거처럼 높은 수준의 경제성장을 유지하기 어려워지면서 경제성장으로 가난한 사람의 수를 줄일 수 있다는 믿음이 약해졌다는 점을 우려한다. 더구나 경제가 성장하더라도 그 과실이 가난한 사람에게 잘 나눠지지 않는다는 것도 심각한 문제다.

다른 나라와 비교해보아도 빈곤한 사람이 적지 않다

경제 수준 대비 높은 빈곤율

우리나라의 빈곤은 다른 나라와 비교해볼 때 얼마나 심각한 것일까? 다른 나라와 빈곤의 수준을 비교하려면 기준이 중요하다. 절대적인 기준으로 비교하면 선진국과 개발도상국의 생활수준이 완전히 다르기 때문에 의미 있는 결과가 나올 수 없다. 미국에서는 하루 10달러로 최저생활조차 할 수 없지만, 가난한 나라에서는 그 돈으로 중간 이상의 생활을 할 수도 있다. 따라서 각 나라별로 중위소득의 일정 비율 이하를 빈곤층으로 정의하면, 각 나라의 경제 규모를 고려해 빈곤층 규모를 비교할 수 있다. 다만 경제적 수준이 낮아서 이런 방식으로 비교하기가 어려운 나라들이 있다. 예를 들어, 아시아나 아프리카 대륙 중 일부 국가는 국민의 대다수가 굶주림과 질병으로 고통을 겪는데, 국제기구는 이러한 나라의 빈곤을 파악하기 위해 일일 소득이 1~2달러 이하인 가구를 빈곤층으로 분류하기도 한다.

가처분 중위소득 50%(즉, 상대적 빈곤)를 기준으로 각국의 빈곤율을 비교해보면, 우리나라가 다른 선진국보다 상대적으로 심각한 상황이

그림 3-2 **각국의 빈곤율 비교**

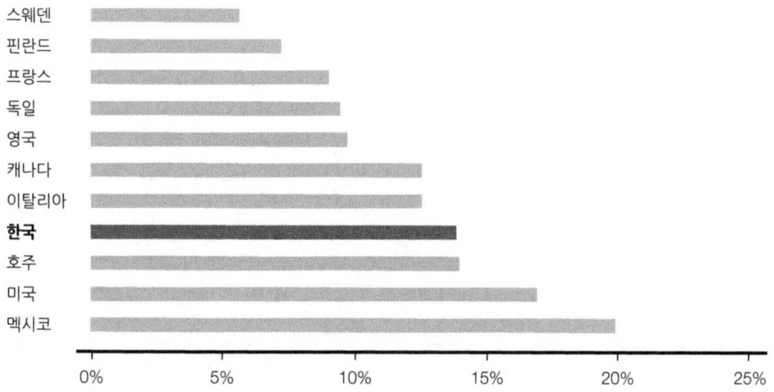

※ 스웨덴은 2005년, 미국은 2013년 기준이며, 나머지 국가는 모두 2010년 기준임.
자료: LIS 홈페이지(http://www.lisdatacenter.org/). 정은희·이주미(2015)에서 재구성.

라는 것을 알 수 있다(그림 3-2 참조). 스웨덴과 핀란드는 빈곤율이 낮은데, 이들을 복지국가라 하는 이유를 여기서도 엿볼 수 있다. 반면 우리나라와 호주, 미국, 멕시코의 빈곤율은 매우 높다. 우리나라는 국민의 13.8%가 빈곤하다. 다른 세 국가의 빈곤율을 보면, 호주는 13.9%, 미국은 17.0%, 멕시코는 19.9% 수준이다. 멕시코는 경제발전 수준이 아직 높다고 보기 어려우므로 그렇다 쳐도, 세계에서 가장 큰 경제 규모를 자랑하는 미국이 높은 빈곤율을 보인다는 점은 많은 이들에게 다소 의외로 받아들여질지 모른다. 이는 결국 국가의 경제 규모가 크더라도 소득 불평등 정도가 심하면 빈곤율이 높을 수 있음을 보여준다.

한 사회의 불평등 수준은 대개 지니계수(Gini's coefficient)로 나타낸다. 지니계수는 0과 1사이의 값을 가지는데, 1에 가까울수록 불평등이 심한 것을 의미한다. 2014년도 우리나라의 시장소득 기준 지니계수는

그림 3-3 소득 10분위 분배율 변화 추이

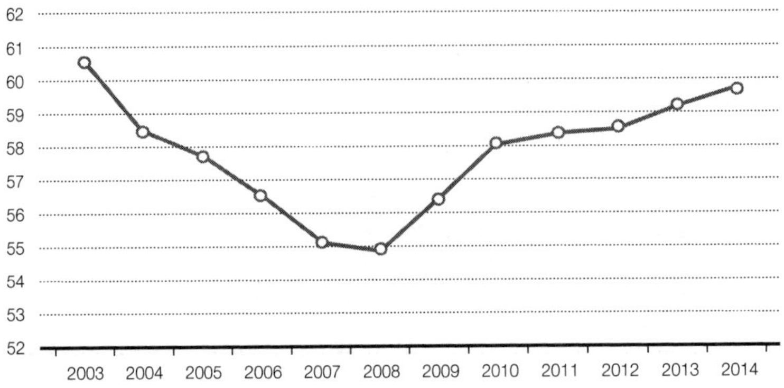

※ 1인 가구 불포함.
자료: 정은희·이주미(2015).

0.33인데 가처분소득 기준 지니계수는 0.29이다. 이는 정부가 관여하여 소득 불평등이 조금 줄었다는 것을 의미한다고 볼 수 있다. 스웨덴의 지니계수는 2005년 0.24였고, 핀란드의 지니계수는 2010년 0.26이었다. 반면 미국의 2013년 지니계수는 0.38로 우리나라보다도 높다. 미국의 소득 불평등이 심하다는 것은 이렇게 지니계수의 국가 비교를 통해서도 쉽게 확인된다.

불평등을 표현하는 또 다른 개념으로 분위 분배율이 있다. 소득 10분위 분배율은 한 나라의 모든 가구를 소득에 따라 배열하고 10개의 집단으로 구분한 다음, 소득이 낮은 하위 40% 가구의 소득 합을 소득이 가장 높은 상위 20% 가구의 소득 합으로 나눈 것이다. 이 비율이 높으면 소득의 격차가 작은 것이다. 1인 가구 외 여타의 가구가 표본 확대와 함께 포함된 2003년 이후 변화를 보면 우리나라의 소득 10분위

분배율은 2008년까지 개선되다가 그 이후 악화되었다. 그림 3-3을 보면 2008년 이후 악화된 소득분배가 좀처럼 개선되지 않는 것을 알 수 있다. 상위 20%의 소득을 하위 20%의 소득으로 나눈 소득 5분위 분배율도 비슷한 경향을 보인다.

빈곤율은 정부 정책 수준을 반영한다

빈곤율이 높은 국가들을 보면 국민이 시장에서 일해서 얻는 소득도 낮지만 필요한 기초소득을 지원하는 사회정책도 발전되어 있지 않은 경우가 많다. 시장소득 기준 빈곤율과 가처분소득 기준 빈곤율의 차이를 살펴보자. 시장소득과 가처분소득의 빈곤율 차이는 정부가 빈곤을 줄이기 위해 얼마나 많은 노력을 기울이는지를 단적으로 보여준다. 가처분소득은 시장소득에서 세금을 제하고 공적 이전소득을 합한 금액이기 때문이다. 표 3-1은 각국의 시장소득 기준 빈곤율과 가처분소득 기준 빈곤율을 비교해 그 차이(시장소득 기준 빈곤율 − 가처분소득 기준 빈곤율)를 나타낸 것이다.• 멕시코에서는 국가 개입 후의 빈곤율(가처분소득 기준 빈곤율)이 오히려 더 높다. 즉, 세금을 내고 정부의 지원을 받고 난 뒤 빈곤의 규모가 더 커진다. 빈곤층이 받는 것에 비해 내는 것이 더 많다는 뜻이다. 우리나라는 2005년을 기준으로 더 악화되지는 않았지만 개선 효과가 매우 미미해서 차이는 1.7%p에 지나지 않는다.•• 미국은

• 국가별 해당 자료 확인이 가능한 최근 연도의 수치를 기준으로 국가 간 비교를 한 것이다.

•• 2014년 기준으로 한국의 시장소득 기준 빈곤율과 가처분소득 기준 빈곤율 차이는 4.9%p 정도로 나타난다(정은희·이주미, 2015).

표 3-1 **시장소득 기준 빈곤율과 가처분소득 기준 빈곤율 차이 비교**

국가	빈곤율 차이
스웨덴 (2005년)	22.1%p
핀란드 (2004년)	20.8%p
프랑스 (2000년)	20.5%p
독일 (2000년)	20.1%p
영국 (2004년)	15.3%p
이탈리아 (2000년)	11.7%p
미국 (2004년)	7.2%p
한국 (2005년)	1.7%p
멕시코 (2004년)	-6.2%p

※ 괄호 안은 기준 연도임.
자료: LIS 홈페이지(http:www.lisproject.org), 김문길 외(2011)에서 재구성.

7.2%p로 한국보다는 차이가 크지만 다른 선진국과 비교하면 작다. 스웨덴을 비롯해 복지국가로 알려진 유럽의 일부 국가에서는 시장소득 기준 빈곤율과 가처분소득 기준 빈곤율의 차이가 커서 정부가 빈곤을 해소하고자 정책적으로 많은 노력을 기울인다는 점을 확인할 수 있다.

빈곤선 주변을 맴도는 사람들

더 심각한 것은 한 시점에서 빈곤율에 잡히지는 않지만 빈곤선 주변에 머물면서 진입과 탈출을 반복하는 계층(반복 빈곤층)이 많다는 점이다. 한 조사에 따르면, 2003년부터 2005년까지 12분기 동안 빈곤을 한 번도 경험하지 않은 가구가 전체 가구의 64.9%였다. 역으로 이 기간에 한 번이라도 빈곤을 경험한 가구는 35.1%(당시 최저생계비 기준 26.8%)로 빈곤 경험이 있는 가구가 높은 비중을 차지한다.* 그리고 이 중 반복적으로 빈곤을 경험한 가구의 비율은 16.1%였다. 이는 빈곤층으로 전락할 위험이 있는 가구가 우리 사회에 적지 않다는 것을 의미한다(노대명 외, 2007a).

반복적으로 빈곤을 경험하는 가구의 가구주는 계속 빈곤한 경우와 달리 대개 젊다. 즉, 일할 수 있는 연령인 경우가 많다. 계속 빈곤한 가구에서는 가구주의 연령이 25~64세인 가구의 비율이 51% 정도이지만, 반복적으로 빈곤을 경험하는 가구에서는 이 비율이 77%를 넘는다. 하지만 이들의 취업 상태는 불안정하다. 반복적으로 빈곤을 경험하는 가구의 가구주 취업 상태를 보면 기능 및 조립 업무 종사자가 40.3%, 단순 노무 종사자가 21.4%에 이른다. 이처럼 반복적으로 빈곤을 경험하는 가구의 가구주는 근로가 가능한 연령이지만 저임의 불안정 고용 상태에 있는 경우가 많다.

빈곤선이 되는 기준 소득을 조금만 올리면 이들은 빈곤 가구로 분류된다. 2008년에 이루어진 한 연구에서는 빈곤선이 높아질수록 계속 빈곤과 만성 빈곤의 비중이 증가하는 것이 확인되었다. 당시 최저생계비의 100~140% 구간에 위치한 가구의 지위는 불안정하며, 특히 최저생계비의 100~120% 구간의 가구들은 빈곤선을 조금만 상향 조정하면 계속 빈곤 또는 만성 빈곤으로 분류될 정도로 빈곤화의 위험이 매우 높은 상태에 있다(이현주 외, 2008: 143~169).

결국 많은 가구가 빈곤층으로 편입되기 쉬운 상황에 있고, 빈곤을

* 이 분석은 빈곤 지위를 분기 단위로 분석하기 때문에 빈곤을 경험한 가구가 다소 과대 추정되는 문제가 있을 수 있다.

경험하는 가구가 실제로는 한 시점에 조사되는 것보다 더 많다는 것이다. 이러한 상황에서 빈곤으로의 진입을 막고 탈출을 지원하는 제도적 대응이 과거보다 중요해졌다. 당연히 근로가 가능한 빈곤층에 대한 제도적 구상도 더 정교하고 풍부해져야 한다.

누가 가난한가

우리나라는 빈곤한 사람의 규모가 작지 않고 소득 불평등도 심각한 편에 속한다. 그리고 이러한 양상은 당분간 유지될 것으로 보인다. 이러한 사실만으로도 우려스럽지만, 빈곤의 양상이 계속 변화하고 있다는 점이 더 큰 문제다. 빈곤한 사람들의 구성이 어떻게 변화했는지, 왜 이 점에 주목해야 하는지는 천천히 살펴보기로 하고, 우선 가난한 사람들이 누구인지 알아보자.

일할 수 없는 사람들은 늘 가난했다

가난한 사람들 하면 많은 이들이 우선 노인과 중증장애인을 떠올린다. 실제로 노인이나 중증장애인처럼 일할 수 없는 사람들이 빈곤층에서 큰 비중을 차지한다. 오래전부터 이들은 가난해지기 쉬워 도움을 줄 만한 빈곤층(deserving poor)으로 여겨져 왔다. 지금도 노인과 장애인은 수입을 얻을 기회가 적어 상당수가 가난한 상황에 처해 있다.

여성은 일에 참여하더라도 가난해질 위험이 크다. 여성은 대개 남성보다 일할 수 있는 여건이 좋지 못했다. 남성보다 학력도 낮았고 결혼 후에는 집에서 가족을 돌보느라 일을 하기가 쉽지 않았다. 따라서

표 3-2 **인구 집단별 빈곤율**

인구 집단	빈곤율
장애인 1	34.6%
여성 가구주 가구 2	39.8%
노인	47.2%

※ 노인과 여성 가구주 가구의 빈곤율은 2014년 가처분소득 중위 50%기준.
1 2006년 기준 '차상위계층 실태조사' 원자료 분석. 경상소득 기준 중위소득 50% 기준.
2 가구 빈곤율.
자료: 정은희·이주미(2015)에서 재구성.

스스로 돈을 벌어 생계를 유지해야 하는 여성 가구주 가구(여성이 가장인 가구)는 빈곤해질 위험이 더 크다.

노인과 장애인, 여성 가구주 중 몇 가구나 빈곤한 생활을 하고 있을까? 2014년을 기준으로 노인 빈곤율은 47.2%였다. 이는 가처분소득 중위 50%를 기준으로 조사한 것이므로, 결국 각종 지원을 받은 상태의 사람들을 대상으로 산출된 수치다. 가족에게 생활비나 용돈을 받고 정부의 지원을 받고 나서도 노인의 절반 가까이가 가난하게 살고 있는 것이다. 장애인은 2006년 기준으로 전체 장애인 중 34.6%가 빈곤하다. 전체 빈곤율이 13.3%인 것과 비교해 노인과 장애인의 빈곤율은 거의 3배와 2배 이상 높다. 2014년 여성 가구주 가구의 빈곤율은 39.8%였다. 이 역시 전체 빈곤율보다는 매우 높다.

아동도 일을 하기 어려운 인구 집단이다. 하지만 아동은 대개 일을 할 수 있는 연령대의 부모와 함께 생활하기 때문에, 아동의 빈곤은 근로 빈곤층의 빈곤율과 유사하다. 2014년 가처분소득 중위 50% 기준 아동 빈곤율은 7.0%로, 이는 노인과 장애인이 포함된 전체 빈곤율보다 낮다. 대체로 근로 능력이 있는 사람들의 빈곤율 수준이다.

일할 수 있는 사람도 가난해질 위험이 커지고 있다

약 30년 전만 해도 아버지가 직장에 다니고 어머니는 집에서 살림을 하면서 아이를 키우는 것이 전형적인 가족의 형태였다. 거의 모든 아버지들은 좋든 나쁘든 평생 벌이가 될 직장을 가지고 있었다. 즉, 1980년대까지만 해도 일할 수 있는 사람은 거의 대부분 평생 안정적인 일자리에서 돈을 벌 수 있다는 믿음을 가지고 살았다. 이를 '완전고용' 상태라고 한다.

하지만 세상이 변했다. 가장 극단적으로 1998년 외환위기 당시 많은 사람들이 일할 능력과 의지가 있어도 기회가 없어 일을 하지 못했다. 장애나 병 때문에 일을 할 수 없거나 게으른 사람만 빈곤하다는 과거의 통념이 이 시절부터 바뀌었다. 일을 할 수 있어도 기회가 없어서, 일자리가 불안정해서, 임금이 낮아서 빈곤한 사람들이 점점 늘어났다. 이러한 사람들은 외환위기가 지나가도 줄어들지 않았다. 과거 우리나라에서는 이러한 형태의 빈곤을 쉽게 볼 수 없었기 때문에 이를 '새로운 빈곤'이라 부르기도 한다.

가구주 연령별 빈곤 가구의 비율을 보면 2000년 25세 이상 64세 미만의 빈곤율은 외환위기 이전에 비해 약 3배로 증가했다. 노인 가구주 가구의 빈곤율도 증가했지만, 근로가 가능한 연령대의 가구주 가구에 비해 그 증가 폭이 작다(표 3-3 참조).

2003년 기준 '차상위계층 실태조사'를 분석한 결과에 따르면, 빈곤 가구 중 근로 능력자가 있는 비율이 63.0%나 된다(이현주 외, 2006: 109~111). 이는 일하고 있거나 일할 수 있는 사람이 있어도 가난한 가구가 많다는 것을 의미한다. 그중 특히 노인이나 중증장애인 같은 피부양자가 없는, 즉 근로 능력자로만 구성된 가구도 그 절반에 가까운

표 3-3 **가구주 연령대별 전국 가구 절대 빈곤율 변화**

연도	25세 미만	25세 이상~65세 미만	65세 이상
1996년	5.4%	2.3%	29.7%
2000년	4.4%	6.3%	40.1%

※ '가구소비 실태조사' 자료를 분석한 것으로서, 앞서 설명한 빈곤율과는 차이가 있음.
자료: 이현주·강신욱(2008: 38).

그림 3-4 **빈곤 가구의 구성**

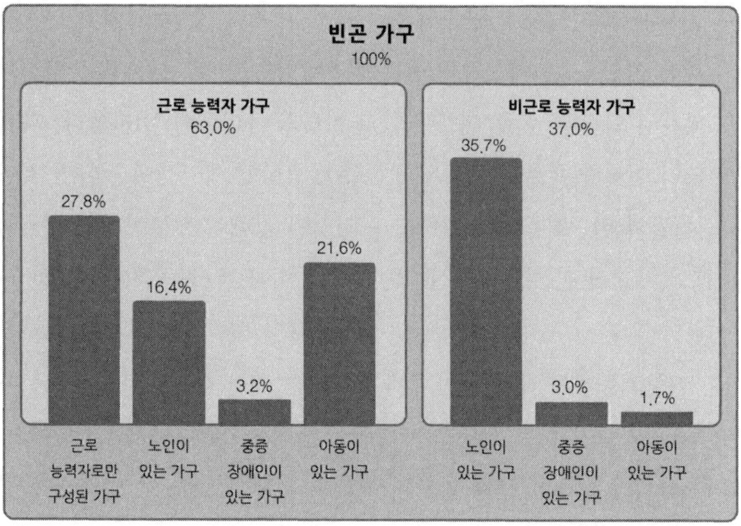

자료: 이현주 외(2006: 111)에서 재구성.

27.8%에 이른다. 반면 근로 능력자가 있는 가구(근로 능력자 가구)는 아동이 있는 비율이 21.6%에 이르고, 근로 능력자가 없는 가구는 그 비율이 1.7%에 그친다. 근로 능력자가 없는 빈곤 가구는 대부분 노인이 있는 가구이고, 일부 가구에만 중증장애인과 아동이 가구원으로 포함되어 있다.

새로 등장한 가난한 사람들

최근에는 빈곤층의 구성이 더욱 다양해지고 있다. 이는 달리 말하면 빈곤 문제의 양상이 더 복잡해졌다는 뜻이기도 하다. 이제는 예전과 달리 도시뿐만 아니라 농촌에서도 외국인을 만나는 일이 빈번하다. 공단 지역의 이주노동자 외에도 한국인과 결혼하기 위해서 이주해온 여성들이 크게 늘어났기 때문이다. 그런데 외국인 여성과의 결혼으로 구성된 가구는 대부분 넉넉하지 않은 생활을 하고 있다. 당연히 결혼 이주 여성과 그 자녀도 빈곤층의 한 부분을 이룬다. 한국 남자와 결혼하기 위해 이민을 온 여성들이 농촌에만 정착하는 것은 아니다. 도시에도 많은 수의 결혼 이주 여성이 있고 이들의 아이들이 살고 있다. 과거와 달리 여러 민족으로 구성된 빈곤층이 형성될 개연성이 높아진 것이다. 이들의 빈곤화를 최소화하고 안정적인 정착이 이루어지도록 하여 미래의 이질적 빈곤층이 양산되는 상황을 막아야 하는 것도 중요한 과제다.

이주노동자는 대부분 한국에 정착하는 것을 목적으로 온 것은 아니지만, 그 수가 많고 상당수가 생활상 극심한 어려움을 겪고 있어서, 한국 사회가 이러한 문제를 도외시할 수 없게 되었다. 산업재해와 권리침해, 문화적 이질성 등으로 고통받는 이들의 모습은 과거 선진국으로 일하러 떠났던 우리의 모습과 다르지 않다. 우리와 생김새는 달라도 그들 역시 누군가의 아들딸이자 부모다. 민족적 배경이 다른 가난한 지구인이 우리 사회에서 어렵게 살고 있다.

이뿐 아니라 과거 부랑인 취급을 받던 노숙인도 그 수가 크게 늘어나고 일반인과 같은 생활공간에서 부딪히게 되면서, 노숙인과 관련한 문제 또한 중요한 사회문제의 하나로 등장했다. 적절한 잠자리를 찾지 못해 쪽방이나 고시원 등에서 불안정하게 살아가고 있는 사람들까지 고려한다면 잠재적 노숙인은 훨씬 많다.

이처럼 일을 하고 있는데도 가난하거나 과거에는 별로 관심을 기울이지 않아도 되었던 새로운 빈곤층이 늘어나면서 종전의 빈곤정책 패러다임으로는 문제에 적절히 대처하기 어려운 상황이 되었다. 독거노인이나 장애인에게 도움을 주던 수준의 정책으로는 지금처럼 다양한 빈곤 문제를 해결할 수 없다. 빈곤층의 새로운 구성을 이해하고, 앞으로 빈곤층의 구성이 어떻게 변할지를 내다보면서 더욱더 포괄적이고 전문적인 정책을 마련해야 한다. 그리고 무엇보다 빈곤을 바라보는 시각의 변화가 필요하다. 근로 능력이 있고 일하는 사람도 가난해질 수 있다는 현실을 받아들여야 한다.

왜 빈곤할까

빈곤의 원인은 서로 얽혀 있다

빈곤의 가장 기본적인 이유는 일을 하지 못하는 데 있다. 노인이나 중증장애인, 질환자의 빈곤은 바로 이 때문이고, 전통적으로 빈곤정책은 이러한 현상에 대처하는 방법을 찾아왔다. 지금도 우리나라에서 노인과 장애인의 빈곤은 중요한 관심사다. 이들의 빈곤을 해결하기 위해서는 부족한 수입(즉, 소득)을 지원하는 일이 필수적이다. 그래서 각국에서는 노인과 장애인을 대상으로 사회보험이나 공공부조제도뿐 아니라 생계비를 제공하는 수당제도를 운영한다. 이들이 스스로 일하여 생계를 유지하기가 어렵다는 점에는 누구도 이의를 달지 않았고, 따라서 이들을 위한 국가적 지원에 대해 동의를 얻기가 쉬웠다.

물론 사회마다 노인이나 장애인과 같은 취약계층을 지원하는 데 차이가 있다. 특히 가족의 책임을 어느 정도로 부과할 것인지의 문제에서 큰 차이를 보인다. 가족이 부양해야 한다는 인식이 강한 사회에서는 노인과 장애인에 대해 국가의 지원이 소극적으로 이루어진다. 우리나라도 전통적으로 가족의 부양을 강조하는 사회였으며, 따라서 정부의 각종 지원이 소극적인 수준에 그쳐왔다. 예를 들어, 국민의 기초생활을 보장하는 급여 중 하나인 생계급여제도에서도 노인을 지원할 때 자녀 등 부양의무자의 경제적 수준을 조사하고, 경제적 여건이 일정 수준 이상이면 국가가 지원하지 않는다. 그러나 빈곤층의 가족 역시 가난한 경우가 많기 때문에 실제로 부양하기가 쉽지 않다. 더욱이 지금처럼 가족 간 유대가 약화되고 가족 구성이 변화한 상황에서 가족의 부양의무를 우선 부과하는 것은 현실적으로 맞지 않다. 이처럼 엄격하게 가족의 부양의무를 우선 부과하는 사례는 선진 복지국가에서는 찾아보기 어렵다.

노인의 빈곤은 이들에게 생활비를 지원하던 자녀 등의 소득이 줄어들어 비롯되는 경우가 많다. 근로 가능한 가족이 줄어들거나 그 가족의 생활이 어려워지는 것이 노인 빈곤의 근본 원인인 것이다. 즉, 전통적으로 빈곤한 사람이 많았던 인구 집단인 노인과 장애인, 아동의 빈곤도 근로 능력자의 빈곤과 매우 밀접한 관련이 있다. 우리나라처럼 국가가 소득을 보장해주는 정책이 충분하지 않고 가족 간 도움으로 생활을 꾸려가야 하는 사회에서, 근로하기 어려운 사람의 빈곤이 가족 중 누군가의 빈곤에서 비롯될 수 있다는 것은 어쩌면 당연하다.

최근 들어서는 근로 능력이 있는데도 일자리가 없어 실업 상태에 있거나 저임금의 불안정한 일에 종사함으로써 빈곤해지는 사례가 크게 늘었다. 근로할 수 있는 사람이 일자리를 구하지 못하는 이유는 대개 학력이 낮거나 그 밖의 이유로 취업이 쉽지 않아서였다. 당장 학력이 낮으면 좋은 일자리를 얻기 어렵다. 학력은 부모 경제력의 영향을 많이 받는다. 가정이 부유하면 자녀가 높은 학력을 갖출 가능성이 크지만, 가난하면 공부할 여건이 좋지 않아 낮은 학력에 머무를 가능성이 크다. 이는 결국 일자리와 수입의 차이로 이어진다. 한편 가난한 가정은 가족관계에서 문제가 발생할 우려가 크고 이를 해결하는 데에서도 어려움을 겪기 쉽다. 또 경제적 어려움은 가족해체를 불러오기도 하며, 이는 특히 여성 가구주의 경제적 어려움으로 이어질 가능성이 크다.

교육뿐 아니라 부모의 재산을 얼마나 물려받는가도 자녀의 경제적 수준을 결정하는 핵심 요인이 된다. 부모의 도움을 받지 못하는 빈곤층 자녀들은 특히 집을 장만하는 데 큰 어려움을 겪는다. 가난한 사람들은 집값이 오를 때 이익을 얻기는커녕 오르는 전세와 월세를 대느라 생활이 더 어려워지기 일쑤다. 그림 3-5는 이러한 빈곤 발생 과정을 나타낸 것이다.

한편 일거리 자체가 부족한 지역의 사람들은 더 가난해지기 쉽다. 정부는 지역 간 격차를 해소하기 위해 이른바 균형발전정책을 추진한 바 있지만, 주요 산업이 특정 지역에 한정되고 수도권으로 일자리가 몰리는 현상은 여전히 극복되지 않고 있다. 이 때문에 일거리가 적은 지역에서는 이주가 곤란한 빈곤층(특히 노인)이 퇴적되는 상황이 계속되고 있다.

세계화의 영향으로 빈곤의 원인은 한층 복잡해지고 그 해결에도

그림 3-5 **빈곤 발생 과정**

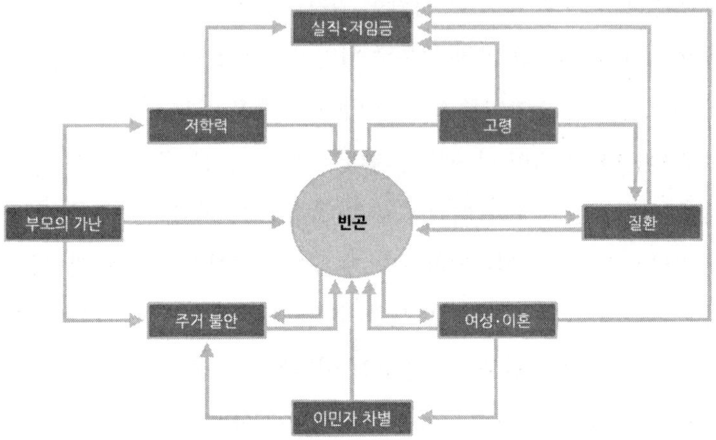

한계가 커지고 있다. 한 나라 안에서 높은 수준의 임금을 줄 수 있는 일자리를 마련하고 유지하는 것이 더 어려워졌고, 낮은 임금으로 다른 나라의 일자리와 경쟁하도록 강요되는 양상이다. 당장 일자리는 임금이 낮은 나라로 옮겨가고, 임금이 높은 중진국 이상의 국가에서 기술 숙련도가 낮은 사람들의 일자리는 줄어들었다. 그나마 남아 있는 일자리도 전보다 훨씬 불안정해졌다. 특히 세계경제가 연동되어 움직이는 상황에서, 다른 나라의 경제위기가 곧바로 국내의 빈곤을 심화시키는 원인으로 작용한다. 수출이나 환율의 변화가 국내의 경기 부침에 직접적으로 영향을 주는 것이다. 이처럼 세계화의 진전으로 빈곤 문제의 원인과 양상은 더욱 복잡해졌으며, 때로 한 국가 차원의 대응이 효과를 거두기 어려운 상황에 처하기도 한다.

빈곤의 또 다른 요인: 기본 생활비가 높은 사회의 빈곤

앞에서는 빈곤을 주로 소득을 기준으로 정의하고 그 정의에 따라 빈곤의 심각성을 이야기했다. 하지만 소득을 기준으로 빈곤 여부를 논의하는 것은 빈곤의 정도나 특성을 손쉽게 이해하기 위한 하나의 방법일 뿐이다. 빈곤은 결국 생활의 문제다. 이는 빈곤이 소득이라는 한 가지 차원으로 모두 설명될 수 없는 다차원적인 실체라는 것을 의미한다.

예를 들어, 우리나라에서 300만 원 이상의 월수입을 유지하는 가정도 빈곤을 겪을 수 있다. 만약 가정에 병원비가 많이 드는 질환을 앓는 환자가 있는 경우, 대학생 자녀가 여럿 있는 경우, 그 집이 감당하기에 큰 금액의 월세를 내야 하는 경우에 이 가정은 빈곤할 수 있다. 소득이 적을수록 가난하게 살 가능성이 큰 것일 뿐 소득만으로 빈곤 여부를 단정할 수는 없다.

빈곤이란 먹고 입고 자는 것은 물론, 질병을 예방하고 제때 치료하며 문화생활을 향유하는 것까지를 포함해 매우 다양한 측면에서 적절한 수준을 유지할 수 없을 때를 일컫는 말이다. 2006년 조사에 따르면, 치료를 포기한 경험이 있는 가구의 비율이 전체 가구의 12.1%에 이른다(표 3-4 참조). 치료를 포기한 이유는 대부분 경제적 여건과 관련되므로, 소득이 빈곤선을 넘는다고 해도 병원에서 필요한 치료를 받지 못하는 빈곤층이 있다는 것을 추론해볼 수 있다. 특히 표 3-5에서 보는 바와 같이, 진료비 부담 때문에 치료를 포기한 비율은 차상위 빈곤층에게서 특히 높게 나타난다. 원칙적으로 의료비 전액을 지원받는 의료급여 1종 대상자들이 경제적 이유로 치료를 포기한 경우가 오히려 더 적다.

주거의 경우도 다르지 않다. 우리나라에서는 주거비용이 매우 많

표 3-4 치료를 포기한 경험이 있는 가구 비율

의료급여 1종	의료급여 2종	차상위		차차상위	일반	전체
		법정 차상위	소득 차상위			
23.5%	24.7%	26.9%	20.5%	16.2%	8.4%	12.1%

※ 의료급여 1종은 국민기초생활 수급 가구 중 근로 능력이 있는 가구원이 없는 경우이며, 2종은 근로 능력자가 포함된 경우임. 차상위는 소득이 당시의 최저생계비의 100~120% 사이의 가구, 차차상위는 120~180% 사이의 가구를 의미함. 법정 차상위는 소득 인정액을 기준으로, 소득 차상위는 소득을 기준으로 차상위계층을 구분한 것임.
자료: 이현주 외(2008: 281).

표 3-5 치료를 포기한 주된 이유

구분	의료 급여 1종	의료 급여 2종	차상위		차차 상위	일반	전체
			법정 차상위	소득 차상위			
진료비 부담 때문에	78.8%	92.9%	93.4%	87.7%	92.9%	77.9%	84.4%
일 중단으로 소득 감소 우려	1.8%	0.0%	0.4%	0.0%	1.0%	2.9%	1.7%
시간이 없어서	0.0%	7.1%	1.1%	4.2%	4.4%	13.3%	8.0%
의료기관과 거리가 멀어서	4.5%	0.0%	2.1%	2.5%	0.0%	2.2%	1.9%
치료해도 나을 것 같지 않아서	10.7%	0.0%	3.0%	1.8%	1.8%	3.2%	3.1%
식구를 돌볼 사람이 없어서	1.6%	0.0%	0.0%	1.7%	0.0%	0.0%	0.3%
기타	2.7%	0.0%	0.0%	2.1%	0.0%	0.5%	0.6%

자료: 이현주 외(2008: 282).

이 소요된다. 주거 빈곤은 최소한의 주거 여건을 갖추지 못한 환경에서 생활하거나 주거비가 가구소득 대비 과부담인 상태로 정의한다. 즉, 최저주거기준을 충족하지 못하거나 주거비가 소득의 20~30%를 초과하는 가구는 주거 빈곤 가구다. 주거 면적이나 시설 미달 가구의 비중이 11%를 넘으며, 주거비가 소득의 20%를 초과하는 가구는 전 가구의 약 38%에 이른다(이현주 외, 2008). 빈곤선 이상의 소득을 올리는

표 3-6 **빈곤한 정도에 대한 의식**

특성	수급	소득 인정액 120% 미만		소득 인정액 120% 이상~180% 미만	소득 인정액 180% 이상	전체
		소득 인정액 120% 미만	소득 인정액 120% 이상~120% 미만[1]			
끼니를 굶는 상태	33.6%	30.6%	29.8%	23.2%	19.1%	22.1%
주거, 의료서비스 이용하지 못함	52.5%	57.1%	52.1%	53.2%	50.7%	51.4%
문화적 생활 향유하지 못함	7.2%	6.1%	8.3%	12.8%	16.3%	14.0%
보통 사람보다 부족한 상태	6.7%	6.1%	9.8%	10.9%	14.0%	12.6%

※ 표는 '빈곤하다는 것이 어떤 상태를 나타낸다고 생각하는지'에 관해 조사한 결과임.
1 이 집단은 '소득 인정액 120% 미만'의 집단보다 재산은 적으나 소득이 다소 높은 집단이라고 할 수 있음.
자료: 이현주 외(2008: 202).

가구 중에서도 기초적인 주거 욕구를 제대로 충족하지 못하는 가구의 비율이 낮지 않음을 알 수 있다.

2006년의 한 조사에 따르면, 우리나라 국민의 상당수가 '끼니를 굶는 것' 이상의 기초적 욕구가 해결되지 않는 상태를 빈곤으로 간주하는 것으로 나타났다. 절반 이상의 국민은 주거와 의료서비스를 이용하지 못하면 가난하다고 본다. 문화적 생활을 향유하는지 여부를 빈곤의 기준으로 보는 입장은 아직 널리 확산되지 않은 것으로 짐작되지만, 적어도 주거와 의료 욕구를 충족할 수 없다면 빈곤하다고 보아야 할 것이다(표 3-6 참조).

소득수준이 같더라도 의료비와 교육비, 주거비가 비싼 사회에서는 그렇지 않은 사회보다 더 많은 사람들이 생활의 어려움을 겪는다. 필요한 지출의 차이는 소득으로 파악하기 어려운 빈곤의 또 다른 얼굴을 만든다. 만약 유럽의 일부 국가처럼 대학까지 무료로 다닐 수 있고, 값싼 공공주택을 얻을 수 있으며, 병원의 진료를 무료로 받을 수 있는 사회라면, 필요한 생활비는 크게 줄어들 것이고 비슷한 소득으로도 더 높은 수준의 생활을 할 수 있을 것이다. 우리가 선진 복지국가라고 부르는 나라에서는 교육과 주거, 의료 분야에서 우리와는 다른 사회정책을 펴고 있다. 고등교육이 무상으로 제공되고, 당장 주거에 큰 비용을 들이지 않아도 되며, 돈이 없어도 병원에서 치료를 받을 수 있다. 물론 고소득자를 비롯한 사회구성원이 우리보다 많은 세금을 내야 한다. 이러한 사회에서는 가난한 사람도 낮은 소득으로 기본적인 생활을 해결하기가 쉽다. 빈곤은 소득의 문제일 뿐 아니라 지출의 문제다. 소득에 변화가 없어도 기본욕구를 해결하는 데 필요한 지출이 줄면 가난을 면할 수도 있다. 한 사회의 가난은 사회가 어떤 그림을 그리느냐에 따라 그 모습이 달라질 수 있는 것이다.

읽을거리 ❷

빈곤의 규모 등을 파악하는 데 사용할 수 있는 자료의 예

빈곤율을 파악하려면 무엇보다 가구 단위의 소득이 포함된 자료가 필요하다. 통계청에서 생산·제공하는 자료 중 대표적으로 두 가지 자료가 가구소득을 파악하는 데 활용된다. 하나는 '가계동향조사' 자료이고, 다른 하나는 '가계금융·복지조사' 자료다.

통계청은 소득이 조사 내용으로 포함된 '가계동향조사'(2008년 이전에는 '가계조사'로 불렸다)를 상대적으로 오랜 기간 시행했고 그 결과를 공개해왔다. 하지만 해당 조사가 지금처럼 전 가구를 대상으로 시행된 지는 얼마 되지 않았다. 통계청은 2002년까지 도시 가구, 그것도 임금소득자의 자료만 제공했다. 1인 가구는 아예 조사 대상에서조차 제외되었다. 최근에야 조사가 전국으로 확대되고 1인 가구도 포함되었지만, 농어가의 소득은 여전히 포함되지 않는다. 결과적으로 2002년 이전의 빈곤 관련 자료는 1인 가구가 제외된 상태에서 도시지역, 그것도 임금 근로자만을 대상으로 조사한 것이다. 이러한 자료에는 빈곤율이 높은 농어가와 1인 가구가 제외되어 실제보다 빈곤율이 낮게 나타날 수밖에 없다.

가계동향조사 변화 연혁

연도	2002년 이전	2003~2005년	2006년~현재
조사 대상 지역·가구	도시지역(농어가 제외)	전국(농어가 제외)	전국(농어가 제외)
1인 가구 포함 여부	1인 가구 제외	1인 가구 제외	1인 가구 포함
소득 자료	임금 근로 가구	임금·비임금 근로 가구	임금·비임금 근로 가구
지출 자료	임금·비임금 근로 가구	임금·비임금 근로 가구	임금·비임금 근로 가구

2010년부터는 통계청에서 금융과 복지 부문의 내용을 포괄하는 가계금융·복지조사를 시행하여 해당 자료를 공개하고 있다. 가계금융·복지조사는 조사 대상에 농어가도 포함하며 재산, 복지와 관련한 정보를 조사 내용에 담아 다루는 정보의 폭도 넓다. 가계금융·복지조사 자료는 패널 자료로 생산·공급되고 있다.

한편 2003년과 2006년, 한국보건사회연구원에서 전국 표본의 소득과 지출, 복지 욕구에 대해 방대하게 조사한 '차상위계층 실태조사' 자료가 생산·보급되기도 했지만, 정기적으로 발표되는 자료가 아니라는 한계가 있다. 하지만 다행스럽게도 약 3년 단위로 유사한 조사가 진행되고 있다.

이 밖에도 동일한 가구를 대상으로 여러 해에 걸쳐 경제 상황을 파악하는 패널 조사가 있다. 이 조사는 가구가 변화하는 모습을 지속적으로 파악할 수 있기 때문에 빈곤의 동태를 분석하는 데 유용하다. 대표적으로 한국노동연구원의 '노동패널'과 한국보건사회연구원의 '복지패널'이 있다. 노동패널은 패널 자료 중 역사가 가장 오래된(1998년부터 생산) 패널 자료이며 노동활동의 역동성을 상세하게 분석할 수 있도록 설계된 자료다. 복지패널은 2006년부터 생산되었으며, 복지 실태 및 욕구를 다양한 측면에서 조사한 자료다.

패널조사 비교

구분	노동패널	복지패널
조사 실시 주체	한국노동연구원	한국보건사회연구원
조사 목적 및 조사 내용	경제활동 및 노동시장 이동, 소득활동 및 소비, 교육 및 직업훈련, 사회생활 등에 관해 추적 조사	생활 실태와 복지 욕구 등을 동태적으로 파악하고 정책 효과성 평가
조사 주기	매년	매년
조사 대상	도시지역 5000가구 (제주도 및 농촌지역 제외)	전국 7000가구

2부 가난의 모습

4장 가난한 노인들

노인의 약 3분의 1이 가난하다

우리나라에서 빈곤 하면 쉽게 떠오르는 인물 이미지는 아마 노인일 것이다. 이처럼 우리 사회에서 노인은 빈곤집단을 대표하는 것으로 인식된다. 실제로 노인은 그렇게 가난할까? 표 4-1을 보면 이에 대한 답이 풀린다.

표 4-1은 우리나라의 정책적 빈곤선인 최저생계비를 기준으로 노인 빈곤율을 추정한 것이다. 2014년에 한 달 최저생계비는 1인 가구가 60만 3403원, 2인 가구는 102만 7417원이었다. 노인 가구의 인원수에 따라 소득이 해당 최저생계비보다 낮으면 빈곤층으로 분류된다. 2014년 시장소득 기준 노인 빈곤율은 무려 51.2%에 이른다. 시장소득에 정부의 사회복지 지원금을 더하고 조세 및 사회보험의 보험료 납부분을 제외한 소득인 가처분소득을 기준으로 하면 노인 빈곤율은 상당히 개

표 4-1 **노인 빈곤율**

연도	소득		지출	
	시장소득	가처분소득	소비지출	가계지출
2006년	39.5%	29.3%	34.7%	24.4%
2008년	41.7%	30.2%	35.6%	25.2%
2010년	48.2%	32.5%	39.7%	26.1%
2011년	48.8%	35.0%	40.8%	26.6%
2012년	46.9%	33.7%	38.0%	25.5%
2013년	49.1%	34.5%	41.7%	27.8%
2014년	51.2%	33.2%	46.4%	31.4%

※ 빈곤율은 정부 발표 최저생계비 기준임.
※ 1인 가구를 포함하고 농어가 가구는 제외하여 산출한 것임.
자료: 정은희·이주미(2015)에서 재구성.

선되기는 하지만 여전히 33.2%나 된다. 요컨대 노인이 쓸 수 있는 모든 소득을 다 포함해도 전체 노인의 3분의 1 정도가 최저생계비보다 적은 소득으로 생활하는 것이다.

이처럼 우리 사회에서 노인 빈곤이 심각하다는 점은 전체 빈곤율과 비교해보면 더욱 뚜렷하게 드러난다. 동일한 방법으로 조사한 2014년 우리나라 전체 빈곤율은 시장소득을 기준으로 하면 12.2%, 가처분소득을 기준으로 하면 8.6%다(정은희 이주미, 2015). 노인 빈곤율은 시장소득을 기준으로 하거나 가처분소득을 기준으로 하거나 모두 우리나라 전체 빈곤율보다 약 4배 정도 더 높다.

더욱이 심각한 것은 표 4-1에서 보는 바와 같이 노인 빈곤이 개선되지 않고 있다는 점이다. 2006년 29.3%이던 노인 빈곤율(가처분소득 기준)은 2014년 33.2%로 오히려 8년 동안 약 4%p 증가했다. 이 자료에는 통계자료상의 한계로 농어촌 노인들이 제외되어 있다. 대개 농어촌에 거주하는 노인이 도시의 노인보다 더 가난하며 노인의 상당수가 농촌지역에 살고 있다는 점을 고려하면, 노인 빈곤의 실제 규모는 더 클 것으로 예상된다.

노인은 일할 수 없으므로 가난한 것이 당연하다?

노인들은 빈곤에 빠지기 쉬운 사회적 약자다. 자본주의사회에서 늙어 일할 능력이 떨어지는 사람들은 퇴직제도를 통해 자연스럽게 노동시장에서 물러난다. 따라서 노인이 되면 직장생활을 하기가 어렵다. 이 때문에 노인은 대체로 근로소득이 없거나 적으며, 결국 그만큼 빈곤해질 위험성도 커진다.

노인이 빈곤해지지 않을 수 있는 개인 차원의 방법은 두 가지다. 첫 번째 방법은 퇴직 전까지 저축을 많이 하거나 부동산을 보유함으로써 노년에 금융소득 또는 임대소득을 올리는 것이다. 하지만 노후에 충분히 쓸 만큼 저축을 하거나 부를 축적하는 것은 보통 사람들에게 쉽지 않은 일이다. 더욱이 자녀 교육과 주거에 엄청난 비용이 들어가는 우리 사회에서 노후를 위해 충분한 재산을 모으기란 쉽지 않다. 두 번째 방법은 효심이 깊고 부유한 자녀가 있어서 매달 생활비나 용돈을 넉넉하게 받는 것이다. 이 역시 노인의 의지로 될 수 있는 일이 아니므로 쉽지 않다. 그렇기 때문에 앞서 본 것처럼 우리나라 노인의 상당수가 빈곤한 상태에 있는 것이다. 그러면 우리나라와 마찬가지로 어느 나라에서나 노인은 가난한가? 서구 복지국가에서는 노인이 다른 집단보다 특별히 더 가난하지는 않다. 오히려 다른 집단보다 노인의 빈곤

표 4-2 **주요국 빈곤율**

국가	빈곤선 (가처분소득 중위의 비율)			
	전체 국민 40%	전체 국민 50%	노인 40%	노인 50%
캐나다 (2010년)	7.0%	12.5%	2.3%	9.8%
프랑스 (2010년)	4.7%	9.1%	2.0%	5.2%
독일 (2010년)	4.6%	9.5%	4.5%	10.6%
스웨덴 (2005년)	2.6%	5.6%	1.5%	6.6%
대만 (2010년)	6.8%	11.7%	19.0%	28.9%
영국 (2010년)	5.3%	9.8%	4.6%	10.3%
미국 (2013년)	10.7%	17.0%	11.4%	19.1%
한국 (2014년)	8.9%	13.3%	37.2%	47.2%

※ 괄호 안은 기준 연도임.
자료: LIS 홈페이지(http://www.lisdatacenter.org/). 정은희·이주미(2015)에서 재구성.

율이 더 낮은 경우도 있다. 이는 표 4-2를 보면 알 수 있다.

표 4-2는 주요 국가의 전체 빈곤율 및 노인 빈곤율을 가처분소득 중위값의 40%, 50%를 빈곤선으로 하여 살펴본 것이다. 가처분소득 중위값의 40%를 빈곤선으로 했을 때, 대만과 우리나라를 제외한 선진 복지국가들은 대부분 전체 국민의 빈곤율과 노인 집단의 빈곤율에 큰 차이가 없거나 오히려 노인 집단의 빈곤율이 더 낮은 것으로 나타난다. 캐나다를 보면 전체 빈곤율이 7.0%인 데 비해 노인 빈곤율은 2.3%로 훨씬 낮다. 스웨덴도 노인 빈곤율이 1.5%로 전체 빈곤율 2.6%에 비해 낮다.

이처럼 노인은 일할 수 없으므로 가난한 것이 당연하다는 말은 모든 사회에서 맞는 이야기는 아니다. 그렇다면 캐나다·스웨덴과 한국·대만 간에는 어떤 차이가 있을까? 무엇보다 노인에게 제공하는 정부의 사회복지에 큰 차이가 있다. 캐나다는 세금으로 모든 노인에게 일정액의 기초연금을 제공하며, 연금을 받고 나서도 빈곤한 노인에게는 추가로 소득을 지원한다(김성숙 외, 2007). 스웨덴은 빈곤한 노인을 대상으로 최대 급여액이 중위소득의 50%가 넘는 최저보장연금제도를 세금으로 운영하며, 그 외에도 보험료 납부액에 비례해 받는 소득비례연금제도와 같은 연금제도가 발달해 있다(김원섭 외, 2006).

이처럼 노인 빈곤율이 높은 국가와 낮은 국가 간 차이는 노후 생활 보장제도인 연금제도와 공공부조의 발달 수준 차이에서 비롯된다. 이는 스웨덴과 우리나라의 빈곤율을 사회복지소득을 포함하기 전과 후로 나누어 비교해보면 더욱 명확해진다. 2012년 시장소득을 기준으로 스웨덴의 빈곤율은 26.1%인데, 사회복지소득을 포함한 가처분소득을 기준으로 한 빈곤율은 9.0%로 크게 낮아진다(중위소득의 50%를 빈곤선으로 설정)(http://stats.oecd.org; 김태성·손병돈, 2016). 그런데 우리나라는 2014년 시장소득 기준 빈곤율이 16.7%, 가처분소득 기준 빈곤율이 13.3%로, 사회복지소득을 포함하기 전과 후의 빈곤율이 별로 차이가 나지 않는다(정은희·이주미, 2015).

어떤 노인들이 가난한가

일하지 못하는 노인은 빈곤하다

앞에서 살펴본 바와 같이 우리나라는 노인의 노후소득을 보장해주는 사회복지제도가 여전히 미흡하다. 그렇기 때문에 노후의 삶은 개인에게 맡겨져 있다고 해도 과언이 아니다. 이러한 상황에서 노인이 일을 할 수 있는지 여부가 빈곤에 중요한 영향을 미친다.

노인의 소득에서 가장 큰 비중을 차지하는 것은 노인이 직접 일해서 번 근로소득이다. 2012년 현재 평균적으로 근로소득은 노인 소득의 약 38.7%를 차지할 만큼 큰 비중을 차지한다(2013년 한국복지패널 분석 결과). 따라서 이상하게 들리겠지만 '일할 수 없는' 노인들은 빈곤에 빠지기 쉽다.

실제로 노인이 일하고 있는지 아닌지에 따라 빈곤율은 큰 차이를 보인다. 절대 빈곤율을 기준으로 보면, 경제활동에 참여하는 노인의 빈곤율은 15.5%인 데 비해 경제활동에 참여하지 않는 노인의 빈곤율은 34.8%로, 일하지 않는(또는 못하는) 노인의 빈곤율이 2배 이상 높다(최현수·류연규, 2003).

우리나라 노인의 빈곤 상황을 보면, 연령이 높을수록, 그리고 남성보다 여성이 더 빈곤에 빠지기 쉽다. 이러한 인구학적 특성과 빈곤 간의 관계도 일할 수 있는지 여부와 밀접한 관계가 있다. 노인의 연령대별 빈곤율을 보면, 60~64세는 20.6%, 65~69세는 35.0%, 70~74세는 46.6%, 75세 이상은 60.7%로 나타난다(석상훈·김헌수, 2012). 일할 수 있는 능력은 연령이 높아질수록 떨어지는데, 그에 따라 빈곤율도 높아지는 것이다. 특히 75세가 넘는 노인은 신체적으로 일하기가 매우 어렵다고 할 수 있는데, 이들의 빈곤율은 60%가 넘어 75세 이상 노인 10명 중 6명은 빈곤한 상황이다.

전체 노인 빈곤에서 여성이 차지하는 비율은 약 61.7%로 전체 노인 빈곤의 약 3분의 2가 여성이다(장미혜 외, 2013). 이는 여성이 남성보다 평균수명이 길어 상대적으로 그 수가 많다는 점, 그리고 신체적으로 근로 능력이 떨어지는 고연령 노인에서 여성의 비중이 압도적으로 높다는 점과 관련이 있다.

젊었을 때 가난했던 노인들은 늙어서도 가난하다

노인의 빈곤은 현재의 상황을 나타내는 것이지만, 다른 한편으로는 과거부터 현재까지 축적된 삶을 반영하는 것이기도 하다. 젊은 사람들의 소득은 현재 근로소득이 거의 대부분을 차지한다. 실제로 2005년에 가구주가 65세 미만인 가구의 총소득에서 근로소득이 차지하는 비중은 약 86%에 달하는 것으로 나타났다(이소정 외, 2008). 그런데 노인의 소득에서는 근로소득의 비중이 상대적으로 줄어드는 반면, 젊었을 때의 삶을 반영하는 소득의 비중은 늘어난다. 젊었을 때의 생활을 반영하는 소득으로 대표적인 것이 연금이나 부동산소득, 금융소득 등이다. 2012년 현재 65세 이상 노인의 총소득에서 근로소득이 차지하는 비중은 약 38.7%에 그치지만, 연금 등 과거 삶을 반영하는 소득의 비중이 약 38.8%에 달하는 것으로 조사된다(2013년 한국복지패널 분석 결과). 그만큼 노인의 현재 삶은 과거 삶에 큰 영향을 받는다.

따라서 젊어서 무직자로 지냈거나 임시직 또는 시간제 근로 등으로 불안정하게 지냈다면, 노인이 되어서도 빈곤할 가능성이 그만큼 커진다. 젊었을 때 안정적인 직장생활을 하지 못했다면, 국민연금이나 공무원연금, 사립학교 교직원연금 등 공적연금을 받기 어렵다. 우리나라는 현재까지 노인의 소득에서 공적연금이 차지하는 비중은 그다지 크지 않다. 하지만 캐나다나 스웨덴처럼 공적연금제도가 발달한 국가에서는 노인들이 빈곤에서 벗어나는 데 연금이 가장 중요한 소득원이라 할 수 있다. 우리나라에서도 연금제도가 성숙되어가면서 노인 소득 안정에서 공적연금의 역할이 점차 중요해지고 있다.

공적연금과 더불어 노인의 소득에서 금융소득이나 부동산소득 등의 비중도 크다. 이러한 소득 역시 젊었을 때의 삶을 반영한다. 젊어서 충분한 임금을 받는다면 은행에 저축을 하거나 주식 또는 부동산에 투자할 수 있다. 반면 젊었을 때 충분한 소득을 얻지 못하면서 지출이 적지 않다면 노후를 대비한 저축이나 투자를 하기 어렵다. 그러므로 젊어서 빈곤했던 노인은 금융소득이나 부동산소득도 거의 없다.

이처럼 노인의 빈곤은 과거 젊은 시절의 빈곤을 반영한다. 젊었을 때의 빈곤이 노인 빈곤으로 이어지는 현상이 계속될 것인지 여부는 노인을 대상으로 하는 사회복지제도의 발전 정도에 달려 있다. 복지 선진국처럼 모든 노인에게 연금을 지급해 최소한의 소득을 보장하거나 빈곤한 모든 노인에게 최저생활을 보장하는 공공부조제도를 운영한다면, 젊었을 때의 빈곤이 노인 빈곤으로 이어지는 상황은 어느 정도 피할 수 있을 것이다.

자식이 가난한 노인이 빈곤하다

현재까지 우리나라는 노인을 위한 노후소득 보장제도가 미흡하다. 그런데도 노인 빈곤 문제가 심각한 사회적 이슈로 등장하지 않은 것은 가족에 의한 사적 소득 이전이 정부의 역할을 대신해왔기 때문이라고 할 수 있다. 그만큼 우리나라 노인의 노후소득 안정에 지대한 역할을 하는 것이 가족 간 소득 이전(inter-family income transfer)이다. 가족 간 소득 이전이란 자녀가 부모에게 용돈이나 생활비를 주는 것과 같이 가족구성원 간에 소득 형태의 도움을 주고받는 비공식 복지를 일컫는 말이다. 이러한 비공식 복지가 노인의 생활 안정에 크게 기여하고 있는 것이 오늘날 우리나라의 현실이다.

실제로 한국보건사회연구원과 보건복지부가 실시한 '2014년도 노인 실태조사' 결과를 보면, 전체 노인의 92.9%가 자녀 등 가족으로부터 사적 소득 이전을 받고 있어 사적 이전소득이 노인의 가장 보편적인 소득원인 것으로 나타났다(정경희 외, 2014). 공적연금을 받는 노인이 31.9%, 공공부조제도인 국민기초생활보장급여를 받는 노인이 5.4%라는 것과 비교해보면, 우리나라 노인에게 사적 이전소득이 얼마나 중요한지 알 수 있다.

노인들이 받는 사적 이전소득은 주로 자녀들에 의해 제공된다. 따라서 자녀가 없으면 사적 이전소득을 기대하기 어렵다. 빈곤 노인 중 가족관계가 단절된 사례도 적지 않아 자녀가 있어도 부양을 기대하기 어려운 경우가 많다. 부모에 대한 부양도 자신의 경제력 범위 내에서 이루어진다. 오늘날 빚을 내서 부모를 부양하는 자녀는 아마도 거의 없을 것이다. 이러한 사적 소득 이전의 특성 때문에 자녀가 빈곤한 노인은 사적 소득 이전을 받지 못하거나 받는다 해도 절대량이 적다. 실제 연구에서도 자녀에 의한 사적 소득 이전으로 가장 크게 혜택을 보는 노인은 중산층 노인이고, 빈곤한 노인은 그렇지 못한 것으로 나타났다(손병돈, 1998, 1999).

가난한 노인들이 사는 모습

낮은 소득과 극단적 절약

빈곤 노인 가구의 소득은 일반 노인 가구보다 매우 적으며, 가구소득을 구성하는 내용도 크게 다르다. 표 4-3을 보면, 2012년 전체 노인 가

표 4-3 **노인 가구주 가구 대상 소득 원천별 구성 (2012년)**

소득 구분		전체 노인 가구 (월)	빈곤 노인 가구 (월)
경상소득		188만 7000원 (100.0%)	87만 원 (100.0%)
근로 및 사업소득		73만 1000원 (38.7%)	17만 5000원 (20.1%)
재산소득		20만 5000원 (10.9%)	5만 5000원 (6.3%)
사적 이전소득		42만 4000원 (22.5%)	35만 1000원 (40.3%)
공적 이전소득	합계	52만 7000원 (27.9%)	29만 원 (33.3%)
	사회보험	36만 3000원 (19.3%)	7만 7000원 (8.9%)
	기초보장	4만 2000원 (2.2%)	6만 8000원 (7.8%)
	기타	12만 1000원 (6.4%)	14만 5000원 (16.7%)

※ 빈곤 노인 가구는 가처분 가구소득이 최저생계비에 미달하는 가구를 말함.
자료: 2013년 한국복지패널 원자료 분석 결과.

구의 월평균 가구소득은 188만 7000원인 데 비해 빈곤 노인 가구의 월평균 가구소득은 87만 원에 지나지 않는다.

소득 구성에서도 빈곤 노인 가구는 일반 노인 가구와 큰 차이가 있다. 우리나라 노인 가구의 소득에서 가장 큰 비중을 차지하는 것은 근로 및 사업소득인 데 반해, 빈곤 노인 가구는 사적 이전소득의 비중이 가장 크다. 이는 보통의 노인들이 근로나 사업을 통해 번 소득으로 주로 생활하지만 빈곤한 노인은 주로 자녀나 친척이 주는 돈에 의존해 생활한다는 것을 의미한다. 이렇게 빈곤 노인 가구는 자녀나 친척의 도움에 절대적으로 의존하지만, 그러한 도움의 수준은 일반 노인이 받는 것보다 적다. 노인이 받는 사적 이전소득은 월평균 약 42만 4000원인 데 비해, 빈곤 노인 가구의 사적 이전소득은 이보다 7만 원 정도 적은 월평균 약 35만 1000원이다.

빈곤 노인 가구 소득에서 두 번째로 중요한 소득은 공적 이전소득으로 월평균 약 29만 원이며, 총소득의 33.3%를 차지한다. 이러한 공적 이전소득도 일반 노인 가구와 빈곤 노인 가구는 그 구성이 상이하다. 일반 노인 가구의 공적 이전소득은 공적연금 등 사회보험 소득이 월 36만 3000원으로 압도적으로 큰 데 반해, 빈곤 노인 가구는 공적 연금 등 사회보험소득이 그다지 크지 않으며, 반면 기초보장소득이나 그 밖의 공공부조 성격의 정부 보조금이 훨씬 큰 비중을 차지한다. 빈곤 노인 가구의 소득에서 세 번째로 중요한 소득은 근로 및 사업소득으로 월평균 약 17만 5000원 정도이며 총소득의 약 20.1%를 차지한다. 이는 전체 노인 가구의 근로 및 사업소득이 월평균 약 73만 1000원으로 총소득의 약 38.7%를 차지하는 것과 차이를 보인다.

이처럼 빈곤한 노인들은 생존을 유지하기에도 적은 수준의 소득으로 생활하고 있다. 그렇기 때문에 극단적인 절약이 몸에 배어 있다.

> 보조금이 23만 원이면 나가는 게 10만 원이 넘잖아. 나 밤에 TV 틀면 불도 한 번 안 켜. 그렇게 힘들다니깐. 사는 게 힘들어. 그러니까 지독하게 사는 거야. 그냥 되는 대로……(백학영, 2006).

이는 2003년 당시에 국민기초생활보장급여를 받으며 홀로 사는 68세 할머니의 삶을 인터뷰한 기록이다. 2003년도 1인 가구의 최저생계비는 월 35만 5000원인데, 이 할머니는 국민기초생활보장급여로 한 달의 생활을 꾸려가기 위해 이처럼 극단적으로 절약을 한 것이다.

노인끼리 사는 가족의 궁핍과 외로움

빈곤 노인은 노인 혼자 살거나 부부 둘이 사는 경우가 많다. 특히 혼자 사는 노인이 많다. 통계청의 '가계금융·복지조사' 자료를 이용해 분석해본 결과, 중위소득의 50%를 빈곤선으로 설정한 상대 빈곤율을 가구형태별로 보면, 2012년 현재 노인 혼자 사는 가구의 83.7%, 노인 부부만이 사는 가구의 57.4%, 자녀 등 다른 가족들과 함께 사는 노인 가구의 22.5%가 빈곤한 것으로 나타난다(이주미·김태완, 2014). 이처럼 노인 혼자 살거나 부부만 사는 가구는 빈곤율이 매우 높게 나타난다. 가장 큰 원인으로는 앞에서도 밝혔듯이 연금제도 등 사회복지제도가 미흡하다는 점을 지적할 수 있다. 사회복지제도가 덜 발달되어 있는 상태에서 노인들이 일하지 못하고 자녀에게 경제적 도움을 받지 못하면 빈곤에서 벗어날 길은 많지 않다.

혼자 사는 빈곤한 노인은 경제적으로도 어려울 뿐만 아니라 가족이나 친척 등과의 교류도 없어 사회적·심리적으로도 빈곤한 상태인 경우가 많다. 이러한 점은 빈곤한 독거노인을 인터뷰한 다음 기록에서도 드러난다.

> 제일 부러운 것은 아들딸 있는 사람이다. 그 위에 더 부러울 게 없다. 텔레비전을 켜놓고 보면, 그 (아들 딸 있는) 사람들은 밥 안 먹어도 배부르겠지(87세 할머니, 자녀 없음, 국민기초생활보장 수급자)(백학영, 2006).

> 세상 살기 바쁜데 저들도(조카들) 자식 낳고 살고 어쩌고 하느라 바쁜데, 내가 부자로 산다면 찾아오기도 자주 하겠지만, 이렇게 사는데 왜 찾아오겠어요(66세 할아버지, 자녀 없음, 국민기초생활보장 수급자)(백학영, 2006).

빈곤한 노인은 자녀 등 가족이 있어도 경제적 도움을 받기 어려운 경우가 많다. 자녀 역시 빈곤한 경우가 많아 부모에게 경제적 도움을 거의 주지 못하며, 준다고 해도 액수가 매우 적다. 빈곤은 자녀와의 관계도 소원하게 하여 빈곤한 노인은 가족과 전화 연락이나 방문 같은 교류가 매우 적다. 다음은 빈곤으로 가족 간 관계가 거의 단절된 사례를 보여준다.

> (큰아들은) 지금 어디 사는 거 동네 이름도 모르는데. 아예 다니질 않고, 저희가 오면 오고 그저 가면 가고 그래. 서로 살기 어려우니까(86세 할머니, 아들 2명과 딸 1명 있음)(백학영, 2006).

> (아이들은) 그러니까 저들만 겨우 먹고살지 뭐. 잘살아야 나를 도와주는데, 마음뿐이지. 도와줄 게 있어야지. 그니깐 내가 장사해가지고 여기 와서는 나 논 지 3년 됐어. (자제분들이 어머님 고생한 것 아세요?) 알지. 근데 저들도 못사니깐 어쩔 수가 없지. 알기야 알지 고생한 거를. 아빠 아프고나 고생한 거를 알지. 맘속으로만 잘하지 물질적으로 잘해야 되는데. 맘속으로만 그런 줄 알지(73세 할머니, 아들 3명과 딸 1명 있음)(백학영, 2006).

가난한 노인의 주거: 남의집살이

빈곤한 노인의 주택 점유 형태는 빈곤하지 않은 노인과 상당히 다르다. 국민기초생활보장제도의 수급자인 노인 중 자기 집을 소유한 경우는 23.0%이고, 전세가 17.3%, 월세가 41.5%, 무상 거주가 17.9%로 나타났다. 반면에 빈곤하지 않은 일반 노인은 약 80%가 자기 집을 소유하고 있고 월세로 사는 노인은 5.2%에 지나지 않는다(표 4-4 참조). 빈곤하지만 국민기초생활보장제도의 급여를 받지 못하는 법정 차상위

표 4-4 노인 가구의 주거 점유 형태

점유 형태	국민기초생활보장 수급 노인	법정 차상위계층 노인	일반 노인
자가	23.0%	33.7%	79.8%
전세	17.3%	20.2%	10.4%
보증금 있는 월세	30.5%	10.2%	4.4%
보증금 없는 월세	11.0%	5.7%	0.8%
무상(관사, 사택 등)	17.9%	30.2%	4.6%
기타	0.4%	0.2	0.1%

※ 법정 차상위계층 노인은 소득 인정액이 최저생계비의 120% 이하이며 국민기초생활보장제도의 급여를 받지 않는 노인을 말함.
자료: 이현주 외(2008).

노인도 일반 노인과 비교하면 자기 집을 소유한 비율이 뚜렷하게 낮고 월세나 전세 비율이 높다.

빈곤 노인은 단독주택이나 다가구주택에 사는 비율이 매우 높다. 국민기초생활보장급여를 받는 노인들은 35.1%가 단독주택, 38.3%가 다가구주택에 살고 있으며, 법정 차상위계층 노인은 48.8%가 단독주택, 26.5%가 다가구주택에 살고 있다. 반면에 빈곤하지 않은 노인은 일반 아파트에 사는 노인이 39.3%로 가장 많다. 단독주택이나 다가구주택은 난방이나 채광, 방습 등이 일반 아파트에 비해 열악한 경우가 많다. 그런 점에서 빈곤 노인의 주거 환경은 아무래도 일반 노인보다 열악하다. 노인이 살고 있는 주택의 불량 상태를 보면, 국민기초생활보장 수급 노인은 57.4%가 내열·내화·방열·방습이 불량한 곳에서 거주하는 것으로 조사되었고, 방음·환기·채광·난방이 불량한 곳에서 거주하는 경우도 39.4%나 되었다. 법정 차상위계층 노인이 살고 있는 주택의 불량 상태도 이와 비슷한 수준으로 나타났다.

특히 채광이나 방습 등에서 크게 열악한 환경인 지하방, 반지하방에 사는 빈곤 노인도 있다. 국민기초생활보장급여를 받는 노인 중 1.5%가 지하방에 살고 8.5%가 반지하방에 사는 것으로 조사되었다. 한편 법정 차상위계층 노인은 1.2%가 지하방에, 2.6%가 반지하방에 거주하는 것으로 나타난다(이현주 외, 2008).

가난한 노인은 아파서 더 서럽다

노인이 되면 누구나 건강이 나빠진다. 그런데 빈곤한 노인은 대개 건강이 더 좋지 않다. 표 4-5는 '2014년도 노인 실태조사' 결과를 바탕으로 노인의 소득수준별 주관적 건강 상태를 비교한 것이다. 1분위는 월 가구소득이 약 63만 원 이하, 2분위는 64만~100만 원, 3분위는 100만~162만 원, 4분위는 162만~286만 원, 5분위는 월 가구소득이 대략 287만 원 초과다. 그리고 건강 상태는 동년배와 비교하여 본인의 건강 상태를 5점 척도로 답한 것이다. 이 표는 소득수준과 건강 간에 연관성이 있음을 보여준다. 소득이 63만 원 이하로서 빈곤한 노인이라 할 수 있는 소득 1분위 노인들은 본인이 '매우 건강하다'라고 응답한 비율이 1.3%, '건강한 편이다'라고 응답한 비율이 23.3%로 다른 소득 분위의 노인에 비해 가장 낮고, '나쁜 편이다'라고 응답한 비율이 41.7%, '매우 나쁘다'라고 응답한 비율이 8.7%로 가장 높다.

빈곤한 노인의 건강 상태가 상대적으로 좋지 않다는 것은 객관적 지표를 통해서도 확인된다. 표 4-6은 노인의 건강 상태를 만성질병 수라는 좀 더 객관적인 지표를 통해 소득분위별로 살펴본 것이다. 주관적 건강 상태와 마찬가지로 소득수준이 가장 낮은 노인이 만성질환을 앓고 있는 비율 또한 높은 것으로 나타난다. 소득수준이 63만 원 이하

표 4-5 **소득분위별 동년배와 비교한 건강 상태**

소득수준	매우 건강	건강한 편	그저 그렇다	나쁜 편	매우 나쁜 편
하위 1분위	1.3%	23.3%	25.0%	41.7%	8.7%
2분위	2.0%	28.0%	25.0%	36.5%	8.5%
3분위	2.8%	34.7%	25.9%	30.3%	6.2%
4분위	3.4%	39.9%	23.9%	26.5%	6.3%
상위 5분위	3.7%	45.3%	24.4%	22.8%	3.7%

자료: 정경희 외(2014).

표 4-6 **소득수준별 노인의 만성질병 수**

소득수준	없다	1개	2개	3개 이상
하위 1분위	7.1%	15.7%	22.4%	54.8%
2분위	8.2%	17.7%	23.7%	50.3%
3분위	11.6%	19.3%	22.3%	46.8%
4분위	12.8%	20.2%	24.7%	42.4%
상위 5분위	14.6%	24.3%	24.6%	36.5%

자료: 정경희 외(2014).

인 소득 하위 1분위에 속한 노인은 만성질환이 '없다'는 비율이 7.3%로 가장 낮고, '3개 이상'이라는 응답은 54.8%로 가장 높다.

다각적인 노후소득 보장의 길

한국은 다른 어떤 나라보다 전체 인구에서 노인 인구가 차지하는 비중이 빠르게 늘어나는 추세를 보이고 있다. 통계청의 '장래인구추계'는

2016년 현재 13.51%인 65세 이상 노인 인구비가 2026년에 20.6%, 2037년에는 30.7%로 증가할 것으로 전망했다. 이처럼 급증하는 노인 인구비를 고려할 때, 앞으로 우리 사회에서 노인 문제는 가장 중요한 사회적 이슈가 될 것으로 보인다. 그리고 그중에서도 특히 노인 빈곤 문제가 핵심이 될 것이다. 그렇다면 이를 해결하기 위해 어떤 노력이 필요할까? 우선 다음과 같은 세 가지 사항을 고려해볼 수 있을 것이다.

젊었을 때 노후를 준비하게 해야 한다

사회복지가 발달한 서구 선진국에서 빈곤 노인이 적은 것은 연금제도 덕분이라고 해도 지나친 말이 아니다. 국가가 운영하는 공적연금제도는 65세 이상 노인에게 충분하지는 않더라도 빈곤하지 않은 삶을 살 수 있을 정도의 연금을 제공한다. 따라서 노인 빈곤 문제를 해결하는 데 공적연금제도만큼 중요한 것은 없다.

노후에 공적연금을 받으려면 젊었을 때 연금보험료를 내는 것이 필요 요건이다. 국민연금은 현재 10년 이상 연금보험료를 내야 60세(2032년부터는 65세)부터 연금을 받을 수 있다. 납부 기간이 길수록 60세 이후에 받는 연금액이 많아진다. 따라서 젊었을 때 국민연금의 보험료를 충실히 내는 것이 노인이 되어 빈곤해지는 것을 막는 지름길이라고 할 수 있다.

그런데 국민연금 가입자 현황을 보면, 2007년 현재 국민연금의 보험료 납입이 유예된 사람이 510만여 명이나 된다. 이들은 현재 여러 가지 사유로 국민연금보험료를 납입할 수 없는 상황임이 인정된 사람들(보험료 납부 예외자)이다. 보험료 납부 예외 사유를 구체적으로 살펴보면 실업이 약 379만 명으로 가장 많고, 사업 중단이 약 43만 명, 휴직이 약 13만 명 등이다(국민연금관리공단, 2008). 현재 보험료 납부 예외자는 연금보험료를 내야 할 시기에 경제적으로 어려운 사람이 대부분이다. 이들이 10년이라는 보험료 납입 기간을 채우지 못하면 연금을 받을 수 없다. 그런 점에서 젊었을 때 경제적으로 어려운 사람들이 국민연금에 실질적으로 가입할 수 있도록 국가의 정책적·제도적 개입이 필요하다. 예컨대 서구의 몇몇 복지 선진국처럼 저임금 노동자 등 저임금 계층에 대해 보험료를 낮게 설정하는 방법, 자영업자의 실질적 연금 가입률을 높이는 방법, 임시직이 연금을 유지하게 하는 방법, 국민기초생활보장 수급자에게 국민연금보험료를 지원하는 방법 등을 고려할 수 있을 것이다.

늙어서도 일할 수 있도록 사회가 보장해야 한다

앞에서 설명한 바와 같이 빈곤한 노인은 일하지 못하기 때문에 빈곤한 경우가 많다. 그만큼 현재 우리나라 노인의 소득에서 근로소득이 차지하는 비중은 크다. 물론 이는 노인을 위한 소득 보장제도가 부실하기 때문이기도 하다.

다음과 같은 측면을 고려했을 때, 사회가 노인에게 일할 수 있는 여건을 마련해주는 것은 매우 중요하다. 첫째, 우리 사회는 저출산·고령사회로 접어들고 있어 앞으로 노동력이 부족한 상황에 직면할 수 있다. 2014년 현재 우리 사회의 합계출산율은 1.205명으로 세계에서 가장 낮고, 2026년에는 전체 인구에서 노인 인구가 차지하는 비율이 20%를 넘어설 것으로 예상된다. 이에 따라 노동력 부족 상황이 예상되며, 그런 점에서 노인 노동력 활용은 사회적으로도 필요하다. 둘째, 노인의 복지 측면에서도 노인에게 일자리를 제공하는 것이 필요하다. 의료기술 발달과 생활수준 향상으로 우리나라 사람들의 기대수명은 점차 늘어나고 있다. 기대수명이 늘어난다는 것은 노인이 건강하게 살 수 있는 기간이 늘어난다는 의미이기도 하다. 건강한 노인에게 일하는 것은 중요한 욕구이고 기쁨일 수 있다. 실제로, 일하는 노인과 일하지 않는 노인을 비교해보면 일하는 노인이 더 건강하고 삶의 만족도 또한 높은 것으로 나타난다. 따라서 일하기를 원하는 노인에게 일자리를 제공하는 것은 그 자체로 노인의 복지 욕구를 충족시키는 일이다.

이처럼 노인에게 일자리를 제공하는 것은 사회적으로나 노인 개인의 복지 차원으로나 모두 바람직하다. 노인에게 일자리를 제공하면 근로소득이 늘어나 빈곤이 줄어드는 부수적 효과도 기대할 수 있다.

빈곤한 노인의 최저생활은 국가가 책임져야 한다

선진 복지국가와 비교했을 때 우리나라의 노인 빈곤율은 상대적으로 매우 높다. 중위소득의 40%를 빈곤선으로 하여 노인 빈곤율을 추정해보면, 2010년 현재 우리나라의 노인 빈곤율은 36.9%로, 캐나다 2.3%, 핀란드 1.8%, 프랑스 2.0%, 독일 4.5% 등에 비해 훨씬 높은 수준이다(정은희·이주미, 2015). 이는 주로 현재 노인을 대상으로 한 사회보장제도가 다른 국가들보다 미흡하기 때문이다. 복지 선진국에서 노인은 대부분 자기가 낸 보험료를 기초로 한 연금을 받고 여기에 더해 모든 노인이 기초연금(세금을 재원으로 하여 65세 이상 모든 노인에게 제공)을 받는다. 이러한 연금을 받고도 빈곤하면 아무 조건이 없이 국가가 생계비를 지원하는 공공부조제도의 급여를 받는다.

반면 사회복지제도가 부실한 우리나라에서 노인은 빈곤해도 지원을 받지 못하는 경우가 많다. 2007년 현재 국민연금, 공무원연금, 군인

연금, 사립학교 교직원연금 등 공적연금을 받는 노인의 비율은 22.4%에 지나지 않는다(강성호 외, 2008). 2014년부터 기초연금제도가 시행되면서 2016년 현재 전체 노인의 70%가 기초연금을 받고 있지만, 독신노인 월 약 20만 2000원, 노인 부부 가구 월 약 32만 4000원으로 수급액이 낮아 최저생활을 보장하기에는 미흡한 수준이다. 연금이나 기초연금을 받아도 여전히 빈곤한 노인을 보호하는 것이 국민기초생활보장제도인데, 부양 능력이 있는 자녀가 있거나 자기 소유의 주택 또는 자동차가 있으면 소득이 없더라도 수급 대상자가 되기 어렵다. 그 결과 국민기초생활보장급여를 받는 65세 이상 노인의 비율은 2013년 현재 5.4%에 지나지 않는다(정경희 외, 2014). 이처럼 아직까지 우리나라는 노인의 빈곤 문제 해결에 국가의 기여가 많이 부족한 상황이다.

서구의 경험에서 보듯이 노인 빈곤의 거의 유일한 해결책은 국가의 사회복지제도다. 이제 우리도 노인 빈곤을 해결하기 위해 국가가 더욱 적극적으로 나서야 한다. 예컨대 캐나다처럼 모든 노인에게 최저생활이 가능한 정도의 기초연금을 제공하는 것도 고려해볼 수 있다. 하지만 이러한 방법은 우리나라의 급속한 고령화 속도를 고려했을 때 국가의 재정 부담과 국민의 조세 부담을 증대시킬 수밖에 없다. 이러한 방법이 당장 어렵다면 적어도 빈곤한 노인의 최저생활만큼은 국가가 보장해야 한다. 무엇보다 현재 빈곤한 노인 중에는 자녀가 있거나 살고 있는 집 또는 자동차가 있어 국민기초생활보장급여를 받지 못하는 경우가 80%에 이른다. 이러한 노인의 최저생활은 국가가 책임져야 한다. 그러기 위해서는 국민기초생활보장제도의 부양의무자 기준에서 부양 능력이 있다고 판정하는 기준을 대폭 상향 조정하는 것이 필요하다. 다시 말해, 충분히 여유 있게 사는 자녀가 있는 노인은 자녀에게 도움을 받게 하고, 그렇지 않은 노인은 국가가 생계비를 지원해야 한다. 이와 더불어, 아주 고급 주택이나 고급 자동차를 소유하지 않은 이상 이 때문에 실제 생활수준과는 무관하게 생계비 지원을 받지 못하는 현실도 시급히 개선해야 한다.

5장 거리의 빈곤: 노숙인

익숙하지만 낯선 이웃, 노숙인

우리는 눈에 보이는 가난에 쉽게 반응한다. 가령 어느 지하 셋방이나 복지시설이 아니라 거리로 나와 있는 가난이라면 특히 더 그럴 것이다. 대낮에도 서울역에서는 대합실 의자에 기대어 잠들어 있거나 화장실에서 씻고 있는 남루한 차림의 사람들을 볼 수 있다. 늦은 밤 을지로 근처 지하철역이나 시청 앞 지하보도에서는 종이상자로 만든 잠자리까지 쉽게 찾아볼 수 있다. 집도 가족도 없이 그야말로 거리에서 잠을 자는 빈곤을 만나는 것이다.

더구나 이들 중 일부는 시민에게 폐를 끼치기도 한다. 밤은 물론이고 낮에도 서울역 광장 일대에는 술을 마시거나 술에 취해 누워 있는 사람들이 많이 있다. 때로는 지나가는 행인에게 적선을 요구하기도 한다. 밤새 따뜻한 잠자리가 그리웠던 사람들은 종종 운행 중인 지하철의 여러 좌석을 차지한 채 잠들기도 한다. 거리에서 잠을 자야 하는 상황이 안타깝기도 하지만 다른 사람을 불편하게 하기도 하는 이들의 존재에서 우리는 가장 극단적인 형태의 빈곤을 확인하게 된다.

거리에서 자는 사람만이 노숙인은 아니다

가장 쉽게 정의하면 노숙인은 거리에서 잠을 자는 사람이다. 노숙(露宿)이라는 말 자체가 '이슬을 맞으며 잔다'는 뜻을 담고 있다. 일본에서 쓰는 한자말(野宿人 또는 路上生活者)도 비슷한 의미다. 영어에서는 노숙인을 일반적으로 'homeless'라고 부르지만, 특별히 거리노숙을 강조할 필요가 있을 때는 '한데서 잠을 자는 사람'이라는 뜻의 'rough sleeper'라는 용어를 사용한다.

그런데 모든 노숙인이 거리에서만 자는 것은 아니다. 정부가 응급대책의 일환으로 제공한 쉼터나 치료시설, 또는 하룻밤을 머물 수 있는 상담보호센터(드롭인센터)를 이용하기도 한다. 적어도 거리노숙은 면할 수 있는 수준의 임시보호시설인 것이다. 그뿐 아니라 일부 노숙인은 수중에 돈이 조금 있으면 쪽방이나 여인숙 등 민간 유료시설을 이용하기도 한다. 상당수 노숙인은 이렇게 거리와 쉼터 또는 여인숙 등을 전전하며 지낸다. 따뜻한 계절이 되면 불편한 쉼터보다는 길거리로 나가는 사람이 늘어난다.

그렇기 때문에 노숙인의 범위에는 거리노숙인 외에도 공공이나 민간이 제공한 무상 쉼터에서 생활하는 사람들을 기본적으로 포함해야 한다. 실제 우리나라도 과거에는 노숙인을 '일정한 주거 없이 상당한 기간 거리에서 생활하거나 그에 따라 노숙인 쉼터에 입소한 18세 이상의 자'로 정의해왔다. 다른 나라도 대부분 노숙인을 비슷하게 정의

하는데, 대표적으로 미국이 이와 유사하다. 미국에서는 홈리스를 '고정되고 상시적이며 적절한 야간 주거시설이 없는 사람'으로 규정하며('Homeless Assistance Act'), 쉼터나 법령에 따른 임시주거시설 또는 주거를 목적으로 만들어지지 않은 시설에서 숙식하는 이도 포함한다.

그러나 현실에서 노숙인 정책의 대상은 여기에 그치지 않는다. 비록 당장은 자기 힘으로 주거를 해결할 수 있어도 형편이 안 되면 언제든 거리로 내몰릴 수 있는 경우까지 정책 대상으로 고려해야 한다. 하루하루 세를 내는 쪽방, 여인숙, 만화방 등에서 생활하는 불안정 거주층까지 생각해야 하는 것이다. 노숙인 이야기를 할 때마다 쪽방이나 도심의 여인숙, 고시원 이야기가 함께 나오는 것은 이 때문이다.

이는 더 나아가 넓은 의미의 주거 불안정까지도 노숙인의 범주에 넣어야 한다는 논의로 발전한다. 거리생활을 계속하거나 반복하는 수준의 노숙인들만 정책 대상으로 한다면 노숙을 예방하는 차원에서 문제가 생긴다는 논리다. 영국은 실제로 이를 정책에 구체적으로 반영하고 있다. 영국의 홈리스 정의는 서구 사회에서도 가장 넓은 편에 속한다. '가정폭력, 가정 외부로부터의 폭력 및 위협 등이 이유가 되어 적절한(reasonable) 거처에 머물고 있다고 할 수 없는 경우'도 홈리스 상태(homelessness)로 인정한다('Housing Act'). 따라서 영국에서는 자녀가 딸린 여성이 당장 거처할 곳이 없거나 구박을 받으며 생활하고 있다면, 법정 홈리스(statutory homeless)로 인정해 가족이 임시로 생활할 수 있는 주거시설을 제공한다.

결국 노숙인의 정의는 그 사회가 노숙 문제를 보는 태도, 정부 정책의 범위 등에 따라 달라진다. 어떤 학자는 이를 경험이나 논리의 문제가 아니라 가치판단을 요하는 정치적인 문제라고 설명하기도 한다

그림 5-1 **노숙인 정의의 범위**

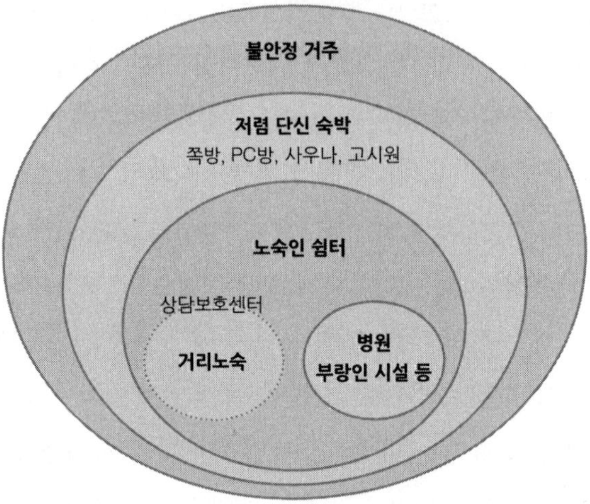

(윤일성, 2005). 실제로 노숙인의 범위는 ① 거리노숙인(rough sleeping, rooflessness), ② 쉼터 등 응급 및 임시 주거시설 생활자, 여인숙이나 쪽방 등 장기 거주시설로 적당하지 않은 공간에서 생활하는 사람, ③ 친척이나 친구 집에 임시로 사는 경우나 세를 내지 못해 퇴거의 위협을 받는 불안정 거주자, ④ 열악한 환경에서 여러 사람이 과밀하게 살거나 가정폭력 등을 겪으며 불안하게 생활하는 사람 등으로 그 범위를 달리 생각할 수 있다. 그런데 어느 범위까지 사회의 책임 영역으로 보는지는 나라마다 차이가 있다. 그림 5-1의 노숙인 정의의 범위를 기초로 볼 때, 우리나라는 두 번째 범위까지 노숙인 대책의 영역으로 인정하고 있지만, 영국의 경우 네 번째 범위를 포함하기도 한다.

얼마 전까지도 사용한 세계에서 유일한 부랑인 규정

앞의 노숙인 정의에 덧붙여, 우리나라에는 사실상 노숙인으로서 집단생활시설에서 지내는 사람이 추가로 있었다. 바로 '부랑인(浮浪人)'이 그들이다. 노숙인과 구분해 부랑인을 규정하는 나라는 우리나라가 거의 유일했다. 2011년 '노숙인 등의 복지 및 자립지원에 관한 법률'(약칭 '노숙인복지법')이 제정되고 나서야 공식적으로 이 명칭이 없어졌다. 그 전까지만 해도 부랑인복지시설(현재는 노숙인재활시설, 노숙인요양시설 등으로 변경)은 전국에 모두 37개소가 있었고, 약 1만 명 정도가 그곳에서 생활했다. 부랑인은 외환위기 이후 노숙인이 대거 거리로 나오기 전에 우리가 일반적으로 노숙인을 부르는 명칭이었으며, 아직도 상당수 사람들은 그런 개념으로 노숙인을 생각하기도 한다.

부랑인은 말 그대로 떠돌아다니는 사람을 뜻하지만, 관습적으로는 일정하게 사는 곳과 하는 일이 없이 '펀둥펀둥 놀면서 떠돌아다니며 난봉 짓이나 하고 허랑방탕한 생활을 하는 사람'(민중국어사전)이라는 부정적인 의미를 내포하고 있다. 거리에서 음주·구걸하고 행패를 부리면서 자신의 몸도 가눌 수 없는 상태인 사람을 머릿속에 떠올려보면 될 것이다. 이들과 노숙인의 차이는 무엇인가? 보건복지부의 당시 규정에 따르면 '부랑인은 일정한 주거와 생업 수단 없이 상당한 기간 거리에서 배회 또는 생활하거나 그에 따라 부랑인복지시설에 입소한 사람'을 뜻하는데, 여기서 '배회'에는 구걸이나 중증 알코올의존 상태가 포함된다. 결국 부랑인이란 자활 능력이 현저히 떨어져 사회 복귀가 곤란하며 시설 입소가 필요한 대상임을 뜻했다.

그림 5-2 **연도별 노숙인 추이**

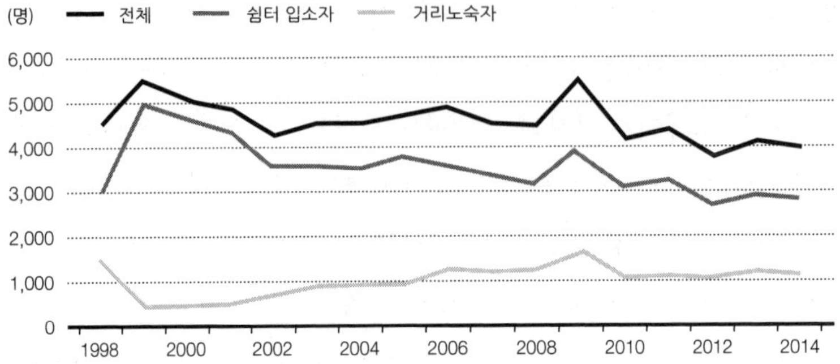

※ 2010~2014년 '쉼터 입소자'는 일시보호시설 및 자활보호시설 입소자 수를 가리킴.
자료: 보건복지부 내부자료.

노숙인은 몇 명일까

앞에서 설명했지만 노숙인은 거리에서 잠을 자는 사람 외에도 사실상 노숙 위험에 처해 있는 사람들까지 포함한다. 따라서 노숙인 규모를 밝힐 때는 거리노숙 외에도 쉼터 입소자를 구별해야 한다. 우리나라는 전국적으로 거리노숙인 1000~1500명, 쉼터(노숙인일시보호시설 또는 자활시설) 입소자 3000~4000명, 노숙인재활시설·요양시설 입소자 1만 명, 쪽방 생활자 6000명, 정확히 파악되지는 않지만 만화방이나 사우나(찜질방) 등에서 자는 사람이 수천 명, 일반적인 노숙인 수준이라고 할 수는 없지만 고시원에서 한 달에 20만~30만 원을 내면서 생활하는 사람이 서울에만 10만 명 이상에 이르는 것으로 파악된다.

과거 부랑인복지시설인 재활시설이나 요양시설 입소자를 제외하고, 좁은 의미의 노숙인(거리 + 쉼터)은 전국적으로 5000명 내외, 서울은 2000~3500명 수준이며, 쪽방이나 만화방 등에서 생활하는 사람을 포함하면 전국적으로 1만~2만 명 수준이라 할 수 있다. 넓은 의미의 노숙 위험 계층을 7만 명으로 추정하기도 한다(남기철, 2007).

노숙인의 생활과 건강

우리가 주변에서 볼 수 있는 노숙인의 모습은 길거리에서 술에 취해 있거나 사람들 눈을 피하듯 구석에서 자는 사람들이다. 잠자리는 차치하더라도 이들은 어떻게 생활하는 것일까? 이들은 누구이며 어떻게 살아가는 것일까? 물론 좁은 의미의 노숙인 중에도 거리생활자와 쉼터에 자리를 잡은 사람의 사정이 확연히 다르기 때문에 일반적으로 설명하기는 어렵다. 이런 점을 고려하면서 노숙인의 실상을 살펴보자.

서울역 앞의 거리노숙인 상담보호기관인 '노숙인 다시서기 지원센터'에서 분석한 자료를 보면, 노숙인의 약 30%가량은 고아원 출신이고, 60%가량이 결손가정이나 알코올의존증에 걸린 부모가 있는 가정 또는 가정폭력이 있는 가정에서 성장했다. 평균 나이는 50세이며, 이들의 약 60%는 한 번도 가족을 형성해본 경험이 없다. 다시 말해서 나이 50이 넘도록 결혼도 못 하고 혼자서 살아온 사람들이라는 것이다. 그리고 거리노숙인 중에서 18세까지 부모가 모두 생존한 환경에서 자란 사람은 43%에 지나지 않았으며, 양친이 모두 사망했거나 부모 중 한 명이 사망한 경우가 40%나 된다. 이들 중 생활을 위해 18세 이전에 취업한 경우가 50%에 이르며, 심지어 14세 이전에 취업한 경우도 17%나 된다. 세상에! 14세 이전에 생계를 이어가기 위해 일을 한다면 그 일은 어떤 것일까? 껌팔이, 구두닦이, 신문팔이, 이런 것이 아니었을까? 한마디로 이들은 대부분 과거에 어려운 삶을 살았고 처음부터 사회적으로 배제된 채 기회가 주어지지 않은 삶을 살았다고 할 수 있다

(임영인, 2009).

일반인들의 예상과 달리 노숙인은 대부분 일을 한다. 물론 안정적인 일은 아니다. 건설 현장에서 일용직으로 일하는 경우가 많고, 쉼터가 알선하는 공공근로형의 일자리에도 많이 참여한다. 노점을 하거나 재활용품을 수집하는 경우도 있다. 쉼터나 쪽방의 주소지를 통해 국민기초생활보장 대상자가 되는 사람도 일부 있다. 반면 거리노숙인들은 구걸이나 재활용품 수집 등이 주된 수입원이다.

노숙인은 대부분 건강에 문제가 있다. 쉼터에서 생활하는 노숙인은 그나마 건강 상태가 나은 편이지만, 무료 진료소를 이용하는 거리 노숙인의 상태는 심각하다. 서울시 노숙인의 무료 진료 결과를 보면, 진료를 받은 사람 중 상당수가 호흡기계 질환(23%)이나 근골격계 질환(18%), 소화기계 질환(15%)을 앓고 있는 것으로 나타났다. 특히 전염성 질환인 결핵을 앓고 있는 노숙인은 10만 명당 645명의 비율로 일반인의 10배 수준이다. 정신질환은 5% 내외로 나타났으며 대부분 알코올과 관련한 것이다. 그런데 거리노숙인은 건강이 좋지 않은 데다 생활환경 또한 열악해 중병에 걸리거나 갑자기 사망할 확률이 높다. 거리노숙인 진료를 계속해온 인도주의실천의사협의회에서는 노숙생활이 길어질수록 사망 확률도 높아진다고 주장한다(주영수, 2008).

노숙인의 사정을 평균적인 수치로만 설명할 수는 없다. 각자 특별한 사정이 있고 그 나름대로 인생행로가 있기 때문에 일반화하는 것은 더더욱 어렵다. 그럼에도 노숙인의 사정을 개략적으로 요약해보면 이렇다. 이들은 성장기에 가난을 겪고 가족해체를 경험한 경우가 많다. 이 때문에 교육을 제대로 받지 못했고, 일반적인 사회생활 경험 역시 드물다. 물론 사업 실패나 불의의 사고로 노숙 상황에 이른 사람도 있다. 그러나 대부분 가족이나 사회의 지지망이 취약한 환경에서 성장했다. 그렇기 때문에 인생에서 위기가 닥쳤을 때 이에 대처하는 능력이 부족하며 일자리를 잃거나 수입이 갑자기 줄어들면 그렇지 않아도 불안정한 주거를 유지할 수 없어 길거리로 내몰리는 것이다.

오래 누적된 가난과 소외

대개 노숙은 오랜 시간 다양한 요인이 누적된 결과로 발생한다. 앞서 노숙인들이 어떤 상황에 있는지 알아보았는데, 그렇게 되기까지 과정은 결코 간단하지 않다. 그것은 유년기의 성장 환경에서부터 교육, 직업활동, 이후의 생계유지 과정 전반과 연결되어 있다. 1998년 외환위기 때 일자리를 잃어 갑자기 노숙인이 되었다는 이야기가 언론 보도를 통해 신파조로 증폭되면서 실직이 가장 큰 원인인 것처럼 알려졌지만, 이는 일부만 맞는 이야기다. 실직과 주거비 부담이 직접적인 원인이기는 하지만, 그 이전에 이미 누적된 문제를 가지고 있었던 것이다. 따라서 이렇게 누적되는 과정을 둘러싸고 노숙의 원인에 대해 다양한 입장이 존재한다.

노숙은 개인 책임인가, 사회구조 때문인가•

왜 노숙에 이르는가? 이 질문은 노숙인 대책을 어떻게 세울 것인가 하

• 이 절은 김수현(1998)을 바탕으로 작성되었다.

는 문제와 직결된다. 이 때문에 그러한 질문은 서구에서 학계뿐만 아니라 정책 현장에서도 쟁점이 되어왔다. 노숙인 발생의 원인에 대해서는 기본적으로 개인적인 요인으로 보는 입장과 구조적인 요인으로 보는 입장이 양극단에 자리 잡고 있다.

개인적인 요인은 다시 두 가지로 나눌 수 있는데, 첫 번째는 '본인의 잘못으로 노숙인이 되었다'는 것이다. 이러한 노숙인의 전형은 마약 또는 알코올 중독에 빠졌거나 역마살이 끼어서 떠도는 사람(tramp, vagrant)이다. 특히 '일할 수 있는데도 일하지 않는 젊은 노숙인'을 바라보는 사회의 시선은 싸늘하다. 이른바 보호할 가치가 없는 빈민(undeserving poor)인 것이다. 이들에 대해서는 최소한의 음식과 숙소를 제공하는 것으로 '충분'하다고 본다. 개인적 요인의 두 번째는 앞의 측면과 양상은 같더라도 '동정의 여지가 있는 노숙인'이다. 예를 들어, 가족의 갑작스러운 사망으로 삶의 의욕을 잃고 노숙인이 된 경우에 대해서는 인간적 도움과 심리적 치료가 필요하다는 동정론이 고개를 든다. 따라서 이때는 앞의 경우보다 적극적인 사회적 지원이 가능한 조건이 형성된다.

그러나 개인적 측면이 간과하고 있는 것은 거리생활이 여행 중에 노숙하는 것처럼 낭만적이지 않다는 점이다. 노숙은 그 기간이 길어지면 사회로 복귀하는 것이 불가능해질 정도로 '인간성 자체를 파괴하는 생활'이다. 노숙생활이 1개월 이상 지속되면 정상적인 삶과는 거리가 멀어질 수밖에 없다. 따라서 노숙이 한 개인의 자발적 선택이라기보다 어쩔 수 없는 귀결이었다는 점에 주목하는 학자들은 구조적 문제를 강조한다.

노숙인이 발생하는 원인을 구조적 문제의 결과로 보는 입장에서는 이를 후기자본주의의 빈곤화 과정의 연장선상에서 설명한다. 1970년대 이후 서구 사회는 산업구조가 고도화되면서 고용의 불안정성이 오히려 증대하고 소비에서도 양극화가 심화되었다. 절대적인 소득은 급속히 증가한 반면에 삶의 안정성은 더욱 취약해진 것이다. 이와 더불어 재개발사업을 통한 노후 주택 철거와 공공임대주택정책의 후퇴로 저렴한 주택이 줄어들면서, 한계계층이 저렴한 주거를 구하기가 점점 더 어려워지고 있다. 특히 1980년대의 신자유주의 경제정책은 종전의 복지정책을 매개로 한 사회안정의 기본 틀(이른바 복지국가체제)을 깨고 복지 축소를 통한 경쟁력 강화에 초점을 맞춤으로써 경쟁에서 탈락하는 이들을 양산했다. 이와 함께 가족 간의 유대가 약화되면서 이러한 이들을 가족이나 지역사회에서 보호하지 못하고 마약이나 알코올의 유혹에 빠져들게 하고 말았다. 결국 후기자본주의의 빈곤화 과정 자체가 노숙인 발생의 구조적 요인이라는 것이다.

그러나 노숙인 문제는 사회구조나 개인, 둘 중의 어느 한 가지만으로 설명할 수 있는 성질의 것이 아니다. 사회구조의 결함과 개인적인 문제가 복잡하게 얽혀 있는 것이다. 실제로 노숙인에 대한 각종 조사 결과를 살펴보면 경제적인 문제, 정신질환 등의 병력, 가족해체, 주택 문제, 개인의 가치관, 일에 대한 윤리의식 변화, 독신의 증가 같은 인구구조의 변화 등이 모두 영향을 주고 있다. 영국 지방정부에 홈리스 보호를 신청한 사람에 대해서 조사한 결과를 보면, 노숙인은 '실직과 같은 경제적 문제가 원인(遠因)이 되어 가족해체를 거쳐(近因) 노숙 직전에는 당장의 주택 문제를 해결할 수 없는 단계에 이르는 과정'을 겪는다. 이 과정에서 본인은 자각할 수 없다 하더라도 사회구조적으로 노숙 상황에 빠질 수 있는 조건이 자리 잡고 있다. 서양의 여러 연구에서는 홈리스의 원인 중 '실업'의 비중이 지속적으로 높아지기는 하지만 가족해체와 주거 문제의 비중이 여전히 높다고 밝히고 있다. 인종차별이나 범죄 등도 홈리스 발생과 깊은 관련이 있는데, 이 역시 사회구조적 차별 및 소외와 함께 개인적 일탈의 문제가 혼재된 것이라고 할 수 있다.

결국 노숙에 이르는 데는 경제적 불안정성 증대와 저렴한 주택 감소가 구조적 배경을 이루는 가운데 여러 가지 개인적 특성이 중첩되어 있다고 볼 수 있다. 이들이 다시 사회로 복귀할 수 있을 것인지, 아니면 노숙 상태에 고착화될 것인지는 이 세 가지 측면과 함께 이들에 대한 보호사업의 성과에 달려 있다고 볼 수 있다.

우리나라의 노숙 위험 구조

이제 한국 사회에서 노숙인이 발생하는 요인을 생각해보자. 우선 한계계층이 누적되어 있다. 앞에서도 설명했듯이, 노숙에 이르는 과정은 일시적인 실직이나 사업 실패뿐만 아니라, 성장기의 빈곤과 가족관계 경험 부재로까지 거슬러 올라간다. 1970년대 이전 출생한 세대 중에는 특히 절대 빈곤의 결손가정에서 성장해 10대 초반에 사회로 진출한 사람이 많아 한계계층이 누적되어 있다. 단적인 예가 쪽방이나 여인숙, 고시원 등지에서 오랫동안 혼자 생활하는 사람들로, 그 숫자는 수만 명으로 추산된다. 절대 빈곤의 여진이 강하게 남아서 일종의 사회적 취약계층군을 형성하고 있기 때문에, 사회경제적 계기에 따라 노숙인이 급증하는 사태를 막을 수 없는 것이다. IMF 외환위기 이후 노숙인이 갑자기 늘어난 것은 바로 오랫동안 단신으로 생활해온 한계계층들이 거리로 내몰렸기 때문인 것으로 해석할 수 있다. 특히 우리나라에서 노숙인 중 고령자가 많은 현실은 이들이 젊은 시절 노후를 대비할 여건이 안 되었다는 것을 의미한다. 이는 우리나라의 높은 노인 빈곤율과 그것의 배경이 되는 연금 등 사회보장제도의 공백과도 깊은 관련이 있다.

다음으로 문제가 되는 것은 필수적인 사회복지시설의 부족이다. 서구 사회에서는 1980년대부터 탈시설화와 지역사회보호가 주요 논제가 되고 있지만, 우리는 아직 시설이 절대적으로 부족한 상황에 놓여 있다. 그만큼 현재의 노숙인 문제는 취약계층을 위한 생활시설의 부족 때문에 야기된 측면이 크다. 여성 노숙인 문제가 대표적인 사례로, 상당수 여성 노숙인은 가정폭력이나 정신질환 때문에 거처할 곳을 찾지 못한 경우다. 이들은 갈 만한 시설(모자자립시설, 정신요양시설 등)이 부족하거나 입소 자격이 맞지 않아 대부분 불가피하게 노숙인보호시설을 찾는다. 과거 부랑인시설 거주자의 70% 이상이 정신과 치료를 요하는 등 별도의 전문시설 입소가 필요한 상황이다. 그러나 장애·노인·정신요양시설 등이 부족하고 '부랑끼'가 있는 사람의 입소를 기피하는 바람에 이들은 '운영비가 가장 저렴한 시설'에 몰려 있다. 결국 장애·노인·정신요양시설이 확충되고 시설 수준이 높아질 때까지는 노숙인이 발생하는 것을 효과적으로 방지하기가 어렵다.

세 번째로 고려할 문제는 싼 주택의 재고가 줄어들고 있다는 점이다. 서울에서는 1980~1990년대의 재개발사업으로 산동네 대부분이 해체되면서 저렴주택 재고가 급감하기도 했다. 최근에는 뉴타운 바람을 타고 서민이 주로 거주하는 지역에 다시 한 번 개발 열풍이 불고 있다. 이 때문에 저렴주택 감소와 이에 따른 주거비 상승이 우려된다.

네 번째로, 사회안전망의 실효성 문제를 지적할 필요가 있다. 지난 10여 년간 공공부조를 포함한 사회안전망제도가 대폭 강화되기는 했지만 사각지대가 여전히 광범하다. 보호가 필요한 빈곤층 상당수가 부양의무자 및 재산 규정에 묶여 방치되어 있는 것이 사실이다. 더구나 이들 중 일부는 형식적인 가족관계라도 유지되고 있다는 이유로 보호 대상에서 제외되기도 한다. 또한 상당수가 주민등록이 안 되어 있거나 생활양식이 불규칙하여 공공부조제도를 적용하는 데 어려움이 있다.

다섯 번째로, 새롭게 고착화된 빈곤의 성격에 대해서도 이해해야 한다. 현재 계속해서 침체해 있는 경기가 회복되더라도, 고용이 양극화되고 임시직과 일용직이 증가하는 상황에서 취약계층의 경제적 상황이 개선되기는 어렵다. 특히 전통적인 제조업 분야나 저급 서비스업은 개발도상국으로의 이전이나 외국인 근로자의 유입을 통해 경쟁력을 유지하기 때문에, 상대적으로 숙련도나 근로 능력이 낮은 중·고령 취약계층은 지속적으로 노동시장에서 배제된다. 이른바 3D 업종의 인력난을 이유로 장기 실직의 책임을 당사자에게 돌리는 경향이 있지만, 이는 현실을 반영하지 못한 비난(victim blame)이다. 3D 업종의 근로조건이나 노동강도는 중·고령 및 저학력 실직자를 유인할 동기가 못 된다. 이들의 건강이나 근로 능력은 영세업체의 노동강도를 감당할 수 없는 상태이며, 더욱이 이들은 규칙적인 일상생활 및 노동규율에도 익숙하지 않다. 양극화된 노동시장의 불안정성이 심화되고 공공복지가 자리를 잡기도 전에 가족이나 공동체가 담당하던 복지가 해체되면서, 결국 '떠도는 빈곤'을 저지할 마땅한 방법이 없어진 것이다. 다른 한편으로, 해체된 가정의 자녀들은 과거와 같은 절대 빈곤의 문제보다는 새로운 빈곤 구조에서 부적응과 일탈에 노출되어 있다. 특히 제도교육의 무기력과 사교육의 만연 속에서 빈곤층 자녀의 기회 배제는 만성화되고 있다. 서구 사회에서 일상화된 사회적 배제(social exclusion) 문제가 우리 사회에도 현재적 위험으로 닥쳐온 것이다.

결국 현재 상황에서 노숙인이 확대 또는 만성화되는 것을 막기란 쉽지 않다. 누적된 한계적 빈곤층, 부실한 안전망과 부족한 사회복지시설, 노동시장의 양극화와 저학력·비숙련·중고령 노동자의 배제, 확대되는 가족해체 경향으로, 좁게는 노숙인, 넓게는 불안정성이 높은 빈곤층이 확대될 수밖에 없는 것이다.

노숙인 대책의 원칙과 과제

노숙인 문제는 어떻게 대처해야 할까? 앞서 설명했듯이 노숙인은 단기간에 노숙 상황에 이른 것이 아닌 만큼 사회로 복귀하기도 간단하지 않다. 즉, 단순히 소득 기회만 제공한다고 해결될 문제가 아니라 주거, 생활 태도(음주 습관, 자기관리 능력 등), 일상적으로 지지해줄 수 있는 관계 – 그것이 가족이라면 더욱 좋겠지만 – 와 같은 것들이 갖춰지지 않는다면 불완전한 복귀가 될 수밖에 없다. 그만큼 어렵다는 이야기다. 따라서 노숙인 정책의 가장 바람직한 방향은 '노숙 상황에까지 이르지 않도록 예방'하는 데 있다. 그러나 앞서 밝힌 대로 우리나라는 한계적 빈곤층이 누적되고 복지 인프라가 취약해 노숙인 발생을 효과적으로 예방하기가 쉽지 않은 상황이다. 결국 우선은 현재 노숙인들에게 기본적인 생활을 보장하고 사회로 복귀할 수 있는 대책을 마련하는 가운데 전반적인 예방체제가 효과를 발휘하도록 노력하는 수밖에 없다. 이러한 점에서 외환위기 이후의 노숙인 정책은 응급 대책으로서 의미가 있다.

외환위기 이후 응급 보호는 성공적

1998년 초까지만 해도 노숙인 대책을 부랑인 수용사업과 동일한 차원에서 접근했던 정부는 그해 7월부터 정책 방향을 완전히 바꾼다. 소규모 쉼터를 확보해 노숙인에게 숙소와 일자리를 제공하는 것을 노숙인 정책의 중심으로 삼은 것이다. 종전에는 부랑인시설을 제외하면 거리 노숙인을 위한 보호시설이 전무했지만, 새로운 정책이 시행된 지 불과 6개월 만에 전국적으로 160여 개의 크고 작은 쉼터가 정부 지원을 받아 만들어졌다(2015년 현재 60여 개가 운영 중이다). 1999년 1월에는 소규모 쉼터 입소를 거부하는 노숙인을 위해 대형 응급 쉼터인 '자유의 집'이 개소되어 한때 1400명이 입소하기도 했다(현재는 없어졌다).

쉼터 중심의 노숙인 지원사업은 큰 효과를 거둔 것이 사실이다. 우선 하루 평균 4000여 명에게 숙소를 제공함으로써 최소한의 인간적인 생활이 가능하게 했다. 또 입소상담과 건강진단 등을 통해 필요시 병원 치료나 복지시설 입소 기회를 제공했다. 특히 숲 가꾸기 공공근로나 직업훈련, 취업알선 등을 통해 소득활동 기회를 제공했으며, 자활지원 프로그램을 통해 심리상담, 자기관리 훈련, 알코올의존증 치료 등을 추진했다. 최근에는 상설 거리진료소를 설치해 쉼터 입소를 거부하는 노숙인에 대한 현장 지원체계까지 구축하고 있다. 이러한 노숙인 정책의 성과는 '응급 보호의 성공과 지원체계 구축'으로 요약할 수 있다. 세계적으로 유례없는 노숙인 증가 경험과 비교되는 유례없이 신속한 보호사업 추진이라고 할 것이다.

그런데 이렇게 신속하고 온정적인 노숙인 정책이 가능했던 것은 심각한 경제 상황을 이유로 노숙인과 관련한 민감한 쟁점을 피해 갔기 때문이기도 하다. '신파조의 접근'이 문제의 본질을 가리기는 했지만, 신속한 노숙인 보호사업이 가능할 수 있는 기반을 마련한 것이다. 그러나 이제 응급 보호만으로는 노숙인 문제의 근본적인 해결이 불가능한 단계로 들어섰다. 게다가 보호의 방법과 수준, 인권 등의 문제가 현안으로 등장하고 있다. 응급 보호가 어느 정도 성공을 거뒀지만, '사회적 합의'라는 필수적인 과정을 건너뛰었다는 한계를 해결하지 않으면 안 되는 것이다.

인권과 노숙인 보호 수준, 민간의 역할을 고민해야 한다

먼저, 노숙인 정책이 발전하기 위해 필요한 사항들을 생각해보자. 첫째, 쉼터 전원 보호의 원칙이 결과적으로 노숙인 문제를 시민사회의 관심에서 멀어지게 했다는 역설적인 현실을 이해해야 한다. 특히 정부(서울시) 주도의 '성공적'인 노숙인 보호사업이 역설적으로 민간의 사회적 책임과 참여를 약화하는 문제를 야기했다고 할 수 있다. 시민사회단체와 종교단체의 적극적인 참여와 모니터링이 뒷받침되지 않으면 점점 더 '쉬운 방식의 보호'(즉, 대규모 시설 보호)에 의존하려는 경향이 고착화될 수 있다. 결국 노숙인 보호를 위한 공공과 민간의 역할에 대해 고민할 필요가 있다.

둘째, 노숙인에 대한 서비스 수준을 고민하지 않을 수 없다. 외환위기 직후 노숙인 문제를 사회적 재난 수준으로 봤던 정부가 응급조치 위주로 사업을 추진함으로써 그 수준의 시설 상태가 여전히 지속되고 있다. 지금도 노숙인 쉼터는 과밀하고 서비스 수준이 낮아서 생활하기에 부적합하다. 특히 자활지원사업은 형식에만 그치고 사실상 노숙인을 '먹이고 재우는' 수준을 넘어서지 못했다는 비판도 따른다. 따라서 어떤 수준의 보호를 제공해야 하는지를 놓고 사회적 논의가 이루어져야 한다.

셋째, 인권 문제에 대한 고민이 필요하다. '노숙의 자유'가 있다는 것은 분명하지만, 이것이 거리에 방치해도 된다는 뜻은 아니다. 마찬가지로 '보호의 책임'이 있다고 하지만, 이것이 거리만도 못한 쉼터에 입소시킬 책임을 의미하는 것은 아니다. 결국 인명 보호를 위해 쉼터나 병원에 '강제' 입소시키는 것이 인권 침해인지, 아니면 인권 보호인지 하는 문제가 사회적으로 논란이 된다. 특히 자기결정권의 범위를 어디까지로 볼 것인지에 대해 고민이 필요하다. 이는 노숙인이 거리에서 음주, 구걸 등으로 다른 이에게 피해를 주는 경우에 사회가 어떻게 대응할 것인지 하는 문제와도 연결된다.

따라서 쉼터 중심의 노숙인 보호정책의 기조는 유지하되, 거리노숙을 인정하면서 노숙인이 자유이용시설(상담보호센터, 드롭인센터)을 통해 필수 서비스(목욕, 우편물 접수, 간이 숙박 등)를 이용할 수 있도록 지원할 필요가 있다. '노숙 아니면 쉼터'라는 이분법에서 더 나아가, 거리 현장에서도 최소한의 복지서비스가 제공될 수 있게 하자는 것이다. 또한 민간이 스스로 프로그램을 개발해 재정 지원을 신청할 수 있도록 관련 제도를 마련할 필요도 있다. 현재의 획일화된 지원으로는 쉼터의 전문화나 특성화가 불가능하기 때문이다. 쉼터 간의 프로그램 경쟁이나 성과 평가를 강화하는 것은 물론이다. 아울러 지역사회를 비롯한 공동체의 참여를 활성화하는 것이 절대적으로 중요하다. 이를 위해 정부도 '해결사식의 노숙인 보호'에서 벗어나 시민사회와 함께 가려는 노력을 기울여야 한다.

노숙인을 노숙인 정책의 틀에서만 사고하는 데서 벗어나, 이를 일반적 공공부조제도의 일부로 확장할 필요가 있다. 즉, 노숙인을 쉼터나 거리생활지원과 같은 특수한 정책에 묶어두는 방식에서, 이들에게 기초생활보장제도를 확대 적용함으로써 지역사회 속으로 포섭해 보호하는 방식으로 정책을 발전시킬 필요가 있는 것이다. 그동안 노숙인을 '근로 능력이 있고 주거지가 불분명'하다는 이유로 생활보호에서 배제했던 일본도 최근 이러한 제도를 적극적으로 활용해 거리노숙인을 줄이는 데 큰 효과를 거두고 있다. 노숙인의 사회 복귀나 자립은 응급형 보호만으로는 불가능하다. 국가가 정한 최소한의 생활을 보장하면서 지역사회 복귀와 취업 지원이 병행되어야 하는 것이다.

읽을거리 ③

노숙인에 대한 편견과 진실

① 노숙인은 일을 하지 않는 게으른 사람이다?

노숙인은 대부분 어려운 환경에서도 건강하게 노동을 해왔으나 불의의 사고, 사업의 실패, 개인의 힘으로는 어찌할 수 없는 사건의 발생 등으로 좌절을 경험한다. 이 때문에 가정이 무너지고 노숙생활이 장기화되면서 점차 삶에 대한 의지마저 잃게 된다. 그 결과 일할 수 있는 힘도 일하려는 의욕도 잃게 되어 노동을 한다는 것이 불가능해진다. 그래도 살아보려는 의지가 있거나 노숙의 삶을 스스로 받아들인 사람은 불안정하나마 인력시장을 통해 건설 현장에서 일하거나 식당 등에서 불규칙적인 일을 한다.

② 노숙인은 스스로 노숙생활을 즐긴다?

노숙인의 생활은 크게 세 가지 형태로 나뉜다. 우선 정부의 응급 대책으로 만들어진 쉼터 등 복지시설에서 생활하는 사람이 있고, 시설생활에 적응하지 못해 말 그대로 노숙을 하는 사람이 있다. 그리고 건설 잡부나 앵벌이 등을 통해 돈을 버는 사람은 일당을 받으면 5000원 이상의 일세나 10만 원 이상의 월세를 내고 일세방(쪽방)이나 여인숙 등을 이용한다. 월세로 사는 사람은 사회에서 어떠한 보호도 받을 수 없기에 언제든 노숙생활로 되돌아갈 수 있는 환경에 처해 있다. 밖에서 잠을 자는 것은 굉장히 고통스러운 일이다. 특히 추운 날씨의 노숙은 목숨을 내놓은 것과 마찬가지인 일종의 재난 상황이다. 그렇기에 그들은 가능하면 잘 곳을 찾는다. 그래서 노숙인은 대부분 여건에 따라 '노숙 – 쪽방(일일 숙박시설) – 복지시설 – 노숙'을 반복한다.

③ 일자리만 생기면 노숙인은 자활할 수 있다?

노숙인이 쉼터에 입소해 일시적으로 숙소와 일자리를 제공받는다고 해서 바로 자활한다는 것은 불가능한 일이다. 노숙생활이 지속되면 육체적·정신적으로 많은 손상을 입고 수치심과 자책감으로 사회생활에 적응하기 힘들어지기 때문이다. 즉, 장기간의 불안정한 생활과 돌아갈 곳이 없는 가족관계의 붕괴는 안정적인 자립생활을 어렵게 만든다. 따라서 일시적인 주거 제공과 취업알선만으로 노숙인의 실질적인 자활을 기대하기는 어렵다. 그러므로 대인 관계에 문제가 있는 사람은 대인 관계 훈련을, 알코올 문제가 있는 사람은 금주 훈련을 받을 수 있게 하는 등 개인의 상황과 특성에 맞는 상담이나 치료 과정을 병행한 후 안정된 주거공간을 보장해주며 취업할 수 있게 지원해야 한다.

④ 노숙생활은 비난받을 만한 당사자 개인의 책임이다?

노숙이라는 한계상황에 내몰린 원인은 무척 다양하다. 그런데 가장 주된 원인은 불평등한 사회구조에서 찾을 수 있다. 즉, 고용 상태가 매우 불안정한 노동자는 장기 실업으로 소득이 뚜렷이 감소하는데, 불충분한 사회보장제도와 높은 주거비 부담은 끊임없이 노숙의 가능성을 높인다. 게다가 경제 불황과 대량 실업 사태로 빈곤이 악화되고 가족관계가 무너졌으며, 개인의 사회 적응력이 취약하여 사회에서 더욱더 이탈되어갈 수밖에 없다. 더욱이 개인적 취약함이라는 것도 사실 개인의 책임이라고만 할 수 없다. 불우한 성장 배경으로 교육을 제대로 받지 못하고 저임금과 빈곤으로 이어지는 연결고리를 이 사회는 그대로 방치하면서 개인의 무능력으로 몰아가고 있기 때문이다.

⑤ 노숙인은 위험하고 정신질환자이거나 알코올중독자다?

우리나라 노숙인을 자활 가능성을 중심으로 분류하면, 20%는 실직 노숙인으로 안정적인 주거와 일자리가 있으면 가정으로 돌아갈 수 있는 사람이며, 50%는 단신 가족해체 노숙인으로 재활 프로그램을 거치면서 사회와 계속 접축하면 노숙생활에서 벗어날 수 있는 사람이다. 20%는 치료 대상 노숙인으로 알코올의존증이나 정신질환을 치료받으며 사회생활을 병행할 필요가 있는데, 이들을 방치하면 만성 부랑노숙인으로 전락할 우려가 있다. 10%는 만성 부랑노숙인으로 만성 정신질환, 중증 알코올의존증, 부랑인, 노인 등이 이에 해당하며, 장기적인 치료와 보호를 필요로 하는 사람이다. 따라서 노숙인은 대부분 사회의 관심과 애정만 있다면 충분히 자립할 수 있다. 또한 그들은 결코 위험한 사람이 아니며, 범죄의 위험에 그대로 노출되어 있어 오히려 보호가 필요한 상태라 할 수 있다.

※ 전국실직노숙인대책 종교시민단체협의회의 자료를 참조해 보완한 것임.

6장 새로 이웃이 된 사람들의 빈곤 : 결혼 이주 여성, 탈북자 등

늘어나는 새로운 이웃들

지하철이나 버스를 타면 피부색이 다르고 낯선 언어를 사용하는 사람을 어렵지 않게 만날 수 있다. 2000년대에 들어서기 전만 해도 그리 흔치 않던 광경이다. 그동안 우리가 의식하지 못한 사이에 결혼 이주 여성, 탈북자, 외국인 노동자 등 새로운 이웃이 많이 생겨났다.

표 6-1에서 보듯이, 우리나라 사람이 외국인과 결혼하는 것은 2006년 이후 감소하는 추세이기는 하지만 전체 결혼의 7%를 넘을 정도로 이제 흔한 일이 되었다. 외국인과 한국인 간 결혼은 대부분 외국인 여성과 한국 남성 간 결혼(2014년 현재 약 70%)이다. 이렇게 한국 남성과 결혼해 우리나라에 정착하는 외국인 여성을 '결혼 이주 여성'이라고 한다. 결혼 이주 여성은 특히 농촌지역에 많이 거주한다. 농림어업에 종사하며 2007년에 결혼한 한국 남성의 약 40%가 외국인 여성과 결혼

표 6-1 외국인과의 혼인

연도	전체 혼인 건수	외국인과의 혼인	전체 혼인 건수 대비 외국인과의 혼인 비율
2000년	33만 4030명	1만 2319명	3.7%
2002년	30만 6573명	1만 5913명	5.2%
2004년	31만 944명	3만 5447명	11.4%
2006년	33만 2752명	3만 9690명	11.9%
2008년	32만 7715명	3만 6204명	11.0%
2010년	32만 6104명	3만 4235명	10.5%
2012년	32만 7703명	2만 8325명	8.6%
2014년	30만 5507명	2만 3316명	7.6%

자료: 통계청(2016a).

한 것으로 나타났다(통계청, 2008). 물론 도시의 가난한 남성도 외국인 여성과 결혼하는 사례가 늘었다. 결혼 이주 여성의 출신 국가는 중국이 가장 많고, 베트남·캄보디아 등이 뒤를 이으며, 그 외에 몽골·우즈베키스탄·일본·태국·미국 등 다양하다. 이처럼 결혼 이주 여성은 우리의 가족이나 이웃집 아주머니가 되어 함께 살아가고 있다.

다른 한편으로 우리는 또 다른 이방인인 외국인 노동자를 자주 접하면서 이들과 함께 일하고 생활한다. 우리나라에서 외국인 노동자는 1990년대 중반 이후 급속히 증가해, 2013년 6월 현재 취업 자격이 있는 외국인은 약 54만 명이다. 그중 약 5만 명은 교육·연구 분야 등에서 일하는 전문인력이고, 나머지 약 49만 명은 단순기능인력인데, 그중에는 불법 체류자도 있다(윤정혜, 2013). 상당수 외국인 노동자는 우리나라 사람들이 하기 싫어하는 힘든 일을 묵묵히 하며 우리 사회의 일원이 되어가고 있다.

1990년대 후반 이후 등장한 새로운 이웃 중 또 하나는 북한을 탈출해 중국, 동남아 등지를 떠돌다 어렵사리 입국한 탈북주민들이다. 탈북자의 국내 입국은 1990년대 후반 이후 급증하기 시작해, 2009년에는 2929명의 탈북자가 입국하여 가장 많았다. 그 이후에도 매년 1400명에서 2000여 명의 탈북자가 입국하여, 2014년 현재 국내에 입국한 탈북자는 총 2만 7500여 명에 달한다(통일부, 2015). 북한을 탈출해 국내에 입국한 탈북자들은 우리와 피부색이 같고 같은 언어를 사용하지만, 다른 사회체제와 문화에서 살다가 왔다는 점에서 이들에게 우리 사회는 낯설고 새로이 적응해야 하는 곳이다. 그런 점에서 탈북자들 또한 우리 사회의 새로운 이웃이라 부를 수 있다.

이렇게 우리 사회에는 다양한 새로운 이웃이 생겨나고 있다. 앞으로도 새로운 이웃은 더욱 많아질 것이다. 외국 여성과의 결혼도 계속 있을 것이며, 그들 사이에 탄생한 자녀도 늘어날 것이다. 외국인 노동자의 국내 유입도 계속될 것이다. 중국이나 동남아 지역을 떠도는 탈북자가 여전히 많고 북한 사회가 계속 빈곤에 허덕이고 있다는 점을 고려하면 탈북자의 국내 유입도 계속 늘어날 것이다. 그러므로 우리는 이제 새로운 이웃과 어떻게 더불어 살아갈 것인지를 고민하고 준비해야 한다. 아직까지는 그러한 고민과 노력이 부족하다. 새로운 이웃이 우리 사회에서 빈곤에 허덕이고 적응에 많은 어려움을 겪는 것이 현실이다.

표 6-2 **결혼 이주 여성 가족의 월평균 가구소득 분포**

월평균 가구 소득	비율
50만 원 미만	3.7%
50만~100만 원 미만	7.3%
100만~200만 원 미만	30.9%
200만~300만 원 미만	31.4%
300만~400만 원 미만	15.7%
400만 원 이상	10.9%
합계	100.0%

자료: 전기택 외(2013: 60).

빈곤한 한국 생활

결혼 이주 여성 가족의 절반이 빈곤하다

한국 남성과 결혼한 결혼 이주 여성 가족의 빈곤 상황은 매우 심각하다. 표 6-2는 2012년도 현재 국내에 거주하는 결혼 이주 여성 가족 등 다문화가족의 실태•를 여성가족부가 조사한 결과다. 이 조사에서는 결혼 이주 여성 가족의 약 42%가 월소득이 200만 원 미만인 것으로 나타났다. 2012년도 4인 가족 최저생계비가 약 150만 원이라는 점을 고려하면, 결혼 이주 여성 가족의 상당수가 빈곤하거나 어려운 생활을

• 이 조사의 다문화가족 구성은 결혼 이주 여성 가족이 82.8%, 일반 귀화자 가족이 17.3%로, 결혼 이주 여성 가족만을 대상으로 한 조사는 아니다(전기택 외, 2013). 하지만 가장 최근에 이루어진 전국적인 대표성을 지닌 조사이고, 거의 대부분이 결혼 이주 여성 가족이라는 점에서 결혼 이주 여성의 실태를 알아보는 데 도움이 된다. 이런 점을 참고하여 이해하는 것이 필요하다.

하고 있는 것으로 평가된다.

그리고 2005년 보건복지부의 조사에 따르면, 결혼 이주 여성 가구 중 15.5%가 경제적 이유로 식비를 줄이거나 끼니를 거른 경험이 있을 정도로 빈곤 상황은 심각하다. 결혼 이주 여성 가구 100가구 중 16가구가 절대적 생존 문제인 먹는 문제를 심각하게 경험한 것으로 나타났다(설동훈 외, 2005).

그러나 이처럼 결혼 이주 여성 가족의 경제 형편이 심각한데도 정부에서 생계비 지원을 받는 경우는 많지 않다. 2012년 조사에서 전체 결혼 이주 여성 가구 중 약 5.0%만이 국민기초생활보장급여 수급자 가구로 정부의 생계비 지원을 받는 것으로 나타났다(전기택 외, 2013).

탈북자 가족과 외국인 노동자도 빈곤과 저임금에 힘겨워한다

우리 사회에 정착한 탈북자의 빈곤 상황도 심각하다. 표 6-3은 2001년 이전 남한에 입국해 정착한 장기 정착 탈북자를 대상으로 2007년 현재 빈곤 상황을 살펴본 것이다. 소득이 최저생계비의 50%에도 미치지 못해 극빈층이라고 할 수 있는 탈북자 가구가 무려 17.0%에 달하고, 최저생계비보다 낮은 수준에 해당하는 비율(즉, 빈곤율)이 24.5%에 이른다. 같은 해에 우리 사회 전체 극빈층 비율이 2.0%, 빈곤율이 12.2%라는 점과 비교해보면, 탈북자의 빈곤 상황이 얼마나 심각한지 잘 드러난다.

많은 외국인 노동자도 저임금과 임금 체불로 경제적 어려움을 겪고 있다. 이민정책연구원의 2010년 체류 외국인 실태조사에 따르면, 외국인 노동자의 월평균 임금은 142만 2000원이고, 외국인 노동자의 약 42%가 월평균 임금이 150만 원 미만이며, 약 70%가 200만 원 미만

표 6-3 **탈북자와 남한 주민의 빈곤 실태 비교**

빈곤선	탈북자	남한 주민
최저생계비의 50% 이하	17.0%	2.0%
최저생계비의 50~100% 미만	7.5%	10.2%
최저생계비의 100~120% 미만	2.8%	6.5%
최저생계비의 120~150% 미만	9.4%	8.4%
최저생계비의 150~200% 미만	6.6%	12.3%
최저생계비의 200% 이상	56.6%	59.5%
결측치	0%	1.1%
합계 (사례 수)	100.0% (106)	100.0% (6,580)

자료: 김연희 외(2009).

의 임금을 평균적으로 받고 있는 것으로 나타났다(성효용·강동관·강병구, 2015: 10). 2010년 우리나라 근로자 월평균 임금이 약 236만 원이라는 점을 고려하면(www.kosis.kr), 외국인노동자의 평균 임금은 우리나라 근로자 평균 임금의 약 60% 수준에 불과하다. 외국인 노동자는 월평균 279시간을 일할 정도로 장시간 노동을 하는데도 임금은 우리나라 노동자보다 크게 적다. 저임금과 더불어 외국인 노동자의 경제적 불안정을 가중하는 요인은 임금 체불이다. 외국인 노동자의 51.4%가 일을 하고도 임금을 제대로 받지 못한 경험이 있는 것으로 조사된다(국가인권위원회, 2002). 다음 사례에서 보는 바와 같이 외국인 노동자의 임금 체불은 악의적으로 이루어지는 경우도 많은 것으로 보인다.

> 7년 동안 30군데서 일했어요. 그중에 6~7군데서만 돈 받았어요. 나머지는 돈 못 받았어요. 비자 없어서 못 싸워요. 사장님이 "돈 없어! 나가! 안 줘!" 그래요. 한국에서 돈 못 받은 거 500만 원 넘어요. 비자 없어요. 싸

우면 경찰에 잡혀가요. 그냥 나와요(말리 출신 28세 남성, 미등록 노동자)(국가인권위원회, 2002).

사회적으로 배제되는 새로운 이웃들

가족의 무시와 편견, 심지어 폭력을 당하는 경우도 많다

결혼 이주 여성의 결혼 과정은 매우 짧은 기간에 속전속결로 이루어진다. 중개업체를 통한 국제결혼은 맞선에서 결혼까지 길게는 7박 8일, 짧게는 3박 4일 만에 이루어지기도 한다(김현미 외, 2008). 그 결과 남편이 될 사람에 관해 제대로 알지도 못한 채 결혼하는 경우가 많다. 결혼 중개업체를 통해 결혼한 이주 여성의 43.7%가 결혼 전 자신이 알던 남편에 대한 정보가 실제 사실과 달랐다고 응답했다(설동훈 외, 2005). 실제와 다른 사항으로는 남편의 성격이 가장 많았고, 다음이 소득·재산·직업 등 경제적 지위가 주를 이뤘다. 서로 다른 문화에서 성장한 사람들이 너무 급하게 결혼에 이르다 보니 결혼 이후 삶에서도 많은 문제가 나타나고 있다.

한국 사회에서 결혼 이주 여성은 소수자다. 특히 이들 중 상당수는 우리보다 경제 수준이 낮은 국가 출신이다. 2012년 다문화가족 실태조사에 따르면, 결혼 이주 여성의 출신 국적은 중국이 53.3%로 가장 많고, 베트남 18.3%, 일본 5.8%, 필리핀 5.3%, 태국과 몽골이 각각 1.2% 등이다(전기택 외, 2013). 이처럼 결혼 이주 여성의 출신 국가가 일본을 제외하고 한국보다 경제 및 사회 발전 수준이 낮다는 인식이 우리 사회에서 지배적이며, 이 때문에 사회나 가족들에게 무시당하는 결혼 이주 여성이 적지 않다. 결혼 이주 여성에 대한 무시는 차별과 편견으로 이어지기도 한다. 다음은 결혼 이주 여성이 가정생활에서 어떤 차별과 편견을 경험하는지 보여주는 한 사례다.

> 하루 종일 제사상을 준비했는데도, 중국 사람들은 왜 이렇게 느리냐, 빨리빨리 해라 하는 시어머니의 잔소리를 듣게 돼요. 동서가 늦게 와서 시어머니한테 봉투를 하나 드리니까 시어머니는 즉시 직장일 많이 힘들 텐데 좀 쉬어라 하는 거 있죠(조선족 33세 여성)(최금해, 2007).

결혼 이주 여성에 대한 차별과 편견은 가정에서 종종 극단적인 불신으로 표출되는 경우도 있다. 외국인 여성과 결혼하는 한국 남성 중에는 심신의 질병을 숨기고 결혼하는 경우가 있다. 그런 경우 한국의 가족은 결혼 이주 여성이 도망갈지 모른다는 불안감에 일상적인 감시와 통제를 가하기도 한다. 다음 사례는 결혼 이주 여성이 겪는 가족 내 불신과 감시를 잘 보여준다.

> (나주 터미널에서 시누이 남편인 버스 운전기사와 이야기하는 것을 보고) 동네 사람들 보면 집에 말해. "금천댁(시어머니), ○○○이 나주 터미널에서 아는 남자랑 재밌게 얘기하고 웃어요." (그런 소문 듣고 어머니가 추궁하자) 저는 "아니요. 엄마, 셋째 딸(셋째 시누이 남편) 만났어요. 다른 남자 없어요……." 동네 사람 나빠요. (동네) 할머니 할아버지 미워요(베트남 출신 26세 여성)(김이선 외, 2006).

나아가 가정폭력에 시달리는 결혼 이주 여성도 있다. 결혼 이주 여성이 한 해 동안 경험한 부부폭력에 관해 조사한 결과, 남편이 물건을 던졌다는 응답이 23.7%, 세게 밀기 13.9%, 손발로 구타 13.5% 등으로 나타났다(설동훈 외, 2005). 물론 이러한 수치가 우리 사회의 전체 부부폭력에 비해 상대적으로 심각한 수준이라고 보기는 어렵다. 2004년 전국 가정폭력 실태조사에서 지난 1년간 배우자에게 신체적 폭력을 당한 부부의 비율은 15.7%로 나타났다(여성부, 2004; 손병돈 외, 2008). 하지만 결혼 이주 여성의 가정폭력에서 심각한 점은 폭력이 극단적이고 상습적이며 과격한 경우가 많다는 점이다. 결혼 이주 여성과 관련한 끔찍한 가정폭력은 심심찮게 언론의 주요 기사로 보도되는 실정이다 ('읽을거리 4' 참고).

사회생활에서도 편견과 무시로 차별을 당하기 일쑤다

우리의 새로운 이웃인 결혼 이주 여성이나 외국인 노동자, 탈북자는 우리 사회의 편견과 무시로 힘들어한다. 결혼 이주 여성을 대상으로 한 조사에서는 결혼 이주 여성의 41.3%가 우리 사회에서 차별을 당한 경험이 있다고 응답했다(전기택 외, 2013). 이러한 차별은 결혼 이주 여성뿐만 아니라 그 가족까지 힘들게 한다. 결혼 이주 여성 가족도 그런 차별에 강한 분노를 나타내기도 한다. 다음 사례는 외국인 아내를 둔 남편이 우리 사회의 편견에 대한 분노가 얼마가 큰지 잘 보여준다.

> 우리 애기들이랑 손잡고 담양 시장 갔는데, "필리핀 아줌마 이것 좀 사" 그래서 내가 뭐라고 했게? 어이 여기 한국 사람이여. 투표도 다 했고. 그런 말 하지 마. 필리핀 사람이라고 하지 마. 아무리 어른이라고 해도 욕해부러. 확 짖어부러. 그렇게 사람들이 쳐다봐. 뭐 원숭이냐 쳐다보게.

왜 그런 시선으로 쳐다보고 말하냐고. 나는 아무렇지도 않은데. 그게 제일 문제여. 나는 내 와이프라 아무렇지도 않은데(필리핀 여성과 결혼한 41세 남성)(박경동, 2007)

우리 사회의 결혼 이주 여성 가족에 대한 차별은 자녀에 대한 차별로까지 이어진다. 외국인과 한국인 사이에서 태어난 자녀를 '혼혈아'라고 부르며, 이들을 순혈인과 분리해 집단화했다. 오늘날에도 결혼 이주 여성 자녀를 '코시안' 등으로 부르며, 순혈인과 분리해내고 있다. 이러한 분리와 편견, 차별에 대해 결혼 이주 여성들은 대부분 힘들어하며 강한 저항감을 표한다.

아이를 혼혈인이라고 하면 섭섭해요. 그냥 그렇게 부르지 말고 아이 이름 불렀으면 좋겠어요(베트남 출신 25세 여성)(설동훈 외, 2006).

외국인 노동자도 우리 사회에서 무시와 편견에 따른 차별을 당하고 있다. 외국인 노동자에 대한 차별은 직장에서 가장 흔하게 나타난다. 이들 중 50.7%가 직장에서 조롱이나 욕설을 들은 경험이 있는 것으로 조사되었다. 가해자는 대부분 동료 한국인 노동자와 직장 상사다. 외국인 노동자에 대한 무시와 편견에 따른 차별은 직장 외에 일상생활에서도 자주 나타난다. 외국인 노동자를 대상으로 한 조사에서, 이들 중 약 19.9%가 식당이나 가게에서 '외국인이기 때문에 의심받거나 불친절한 대우를 받은 경험이 있다'고 응답했으며, '한국인에게 이유도 없이 무시당하거나 욕설을 들은 경험이 있다'는 응답도 18.9%나 되는 것으로 나타났다(국가인권위원회, 2002). 다음은 외국인 노동자가 일상생활을 하면서 받은 극단적인 차별을 적나라하게 보여주는 사례다.

> 버스나 지하철 타면 한국 사람들이 피해요. 옆에 자리가 있어도 한국 사람들은 안 앉아요. 오산 가는 1번 버스 탔을 때, 버스 기사가 "내려" 그랬어요. 못 타게 해요. 냄새 난다고 못 타게 해요. 어떤 버스는 기사 뒷자리에 앉으면 다른 자리로 가래요. 냄새 난다고. 어떤 버스 기사는 향수 같은 거 나한테 뿌렸어요(말리 국적의 28세 불법체류 외국인 노동자)(국가인권위원회, 2002).

외국인 노동자에 대한 차별은 그 자녀들이 훨씬 더 민감하게 느낀다. 외국인 노동자 자녀를 대상으로 한 조사에서는 이들의 51.9%가 차별을 당한다고 느낀 경험이 있는 것으로 나타났다(설동훈 외, 2003).

결혼 이주 여성과 외국인 노동자에 대한 차별은 우리 사회가 이제껏 단일민족이라는 강한 자부심과 전통을 가져왔다는 측면에서 비롯되기도 한다. 이와 더불어 피부색이 다르고 우리보다 경제 수준이 떨어지는 국가 출신이라는 편견과 무시에서 비롯된 측면도 크다. 실제로 같은 외국인이라도 백인이거나 미국, 유럽 출신에 대해서는 매우 호의적으로 대하지만, 흑인이나 동남아시아, 아프리카 출신 외국인에 대해서는 무시하는 경향이 있다.

출신 국가에 따른 무시와 차별은 탈북자에 대해서도 동일하게 나타난다. 한 조사에서 탈북자의 22.4%가 남한 생활에서 가장 어려운 점으로 남한 사람의 편견과 차별을 꼽았다. 이들은 대부분 남한 주민의 차별과 편견에 대해 자신이 '북한에서 왔기 때문'이라고 생각했다. 이렇게 탈북자들도 우리 사회의 차별과 편견으로 힘들어하고 있다. 이 때문에 탈북자들은 남한 주민과 잘 어울리지 못하고 사회에서 섬처럼 고립된다. 탈북자를 대상으로 조사한 결과, 남한 주민과 잘 어울리지 못한다는 응답이 72.2%를 차지한 반면, 잘 어울린다고 응답한 이는 한 명도 없는 것으로 나타났다(윤인진, 2004).

이들은 왜 빈곤하고 배제되는가

첫 출발부터 가난하다

결혼 이주 여성, 탈북자 등은 우리 사회에 정착하는 순간부터 빈곤한 경우가 많다. 한국에서 결혼 이주 여성의 첫 출발은 결혼과 함께 시작된다. 따라서 결혼 이주 여성의 경제적 출발선은 배우자인 한국인 남편에 의해 결정되는 것이 현실이다. 그런데 결혼 이주 여성의 남편은 대개 경제적·사회적 지위가 낮은 것으로 나타난다. 예컨대 남편의 학력을 보면, 중학교 미만이 6.7%, 중학교 졸업이 17.2%, 고등학교 졸업이 51.2%, 전문대 졸업 이상이 24.9%다(김승권 외, 2010). 중학교 졸업 이하의 학력인 사람의 비율이 23.9%로, 비슷한 연령대의 중학교 졸업 이하 학력 비율이 13.2%인 것(한국복지패널 자료 분석 결과)과 비교하면, 결혼 이주 여성의 남편 중 저학력자 비율이 상당히 높다는 것을 알 수 있다. 더욱이 직업 또한 불안정하고 저임금인 경우가 많은 것으로 나타난다. 2006년 조사에 따르면, 남편의 직업이 무직인 비율이 8.7%, 서비스직 5.1%, 공장·육체노동의 비율이 43.3%로, 경제적 지위가 낮은 직종에 종사하는 비율이 매우 높다. 반면에 전문직 등 고소득 직종의 비율은 2.7%로 매우 낮다(표 6-4 참조). 이렇게 결혼 이주 여성의 남

표 6-4 결혼 이주 여성 남편의 직업

구분	농어민	자영업	서비스직	공장·육체노동	사무직	전문·준전문직	무직·기타
도시	3.4%	23.1%	5.7%	42.9%	11.7%	3.1%	10.1%
농촌	24.6%	15.0%	3.3%	44.6%	7.1%	1.3%	4.2%
전체	8.3%	21.3%	5.1%	43.3%	10.6%	2.7%	8.7%

자료: 설동훈 외(2006).

표 6-5 결혼 이주 여성 남편의 월평균 임금 분포

구분	100만 원 미만	100만~199만 원	200만~299만 원	300만 원 이상
비율	10.2%	44.1%	31.3%	14.6%

자료: 전기택 외(2013).

편 중에는 저학력자나 직업상 지위가 낮은 경우가 많다. 우리 사회에서 학력이 낮을 경우 직업이 불안정하고 소득도 높지 않을 가능성이 크다는 점을 고려하면, 결혼 이주 여성의 남편은 빈곤층 내지 저소득층이 많다는 점을 알 수 있다. 이는 한국인 남편의 소득을 보면 잘 나타난다.

표 6-5에서 보듯이 2012년 결혼 이주 여성 남편의 월평균 임금이 100만 원이 안 되는 경우가 10.2%, 100만~199만 원인 경우가 44.1%이고, 300만 원 이상인 경우는 14.6%밖에 되지 않는다. 이처럼 결혼 이주 여성 남편의 임금수준은 대개 낮은 편이어서 결혼 이주 여성 역시 경제적으로 어려움을 겪는 경우가 그만큼 많을 것으로 추측해볼 수 있다. 결국 이러한 상황에서 결혼 이주 여성의 한국 생활은 빈곤하거나 또는 저소득층으로 출발하는 경우가 많다.

탈북자도 경제적으로 어려운 상태에서 한국 생활을 시작한다. 탈북자들은 무일푼인 상태로 한국에 들어온다. 오히려 빚을 지고 오는 경우도 있다. 탈북자가 비공식적인 통로로 한국에 입국할 때 브로커에게 1인당 500만~1000만 원을 줘야 하는 것으로 알려져 있다. 이러한 상황에서 이들은 대부분 정부가 지원하는 정착지원금만을 가지고 한국 생활을 시작한다.

탈북자에게 지원되는 정착지원금은 이들에게 제공되는 임대주택의 보증금으로 충당되는 주거지원금 1300만 원(이하 1인 기준)과 초기정착금 400만 원, 1년 동안 분기마다 나누어 지급되는 분할지급금 300만 원이 있으며, 이 외에도 취업장려금으로 1년차 450만 원(수도권)/550만 원(지방), 2년차 550만 원(수도권)/650만 원(지방), 3년차 650만 원(수도권)/750만 원(지방)이 제공된다. 주거지원금과 초기정착금 400만 원은 살 집을 구하고 초기 생활을 위한 가재도구를 마련하는 데 대부분 쓰일 것이다. 그러면 이들의 월수입은 분할지급금 300만 원과 취업장려금 450만 원을 12로 나눈 62만 5000원이 된다(통일부, 2015). 62만 5000원은 1인 가구 최저생계비인 61만 7000원(2008년)과 거의 같은 수준이다. 자산이 전혀 없고 한국에서 새로운 직장을 구해서 완전히 이질적인 새로운 사회에 정착해야 한다는 점을 고려하면, 한국에서 이들의 경제적 출발점도 빈곤한 수준이라고 할 수 있다.

한국 사회의 부실한 사회안전망

새로운 이웃들이 빈곤하게 살아가는 또 다른 이유는 우리의 사회안전망이 부실하다는 데서 찾을 수 있다. 발전한 사회일수록 국민이 기본적인 삶을 영위할 수 있도록 각종 사회복지제도를 통해 튼튼한 안전망을 구축한다. 하지만 우리의 사회안전망은 여러 측면에서 부실하여 국민의 최저생활을 보장하는 데 미흡하다. 특히 새로운 이웃과 관련해서는 더더욱 그러하다.

우리의 사회안전망은 새로운 이웃인 결혼 이주 여성을 대상에서 배제한다. 빈곤한 사람들의 최저생활을 보장하는 대표적인 사회안전망은 국민기초생활보장제도다. 그런데 결혼 이주 여성은 이 제도의 급여 대상에서 제외되는 경우가 있다. 이들이 혜택을 받으려면 한국 국적을 취득하거나 한국 국적의 자녀를 양육해야 한다. 하지만 결혼 이주 여성이 한국 국적을 취득하려면 체류 기간이 2년을 넘어야 한다. 한국 국적의 자녀를 양육하려면 출산을 해야 하는데, 출산은 생물학적으로 결혼 후 일정 기간이 지나야 가능하다. 이러한 이유로 아무리 빈곤해도 결혼 이주 여성은 일정 기간 국민기초생활보장제도에 따른 생계비를 지원받을 수 없다.

2012년 전국 다문화가족 실태조사에 따르면, 결혼 이주 여성 가족의 약 5%만이 국민기초생활보장제도의 급여를 받았으며, 의료보호 혜택도 4.9%만 받은 것으로 조사되었다. 결국 결혼 이주 여성 가족의 약 95%는 빈곤 문제와 관련해 어떠한 서비스도 정부로부터 받지 못한 것으로 나타났다(전기택 외, 2013).

우리 사회는 사회적 약자에 대해서 차별적이다

우리 사회는 무척 경쟁적이고 출세지향적인 사회다. 그리하여 사회 각 분야에서 1등을 하거나 성공한 사람에 대해서는 지나치다 싶을 정도로 칭찬하고 격려한다. 반면 경쟁에서 진 사람이나 소수자에 대해서는 관심이 없고 때로는 지나칠 정도로 가혹하게 대하기도 한다. 이러한 점을 잘 보여주는 예가 미국 슈퍼볼에서 2005~2006년 최우수 선수로 뽑힌 한국계 혼혈인 하인스 워드(Hines Ward Jr.)와 일반 혼혈인에 대해 우리 사회가 보이는 이중적 태도다. 하인스 워드가 미식축구에서 최고의 선수가 된 이후 한국 언론은 그를 한민족의 영웅인 양 칭송하면서 앞다퉈 인터뷰했다. 우리 국민들도 그를 무척 자랑스러워했다. 반면 현재 우리 사회에 거주하고 있는 많은 혼혈인에 대해서는 외국인의 피가 섞였다 하여 무시하고 차별했다. 이 때문에 많은 혼혈인은 학교도 제대로 다닐 수 없었으며 심지어 군대에도 갈 수 없었다. 한국에 거주하는 혼혈인을 대상으로 조사해본 결과, 55.4%가 학교 재학 중 '왕따'를 경험했으며, 46.9%는 학교 중퇴를 경험했고, 46.0%는 구직 시 혼혈인이라는 이유로 채용을 거부당한 경험을 가지고 있었다. 한편 정규직 종사자 비율은 24.0%에 그쳤으며, 가구원 1인당 월평균 소득은 48만 8000원으로 나타났다(박경태 외, 2006; 설동훈, 2007).

이처럼 우리 사회는 이중적이고, 사회적 약자에 대한 차별이 뿌리 깊게 존재한다. 이러한 전통 내지 문화가 우리의 새로운 이웃들에게도 적용되고 있다. 결혼 이주 여성이나 외국인 노동자, 탈북자에 대해 우리 사회는 피부색이 다르다는 이유로, 우리말을 잘 사용하지 못한다는 이유로, 우리보다 못사는 나라에서 왔다는 이유로 무시하고 차별한다. 이러한 무시와 차별은 이들과 이들의 가족이 우리 사회의 일원으로서 안정적으로 성장하는 데 큰 방해 요인으로 작용한다. 앞에서 살펴보았듯이 현재 우리의 새로운 이웃들은 경제적으로 빈곤하고, 사회 적응에 많은 어려움을 겪고 있다. 여기에 더해 이들에 대한 사회적 차별은 이들을 우리 사회의 주변인으로, 주요한 빈곤집단으로 자리 잡게 할 위험성이 있다. 주한 미군과 한국인 여성 간에 태어난 혼혈인들이 우리 사회에서 경험한 것을 바탕으로 살펴보면, 혼혈인은 사회적 차별 때문에 '따돌림 → 학업 포기 → 구직난 → 비정규직 → 가난'이라는 악순환의 고리를 벗어나지 못하고 있다(설동훈, 2007). 사회적 약자에 대한 우리 사회의 차별 구조가 바뀌지 않는 한 혼혈인이 겪은 이러한 경험이 우리의 새로운 이웃에게도 되풀이될 가능성이 크다.

다문화사회로 나아가기 위한 준비

앞에서 살펴보았듯이 우리 사회는 지난 10년간 결혼 이주 여성 급증, 외국인 노동자 유입, 탈북자 증대 등으로 다인종·다문화 사회를 향해 빠르게 나아가고 있다. 그런데도 우리 사회는 이에 대한 준비가 미흡한 실정이다. 그 결과 결혼 이주 여성, 외국인 노동자, 탈북자 등 우리의 새로운 이웃이 이웃으로서 안정적으로 정착하는 데 많은 어려움을 겪고 있다. 이러한 상황이 지속되면 그들은 우리 사회의 '섬'으로 고립되어 여러 사회문제의 요인이 될 수도 있다. 따라서 지금부터라도 다문화사회에 대한 준비와 노력이 시급하다.

새로운 이웃들에게 시민적 권리가 보장되어야 한다

결혼 이주 여성은 한국인 남편과 결혼해 자녀를 낳고 한국에 거주하기 위해서 온 사람들이다. 그러나 이들은 2년간 한국 국적을 취득할 수 없으며, 더욱이 영주권을 취득하려면 5년을 기다려야 한다. 이처럼 결혼 이주 여성은 우리나라 국적을 취득하기 전까지는 일시적으로 방문하는 외국인과 유사한 지위에 있다. 그 결과 빈곤해도 정부로부터 어떠한 생계비 지원도 받을 수 없다. 그리고 이들은 불안정한 거주 자격 때문에 이혼 신청을 할 경우 취업을 할 수 없다. 이 때문에 우리 사회에서 생존을 위한 어떠한 수단도 갖지 못하게 된다.

최소한 결혼 이주 여성에게 결혼 이후 빠른 시간 안에 영주권이 제공되어야 한다. 미국은 자국인의 배우자에게는 어떠한 제한도 없이 영주권을 부여한다. 물론 위장결혼을 하는 등 이를 악용하는 사례도 나타날 수 있다. 그렇다 해도 이러한 부작용 때문에 결혼 이주 여성의 시민적 권리를 제한하는 것이 정당화될 수는 없다.

그리고 국제결혼 과정에 정부가 적극적으로 개입할 필요성도 있다. 국제결혼은 문화와 언어가 서로 다른 사람끼리 결합하는 것이므로, 결혼 이후의 삶이 내국인끼리 결혼하는 경우보다 훨씬 어려울 수 있다. 그런데도 현재 결혼 이주 여성의 결혼은 서로의 문화에 대해 이해하는 시간도 갖지 못한 채 아주 짧은 기간에 이루어진다. 또 배우자의 정보에 대해 정확하게 확인하지 못하고 결혼하는 사례도 많다. 이것이 결혼 이주 여성 가족의 문제를 증폭시키는 주요한 요인으로 작용한다. 그러므로 결혼 전 서로의 문화를 이해하고 미래의 배우자에 대해 이해와 신뢰를 쌓을 수 있도록 국가의 제도적 개입이 필요하다.

사회안전망과 사회복지서비스의 확충이 필요하다

결혼 이주 여성 가족의 절반가량이 빈곤한 것으로 나타나고 있다. 그런데도 결혼 이주 여성 가족 중 국가에서 생계비 지원을 받는 가구는 빈곤 가구의 13%밖에 안 되는 것으로 알려졌다. 이는 사회안전망의 부실에서 기인한다. 앞에서 언급했듯이 결혼 이주 여성의 거주 자격과 관련해 결혼과 함께 영주권이 부여될 수 있도록 영주권 관련 제도의 개선이 필요하다. 결혼 이주 여성뿐만 아니라 우리 사회에는 빈곤하지만 사회안전망의 사각지대에 있는 사람이 많다. 이는 주로 부양의무자나 재산과 관련한 규정이 지나치게 엄격히 적용되어 생겨나는 문제다. 따라서 이 부분을 현실에 맞게 개선해야 한다. 결혼 이주 여성뿐 아니라 국민 누구나 최소한의 인간다운 삶을 보장받을 수 있도록 사회안전망이 구축되어야 한다.

결혼 이주 여성과 관련한 사회복지서비스도 확충할 필요가 있다. 우리나라는 결혼 이주의 역사가 그리 길지 않은데도 이와 관련한 서비스가 비교적 많이 실시되는 편이다. 2016년 현재 결혼 이주 여성에게 전문적 서비스를 제공하는 다문화가족지원센터가 전국에 217개 있으며, 여러 복지관과 민간기관에서 결혼 이주 여성을 대상으로 한글교육, 문화교육, 상담과 같은 다양한 서비스를 제공하고 있다. 그런데 문제는 실제로 도움이 절실히 필요한 결혼 이주 여성들은 이러한 서비스의 도움을 받지 못하는 경우가 많다는 것이다. 가족의 감시와 통제로 외부와 접촉하지 못하거나 시골에 살아서 서비스 이용에 어려움을 겪는 경우도 있다. 이러한 결혼 이주 여성에게 도움을 줄 수 있는 방법을 모색하는 것이 필요하다. 또 이와 관련해 결혼 이주 여성뿐 아니라 가족 전체를 대상으로 하는 사회복지서비스도 요구된다. 앞에서 언급했듯이 시부모나 남편이 결혼 이주 여성을 감시하고 통제하는 경우가 있다. 이러한 문제는 단순히 시부모나 남편을 탓해서 해결할 수 있는 문제가 아니다. 어떻게 보면 시부모나 남편 또한 국제결혼으로 여러 가지 어려움을 겪고 있어 도움이 필요한 대상일 수 있다. 말도 통하지 않고 살아온 문화도 다른 이방인과 함께 지내면서 어려움과 갈등을 겪을 수 있는 것이다. 따라서 결혼 이주 여성을 포함한 그 가족 전체를 대상으로 한 상담이나 교육, 사회복지서비스가 필요하다.

탈북자에게도 다양한 사회복지서비스와 지원이 요구된다. 탈북자는 상당수가 실업자이거나 비정규직으로 불안정한 고용 상태에 있다. 이들이 실질적으로 자립할 수 있도록 다양한 서비스를 제공해야 한다. 더욱 집중적인 직업훈련과 취업알선을 비롯해 취업 이후 직장생활에 대한 전문적인 사례관리 등의 지원이 필요하다. 이들은 우리와 다른 사회체제에서 성장한 데다 안정적으로 직장생활을 해본 경험이 거의 없으므로 적응하기가 쉽지 않다. 그런 점에서 직장생활 등 생활 일반과 관련한 전문적인 상담 및 지원을 해줄 수 있는 전문가의 체계적인 관리가 필요하다.

외국인 노동자에게도 긴급의료서비스, 자녀보육 및 교육 관련 서비스 지원이 필요하다. 외국인 노동자에게는 영주 자격이 아니라 단기 체류 자격만 주어진다. 그런 점에서 이들에게 일반 사회복지서비스를 국민과 동일하게 제공하는 것은 무리가 있다. 하지만 긴급한 상황에서 생명과 생존권을 유지할 수 있는 최소한의 긴급의료 및 상담서비스 등은 제공되어야 한다. 그리고 아동 인권 보호라는 차원에서 외국인 노동자의 자녀에게는 보육 및 교육 관련 서비스를 보편적으로 제공할 필요가 있다.

다문화 이해를 위한 교육을 확대해야 한다

결혼 이주 여성, 외국인 노동자, 탈북자 등 우리의 새로운 이웃이 어려움을 겪는 주요한 요인 중 하나는 우리 사회의 편견과 차별이다. '혼혈아'의 경험에서 알 수 있듯이, 이들에 대한 차별과 편견이 없어지지 않는다면 이들도 우리 사회의 주변인으로 남을 수밖에 없다. 그런 점에서, 서로 다른 문화를 이해하고 존중하는 다문화 이해교육이 우리 사회 전반에서 요구된다.

다문화 이해교육은 다양한 차원에서 이루어질 수 있다. 우선 지역사회의 결혼 이주 여성이나 외국인 노동자 또는 탈북자 지원 기관에서 지역주민의 자원봉사활동을 활성화한다든지, 지역의 축제에 새로운 이웃들이 함께 참여할 수 있는 프로그램을 운영하는 등의 방안을 고려해볼 수 있다. 그리고 교사, 공무원, 사회복지사 등 새로운 이웃들을 자주 접할 수 있는 사람을 대상으로 다문화 이해교육을 실시하는 것도 필요하다.

특히 학교교육과정에서 다문화 이해교육을 실시할 필요가 있다. 결혼 이주 여성, 탈북자, 외국인 노동자의 자녀가 우리 사회에서 차별을 가장 먼저, 가장 많이, 가장 크게 받는 곳이 학교이기 때문이다. 앞으로 사회는 국가의 경계를 넘어 문화와 언어가 서로 다른 사람들이 섞여 살아가는 방향으로 나아갈 것이다. 이러한 흐름을 고려할 때, 서로 다른 문화를 이해하고 존중하는 시민으로서의 자세를 갖추게 하는 교육은 학교교육의 중요한 방향으로 설정되어야 한다. 그런 점에서 학교교육과정에서 다문화 이해교육을 실시하는 것은 매우 중요하다.

읽을거리 ❹

결혼 이주 여성 주요 폭력 사례

① 2006년 3월 베트남 여성 레티김동 씨 사건

한국 남성과 결혼한 지 한 달 만에 집에서 탈출하기 위해 아파트 커튼으로 만든 밧줄을 타고 내려가다 줄이 풀려 떨어져 사망했다. 남편은 자신도 정신적 상처를 입었다며 고향으로의 유골 반환을 거부해 1년이 지나서야 유족에게 유골이 전달되었다.

② 2006년 6월 베트남 여성 후안마이 씨 사건

남편의 폭력으로 갈비뼈 18개가 부러진 상태로 전세방에서 뒤늦게 시신이 발견되었다. 남편이 한국어를 배우기 위해 외출하는 것조차 금지했고, 견디다 못해 베트남으로 가겠다고 항의하다가 벌어진 일이었다.

③ 2008년 1월 베트남 여성 천타이란 씨 사건

결혼 1주일 만에 남편의 폭력을 견디지 못하고 이혼을 결정했으나 베트남행 비행기 표를 예매한 다음 날 숨진 채 발견되었다. 경찰은 투신자살로 사건을 마무리했다.

④ 2009년 1월 필리핀 여성 베로니카 씨 사건

'부부강간'이 처음으로 인정된 폭력 사례다. 2006년 결혼 후 지속적으로 남편에게 폭행당하고 생리 중 성관계를 강요당했다. 심지어 남편은 신체 특정 부위를 잘라버리겠다고 협박했으며 가스분사기, 과도 등으로 위협했다.

※ 이재환(2009.3.9)에서 발췌함.

7장 가난을 더 힘들게 하는 주거 빈곤

가난한 사람은 나쁜 집에 산다?

대부분의 사람들이 인정하듯이 우리나라의 주택 문제는 심각하다. 소득 대비 가격이 높은 데다 주기적으로 가격이 폭등하여 온 국민이 부동산 가격에 촉각을 곤두세우고 살아간다 해도 과언이 아니다. 더구나 가계자산의 80%가 부동산에 잠겨 있고 건설 투자 비중이 OECD 국가 중 가장 높은 수준이기 때문에, 가격이 조금만 오르거나 내려도 가계와 경제는 큰 영향을 받는다.

이런 상황에서 가난한 사람의 주거 문제 역시 심각하지 않을 수 없다. 주택 가격이 높다 보니 생계비에서 주거비가 큰 비중을 차지하고, 특히 한국 특유의 전세제도는 목돈을 요구하기 때문에, 가난한 사람의 주거 사정은 종종 심각한 어려움에 처하기도 한다. 이미 오래전 일이기는 하나 1989년에는 오르는 전·월세 보증금을 마련하지 못한 일가족이 자살하는 일이 벌어지기도 했다. 그 뒤 이런저런 대책이 마련되기는 했지만, 공공임대주택이나 임대료보조제도 같은 주거복지정책은 여전히 미흡하다. 이런 상황에서 한국의 가난한 사람들은 나름대로 주거 문제를 해결해왔다. 그것은 바로 좁고 나쁜 환경이더라도 싼 집을 찾아다니면서 살아가는 것이다.

가난한 사람의 주거 수준은 나쁘다?

모든 빈곤층이 반드시 나쁜 주거 사정에서 살아간다고는 할 수 없다. 가난은 주로 소득으로 측정되는 반면, 주거 사정은 별도의 물리적 기준이 있어 두 가지가 늘 비례관계에 있는 것은 아니다. 다만 물리적 조건이 나쁜 주거가 대개 저렴한, 즉 낮은 소득으로 살아갈 수 있는 주택인 경우가 많기 때문에 나쁜 주거와 가난이 밀접하게 연관되어 있는 것은 분명하다. 그런 점에서 주택정책 분야에서 사용하는 최저주거기준은 가난과 주거의 관계를 유추할 수 있는 지표로서 의미가 있다.

최저주거기준이란 "국민이 쾌적하고 살기 좋은 생활을 하기 위하여 필요한"('주거기본법' 제17조 1항) 기준으로, 우리나라는 2003년부터 이를 제도화했다. 선진국에는 100여 년 전부터 유사한 기준이 있었고, 이웃 일본도 최저주거기준과 유도주거기준이라는 두 가지 기준을 통해 최소한으로 보장할 수준과 정책적으로 유도해야 할 수준을 정해두고 있다.

우리나라의 최저주거기준은 면적, 시설, 구조·성능·환경의 세 가지 영역으로 기준을 정해서, 어느 하나라도 그 기준에 미달하면 주거 사정에 문제가 있는 것으로 본다. 이른바 최저주거기준 미달 가구인 것이다. 우리나라의 최저주거기준 미달 가구는 최근 급속히 줄어들고

표 7-1 **최저주거기준 미달 가구 추세**

구분	2006년	2010년	2014년
최저주거기준 미달 가구	268.5만 (16.6%)	184.0만 (10.6%)	99.2만 (5.4%)
면적기준 미달	128.8만 (8.0%)	98.7만 (5.7%)	51.7만 (2.8%)
시설기준 미달	159.2만 (9.9%)	97.3만 (5.6%)	53.2만 (2.9%)
침실기준 미달	31.4만 (1.9%)	14.8만 (0.9%)	9.3만 (0.5%)

※ 괄호 안은 전체 가구 수에서 미달 가구가 차지하는 비율임.
자료: 국토교통부(2014: 79).

있다. 주거실태조사 결과에 따르면, 2006년에는 전체 가구의 16.6%가 기준 이하의 주택에 거주한 것으로 나타났으나, 이 비율은 계속 감소하여 2010년에는 10.6%, 2014년에는 5.4%로 조사되었다. 이 정도면 선진국 수준에 다가간 것으로 볼 수 있다. 그러나 이 조사 결과가 과소 추정된 것이라는 주장이 있다. 비닐집이나 판잣집, 지하실에 거주하는 가구를 추가하면 이 수치보다 두 배 이상 많은 13.3%에 이른다는 것이다(임세희, 2016: 60). 어떻게 보든 이러한 기준 이하인 약 10% 계층은 스스로 주거 환경을 개선하기가 매우 어려운 조건에 있다. 특히 노인 세대, 저소득 한부모 가정, 노숙인 및 쪽방 거주자 등 경제문제와 복지 수요가 겹쳐 있는 가구는 주거 수준 향상을 도모하기가 쉽지 않다.

최저주거기준 중 면적기준이나 침실기준이 미달하는 가구는 절반 이상이 수도권에 존재하는데, 가구원 수에 비해 상대적으로 면적이 좁은 것이 이들 가구의 문제로 나타나고 있다. 반면에 시설기준 미달 가구는 절반 이상이 도 지역에 존재한다. 굳이 농촌지역을 보지 않더라

표 7-2 **지역별 최저주거기준 미달 가구 비율**

구분		전국	수도권	광역시	도 지역
2006년	전체 가구 수	1615.8만	765.5만	330.0만	520.5만
	미달 가구 수	268.8만	97.7만	58.5만	112.3만
	비율	16.6%	12.8%	17.7%	21.6%
2010년	전체 가구 수	1733.9만	825.4만	353.5만	555.0만
	미달 가구 수	184.0만	76.8만	36.6만	70.7만
	비율	10.6%	9.3%	10.4%	12.7%
2014년	전체 가구 수	1845.8만	880.7만	372.8만	592.4만
	미달 가구 수	99.2만	41.3만	18.3만	39.6만
	비율	5.4%	4.7%	4.9%	6.7%

자료: 국토교통부(2014: 80)에서 재구성.

도 수도권이나 광역시를 제외한 지역에서는 시설이 불량하고 화장실이나 부엌이 현대화되지 못한 경우가 제법 많다는 것을 미루어 알 수 있다.

최저주거기준 미달 가구의 소득계층별 분포를 보면, 저소득층이 65.1%로 절반 이상을 차지한다. 시설기준 미달 가구 중에서 이들 계층의 비율이 80%가 넘고 있어, 저소득가구의 주택 시설이 상대적으로 열악하다고 볼 수 있다. 한편, 점유 형태 분포에서는, 최저주거기준 미달 가구의 상당 부분이 월세다. 다만 시설기준 미달 가구에서는 자가가 오히려 높은 비중을 차지하는데, 이는 자가이면서 최저주거기준 미달 가구가 농어촌지역에 상대적으로 많이 분포하기 때문이다(국토교통부, 2014: 82).

표 7-3 **최저주거기준 미달 가구의 지역, 소득계층, 점유 형태 (2014년)**

구분		최저주거기준 미달	면적기준 미달	시설기준 미달	침실기준 미달
지역	수도권	41.7%	66.5%	23.3%	51.2%
	광역시	18.4%	13.4%	22.3%	19.1%
	도 지역	39.9%	20.1%	54.4%	29.7%
	계	100.0%	100.0%	100.0%	100.0%
소득 계층	저소득층	65.1%	48.5%	86.9%	17.6%
	중소득층	30.1%	44.6%	12.3%	67.0%
	고소득층	4.8%	6.9%	0.8%	15.4%
	계	100.0%	100.0%	100.0%	100.0%
점유 형태	자가	28.3%	10.0%	42.3%	12.7%
	전세	12.2%	14.6%	9.6%	18.5%
	보증금 있는 월세	40.6%	58.4%	19.2%	60.7%
	보증금 없는 월세	13.7%	13.6%	21.4%	4.6%
	무상	5.2%	3.4%	7.5%	3.5%
	계	100.0%	100.0%	100.0%	100.0%

※ 소득계층은 2014년도 주거실태조사에서 조사된 가구소득 10분위수를 기준으로 저소득층은 1~4분위, 중소득층은 5~8분위, 고소득층은 9~10분위임.
자료: 국토교통부(2014: 82).

가난을 더 심화시키는 주거 문제

소득이 낮을수록 주거비 부담이 더 커진다

가난한 사람들이 낡고 싼 주택에 사는 것은 어쩌면 당연한 일일 수 있다. 그만큼 비용이 싼 집을 찾은 결과이기 때문이다. 그러나 가난한 사람이 상대적으로 더 많은 주거비를 지출하고 있다면 문제가 달라진다. 즉, 주거 문제가 가난을 더 힘겹게 하는 일이 되기 때문이다. 실제로

표 7-4 **소득계층별 주거비 부담 변화**

연도	연소득 대비 주택 가격			월소득 대비 임대료		
	저소득층	중소득층	고소득층	저소득층	중소득층	고소득층
2006년	6.3배	3.4배	3.6배	27.6%	18.9%	16.1%
2010년	6.1배	4.2배	4.0배	28.2%	16.6%	21.1%
2014년	8.3배	5.0배	4.7배	29.0%	17.0%	21.6%

※ 소득계층은 2014년도 주거실태조사에서 조사된 가구소득 10분위수를 기준으로 저소득층은 1~4분위, 중소득층은 5~8분위, 고소득층은 9~10분위임.
자료: 국토교통부(2014).

저소득층일수록 소득에서 주거비가 차지하는 비중이 높으며, 그 추세는 날이 갈수록 심해지고 있다(표 7-4 참조). 중·고소득층에 비해 소득 대비 주택 가격이 높은 것은 물론이고 임대료 부담 역시 훨씬 높다.

이러다 보니 가난한 사람은 임대료를 제때 내지 못해 이사를 하는 일도 종종 벌어진다. 표 7-5에서 보는 바와 같이 저소득 가구는 계약 만기, 비싼 집세, 집주인의 퇴거 요구 등으로 이사하는 경우가 상대적으로 많아 일반 가구에 비해 주거 문제에 따른 고통을 훨씬 더 심각하게 겪는 것으로 나타난다.

가난한 사람의 주거비 부담이 상대적으로 더 높은 데는 몇 가지 이유가 있다. 우선 우리 특유의 전세제도가 지닌 문제를 들 수 있다. 우리나라에서는 주택 가격의 30~80%를 전세금으로 맡겨두고 주택의 사용권을 갖는 방식이 많이 사용된다. 그런데 목돈이 부족한 저소득층은 상대적으로 전세 대신 월세를 이용하는 비중이 높다(표 7-6 참조). 특히 단신 가구일수록 그러한 경향이 강하다. 여기서 문제는 전세에 비해 월세로 사는 것이 상대적으로 불리하다는 점이다. 전세금을 기준으로 월세를 산정하면서 은행 이자율보다 훨씬 높은 이자율을 적용하기

표 7-5 **소득계층별 현재 주택으로 이사한 이유**

구분	전체	저소득층	중소득층	고소득층
품질이 양호한 주택 또는 주택 규모 확장	49.1%	46.7%	48.4%	55.0%
교통이 편리하거나 환경이 쾌적·양호한 지역	38.8%	36.3%	38.6%	42.5%
직장 변동	18.1%	12.7%	21.0%	20.0%
계약 만기	17.9%	22.6%	18.5%	9.2%
비싼 집값 혹은 집세	8.8%	13.7%	7.6%	4.0%
자녀 양육 및 교육 환경	7.7%	2.5%	8.0%	14.9%
주택 규모 축소	5.4%	7.9%	4.8%	3.0%
집주인의 퇴거 요구	5.0%	8.0%	4.6%	1.5%
재개발	2.4%	3.7%	1.8%	1.8%
기타	46.8%	46.0%	46.8%	47.8%
계	200.0%	200.0%	200.0%	200.0%

자료: 국토교통부(2014: 106)에서 재구성.

표 7-6 **소득계층별 주택 점유 형태 비교**

구분	전체	저소득층	중소득층	고소득층
자가	53.6%	47.5%	52.2%	69.5%
전세	19.6%	14.2%	23.3%	20.8%
보증부 월세	21.8%	29.4%	21.4%	7.7%
월세	1.4%	2.9%	0.6%	0.2%
사글세·연세	0.7%	1.7%	0.2%	0.2%
무상	2.8%	4.2%	2.3%	1.6%

자료: 국토교통부(2014).

때문이다. 일반적으로 은행에서 대출받는 이자율보다도 20~30%가 높다. 월세라 하더라도 1년 치 정도의 보증금을 요구하는 보증부 월세가 많아서 이 또한 부담이다. 이 때문에 보증금이 없는 순수 월세로 갈수록 상대적 부담은 더 커지고 주거 사정도 더 열악해지는 경향이 있다.

예를 들어, 원룸은 보증부 월세가 많고, 고시원은 순수 월세이며, 쪽방은 일세를 기본으로 한다. 고시원의 월 40만 원을 전세금으로 환산하면(즉, 그 보증금을 은행에 맡겨두었다고 하면) 약 1억 원의 보증금에 해당한다. 전세 1억 원이면 방 한 칸에 부엌이 딸린 곳을 구할 수 있지만, 이를 월세로 이용하다 보니 합판 칸막이의 한 평짜리 방밖에 구하지 못하는 것이다. 쪽방은 사정이 더 심각하다. 동네도 열악하지만 하루씩 세를 내다 보니 한 달로 치면 20만 원을 넘어서는 것이다. 역시 전세와 비교해 훨씬 나쁜 주거를 비싸게 이용하는 셈이다.

저렴주택이 계속 줄고 있다

빈곤층의 주거비가 상대적으로 더 많이 들게 되는 결정적인 이유는 바로 저렴주택 재고가 줄어든다는 데 있다. 산동네가 사라진 뒤 저소득층이 가장 많이 거주하는 노후·불량 지역에는 최근 뉴타운 바람이 불고 있다. 서울에서만 뉴타운(재개발)사업에 서울 시민의 15%가 영향권에 들어가 있다. 한때 황금알을 낳는 거위처럼 여겨졌던 뉴타운(재개발)사업이지만, 이는 가난한 사람에게는 치명적인 문제를 떠안긴다.

우선 뉴타운사업을 시행하면 소형주택의 절대량이 줄어든다. 서울시 자료에 따르면, 13만 6346호의 주택이 멸실되는 반면에 6만 7134호가 공급될 예정이어서, 재개발사업으로 오히려 주택 수가 줄어드는 현상이 발생한다(서울시 주거환경개선정책 자문위원회, 2009).

더구나 새로 지은 주택은 넓고 비싼 집이 대부분이다. 전용면적이 60m^2 이하인 주택의 비율은 사업 전에 63%이던 것이 30%로 줄어들고, 매매가 5억 원 미만인 주택의 비율 역시 약 3분의 1로 줄어든다. 무엇보다 심각한 것은 전세가 4000만 원 미만인 서민용 주택이 완전히

표 7-7 **뉴타운사업 전후 주택 수준 비교**

구분	사업 전	사업 후
전용면적 60m^2 이하 주택 비율	63%	30%
매매가 5억 원 미만 주택 비율	86%	30%
전세가 4000만 원 미만 주택 비율	83%	0%
평균 주택 규모(전용면적)	80m^2	107m^2
평균 주택 가격	3억 9000만 원	5억 4000만 원

자료: 서울시 주거환경개선정책 자문위원회(2009).

사라진다는 사실이다(표 7-7 참조). 결국 재개발사업 전에는 서민의 주된 거주지였던 지역이 사업 이후 중소득층 이상의 주거지로 바뀐다는 것이다.

이렇게 원거주민의 생활수준과 동떨어진 중·대형 고가 아파트가 건립되면 재정착률은 크게 떨어진다. 서울시 성북구 길음 4구역의 예를 보면, 가옥주 등 소유자는 15.4%, 세입자까지 포함하면 10.9%만이 그 지역에 다시 입주한다. 다시 말해, 90% 가까운 주민은 개발사업 이후 그 지역을 떠나는 것이다. 이는 비단 길음 4구역만의 문제가 아니라 대부분의 사업구역에서 공통적으로 일어나는 현상이다.

이렇게 사업구역을 떠난 사람들은 새로운 집을 찾아 멀리 가기도 어렵다. 자녀 교육이나 직장, 생활권 등이 그 지역에 뿌리를 두고 있기 때문이다. 이 때문에 재개발사업이 시행되면 인근의 주택 가격은 물론이고 전·월세 가격까지 큰 폭으로 오르는 일이 벌어진다. 실제 서대문구의 다세대 및 연립주택의 전세 가격 상승률은 서울 평균에 비해 월등히 높은데, 그 시기가 가재울 3구역 개발사업 시행과 맞물려 있다(그림 7-1 참조).

그림 7-1 **가재울 3구역 사업 단계에서의 서대문구 전세 가격 변화**

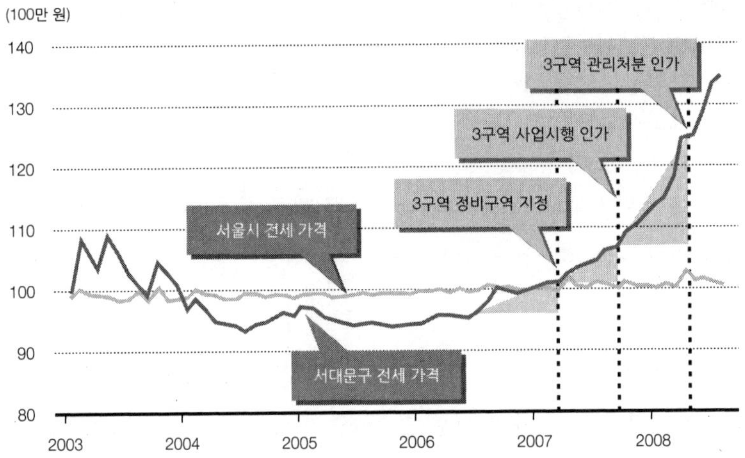

※ 연립·다세대 주택의 전세 가격을 기준으로 함.
자료: 서울시 주거환경개선정책 자문위원회(2009).

정부의 주거 지원은 미미하다

가난한 사람들의 주거 사정이 이러한데도 정부의 도움을 받는 경우는 드물다. 우선 정부의 가장 적극적인 저소득층 주거 지원정책인 공공임대주택은 아직 전체 주택 재고의 5~6% 수준에 지나지 않는다. 특히 빈곤층이 주로 입주하는 영구임대주택은 2% 정도에 그친다. 이 때문에 저소득층 중에서 영구임대주택의 혜택을 받는 경우는 5%가 되지 않는다. 물론 입주하더라도 빈곤층만 대단지에 모여 사는 데 따른 부정적 시선이나 격리 현상은 불가피하다. 이와 함께 전·월세 보증금이 오르는 것에 대한 지원책으로 효과가 있는 전세보증금 융자제도는 저소득층에서도 이용 경험이 있는 비율이 1%밖에 되지 않는다(한국보건사회연구원, 2007: 224~226). 따라서 민간 시장에서 주거 사정이 악화되는 것에 대한 안전망으로서 공공주거복지 프로그램은 아직 양적으로나 질적으로 매우 취약한 상황이라 하지 않을 수 없다.

주거복지정책이 별도로 필요하다

가난한 사람들이 열악한 주거 환경에서 살아가는 것은 무엇보다 가난 그 자체 때문이다. 그럼 가난이 해결되면 주거 문제는 저절로 해결될까? 그렇지 않다. 설령 빈곤 문제가 완화 내지 개선된다 하더라도 주거 문제는 별개의 과정이 필요한 것이다. 앞에서도 설명했지만, 가난한 사람의 주거지역이 상위계층을 위한 공간으로 개발되는 과정을 겪고 있기 때문에, 그 자체로 빈곤을 더 악화시키는 요인이 된다.

주택은 고가의 자산이며 공급에 장시간이 소요된다. 시장에만 맡겨두면 왜곡이 일어나기 쉬운 재화로 널리 알려져 있다. 특히 가난한 사람들이 사용할 수 있는 주택은 수요자의 구매력이 뒷받침되지 않기 때문에 상대적으로 공급이 부족할 수밖에 없다. 빈곤층이 주로 살아가는 단독주택 지역은 날로 사라져가는 반면, 새로 건설되는 주택은 대부분 중·대형 아파트다. 더구나 전반적으로 주택 가격이 오르면 그 영향이 서민의 주거에도 미친다. 집값이 오르면 전·월세가 시차를 두고 따라서 오르는 과정을 반복하는 것이다. 2000년대 들어 서울, 수도권의 집값이 특히 많이 올랐기 때문에 가난한 사람의 주거 생활에도 심각한 영향이 미치지 않을 수 없다.

따라서 정부는 주택정책 차원에서 특별히 경제적 능력이 취약하고 연로 및 연소, 장애 등으로 상황 대처 능력이 부족한 가정의 주거 문제 해결을 위한 대책을 별도로 마련해야 한다. 바로 주거복지정책이 그것이다.

주거복지정책은 크게 ① 공공 소유의 장기임대주택 공급, ② 주택 구입 자금이나 임대료 지원 등을 통한 일반 주택시장에서의 구매력 지원, ③ 노숙인 등 취약계층에 대한 주거 지원, ④ 집수리나 주거 환경 개선 등으로 구성된다. 이 중 임대주택과 임대료 지원(보조)은 선진국 주거복지정책의 오랜 역사에서 핵심적인 두 축을 이루는 것으로, 유럽 국가들은 일반적으로 1950~1960년대까지 공공 소유의 임대주택 건립에 주력해 주택시장에서 일정 재고가 확보된 다음부터 임대료 보조제도를 강화한 경험이 있다. 물론 미국처럼 공공임대주택의 비중이 1% 밖에 안 되는 나라도 있지만, 선진국은 대부분 그 비중이 20%에 이르고 임대료 보조정책 역시 다양한 방식으로 시행하고 있다.

공공임대주택은 복지국가의 상징이다*

공공임대주택은 시장이 아니라 공공 부문, 즉 탈시장 영역에서 주택을 제공함으로써 임대료의 급격한 상승을 막고 일정한 수준 이상의 주택을 제공하는 정책이다. 이 공공임대주택은 자본주의 주택정책의 꽃이다. 제2차 세계대전 이후 전쟁의 폐허 위에 대량으로 건립된 공공임대주택은 복지국가의 상징이었으며, 체제 경쟁의 우위를 자랑하는 상징물이었다. 공공임대주택은 사회적 불안과 불만을 예방하려는 차원에서 이루어진 일종의 사회적 대타협의 소산이었다. 복지국가체제를 도

* 이 부분은 김수현(2008: 157~183)을 바탕으로 작성되었다.

입하는 대신, 자본주의의 체제 불안정을 방지하도록 자본과 노동 간 대타협을 이룬 것이다. 이를 통해 유럽 자본주의국가들은 대부분 중간 소득의 노동자계층에게까지 쾌적한 수준의 주택을 직접 공급했다.

그러나 1970년대 들어 공공임대주택이 지닌 문제가 표출되기 시작했다. 복지국가가 재정 위기에 봉착하면서 공공임대주택에 대한 재정 지원이 줄어들고 신규 건립량 역시 뚜렷하게 감소했다. 1960년대까지는 중산층이 입주하던 공공임대주택이 이제는 저소득층을 위한 주택으로 전락하면서 그 역할이 축소되었다. 중산층 이상이 민간주택으로 빠져나가기 시작하면서 공공임대주택은 대중적인 주택(mass model)이 아니라 저소득층 위주의 주택(residual model)으로 전락한 것이다. 이러한 과정을 거치면서 선진국의 공공임대주택은 1970년대 후반부터 빈곤층 집중, 슬럼화 문제 등을 심각하게 겪고 있다. 특히 1980년대 들어 복지국가 재편의 일환으로 신자유주의적 개혁이 일어나면서, 상당수 국가에서 공공임대주택이 정체되거나 줄어들고 있다. 심지어 영국은 대처 정부 시절부터 많은 공공임대주택을 거주자에게 불하하는 정책을 실시하기도 했다.

어떻든 공공임대주택이 한때의 전성기를 지난 것은 사실이지만, 여전히 유럽에서는 주택 재고의 10%에서 35%를 차지하는 등 가장 중요한 주거 형태다. 또한 최근에는 저소득층 주거 문제가 새롭게 부각되면서 공공임대주택이 추가로 필요하다는 문제 제기가 힘을 얻고 있다. 따라서 비록 관리상의 문제, 사회적 격리 문제 등이 불거져 있기는 하지만, 그것이 복지국가체제의 역사적 진전이자 발전이었던 것은 분명하다.

우리나라도 1989년부터 영구임대주택을 19만 호 건립한 다음

2000년대 들어 국민임대주택을 매년 10만 호 가까이 공급했다. 이명박 정부는 '보금자리주택'으로 이름을 바꾸고 물량을 축소하기는 했지만, 박근혜 정부에서는 임대주택 확대 기조가 계속되고 있다. 이러한 추세라면 2020년대 중반쯤 전체 주택의 약 10%가 공공임대주택이 될 가능성이 있다. 이처럼 공공임대주택이 급속히 늘어나고는 있지만, 아직도 '필요한 사람에게, 필요한 지역에서' 공급되기에는 턱없이 부족하다. 설령 주택 재고의 10%에 이른다 하더라도 가난한 사람들의 주거 문제가 해결되는 것은 아니다. 많은 빈곤층에게는 임대주택이 너무 크거나 임대료가 비싸고 도심 생활권에서는 구할 수 없는 것이기 때문이다. 따라서 이러한 문제를 해결하기 위한 대책이 추가로 필요하다.

임대료 보조제도가 추가로 필요하다

공공임대주택의 절대 재고를 확보하더라도 임대료 보조제도가 필요하다. 공공임대주택은 수량이 제한될 뿐 아니라 아무리 노력하더라도 다양한 위치에 적절한 규모로 배치하는 것이 불가능하기 때문이다. 따라서 저소득층이 자신에게 적합한 민간임대주택을 구하면 정부가 그 비용의 일부를 지원함으로써 복지 수준을 높일 필요가 있다.

이 제도를 시행하는 나라마다 차이는 있지만, 임대료 보조제도는 기본적으로 소득 중 주거비로 지출하는 액수가 일정 비율을 넘어설 경우에 그만큼을 보조한다는 개념에 입각해 있다. 예를 들어, 한 가정의 최저 주거 수준을 유지하는 데 소득의 30% 이상이 들어간다면 그것을 넘어서는 부분에 대해 정부가 보조하는 것이다. 이때 과다한 수준의 주택에 살면서 임대료 지원을 요구하는 것을 방지하기 위해 적절한 주거 및 임대료 수준을 행정당국이 평가해 지원액을 결정한다. 한편 이

지원금을 다른 용도로 사용할 수 없도록 바우처 방식을 사용하는 나라도 많다.

우리나라도 2015년부터 그동안 기초생활보장제도에 포함되어 있던 주거급여를 독립시켜 대상자를 늘리고 있다. 아직은 액수도 적고 대상자도 제한적이지만 단계적으로 늘어날 수밖에 없다. 다만 민간임대시장의 투명성이 낮고 소득 파악률이 떨어지기 때문에, 선진국과 같은 방식이 정착되기까지는 상당한 기간이 걸릴 것으로 전망된다.

가난한 사람의 주거 공간은 보호받아야 한다

빈곤과 주택 문제는 교묘하게 결합되어 있다. 높은 부동산 가격과 극심한 소유 편중을 겪고 있는 우리나라에서 부동산, 즉 주택은 빈부 격차를 확대하는 주요인이 되고 말았다. 손낙구(2008)는 이를 '부동산 계급사회'로 이름 붙일 정도로, 우리 사회는 주택을 매개로 깊은 단절을 경험하고 있다. 최근 사회적 화두가 되고 있는 양극화 현상의 저변에 바로 부동산이 놓여 있는 것이다. 부동산 가격 폭등은 양극화의 '결과'일 뿐 아니라 이를 더 확대하고 세대를 넘어선 양극화를 초래한다는 점에서 그 '원인'이기도 하다. 소득 상위 20%와 하위 20% 간 소득 차이는 다섯 배인 데 비해 재산 차이는 20배에 이른다. 부동산 가격이 오를수록 부동산을 많이 가진 사람은 더 부유해지고 그렇지 못한 사람은 빈곤해지고 있으며, 토지와 주택의 지니계수가 0.9를 넘어 거의 완전 불평등 상태로 치닫고 있는 것이다. 비싼 주택과 높은 주거비를 감당하기 위해 다른 부분의 지출을 억제해야 하므로 상대적으로 빈곤감을 더 많이 느낄 뿐 아니라, 주택 가격이 오르는 데 따른 자산 양극화와 상대적 빈곤의 확대로 박탈감이 심화되는 악순환이 이어진다. 더구나 좁고 볕도 잘 들지 않는 열악한 주거 환경에서 자라는 아이들은 제대로 된 공부방이 없어 학습 환경이 좋지 않고 건강상의 문제를 겪기도 한다. 한국 사회에서 주택은 단순한 잠자리를 넘어 대를 이어 전해지는 부의 원천이자 사회적 신분의 상징이다. 반대로 가난하여 월세를 전전하는 사람들은 집 때문에 더욱더 가난해진다.

그런 와중에 가난한 사람들이 모여 살아가던 동네가 돈 많은 이들의 돈벌이 공간이 되고 말았다. 종전에는 판자촌 재개발이 그러했고, 요즘은 뉴타운이다 재개발이다 하여 서민층 주거지역이 대부분 해체될 위기에 놓여 있다. 가난한 사람의 주거지가 개발로 자산 양극화의 진원지가 되고 있는 셈이다. 이러한 상황에서는 임대주택을 매년 수만 호씩 짓고, 전·월세 보증금 융자를 수조 원씩 퍼붓더라도 가난한 사람의 주거 사정이 개선될 도리가 없다. 주거복지정책은 전반적인 주택시장의 안정과 함께 가난한 이들의 공간을 더 이상 훼손하지 않는 개발 방식이 전제되어야 성공할 수 있다. 가난한 사람이 사는 공간마저 돈벌이를 목적으로 개발하는 한, 빈곤은 더 깊어지고 사회는 더 큰 갈등에 시달릴 수밖에 없다. 2009년 1월 용산에서 여섯 명이 한꺼번에 목숨을 잃은 일도 그러한 개발 과정에서 빚어진 참극이다.

읽을거리 ❺

최저주거기준이란

최저주거기준이란 면적, 설비, 구조 등에서 갖춰야 할 최소한의 조건을 정한 것으로, 이 중 어느 하나라도 기준을 초과하면 최저주거기준 미달 가구로 분류된다. 이 기준은 2004년에 처음 마련되었고, 2011년에 한 차례 개정되었다. 5년마다 시행되는 인구주택총조사 자료를 바탕으로 국토연구원이 기준 미달 가구를 추정하고 있다.

① 면적 기준

가구원 수	실(방) 구성	총 주거 면적	
		2004년	2011년
1명	1 K	$12m^2$(3.6평)	$14m^2$
2명	1 DK	$20m^2$(6.1평)	$26m^2$
3명	2 DK	$29m^2$(8.8평)	$36m^2$
4명	3 DK	$37m^2$(11.2평)	$43m^2$
5명	3 DK	$41m^2$(12.4평)	$46m^2$
6명	4 DK	$49m^2$(14.8평)	$55m^2$

※ K는 부엌, DK는 식사실 겸 부엌을 의미. K와 DK 앞의 숫자는 침실의 수.

② 시설 기준

_ 침실: 부부 침실 확보, 만 5세 초과 자녀는 부부와 침실 분리, 만 8세 이상 이성 자녀는 침실 분리, 노부모 침실은 부부 침실과 분리.

_ 상수도 또는 수질이 양호한 지하수 이용 시설 및 하수도 시설이 완비된 전용 입식 부엌, 전용 수세식 화장실 및 목욕 시설 확보.

③ 구조·성능·환경 기준

_ 영구 건물로서 구조 강도가 확보되고, 주요 구조부의 재질은 내열, 내화, 방열, 방습에 양호한 재질일 것.

_ 적절한 방음·환기·채광·냉방·난방 설비를 갖출 것.

_ 소음, 진동, 악취, 대기오염 등 환경 요소가 법정 기준에 적합할 것.

_ 홍수, 산사태, 해일 등 자연재해의 위험이 현저하지 않을 것.

_ 안전한 전기시설과 화재 발생 시 안전하게 피난할 수 있는 구조와 설비를 갖출 것.

8장 가난은 모인다

가난한 사람은 가난한 동네에 모여 산다

부자 동네가 있고 가난한 동네가 있다. 좀 더 넓혀서 보자면 부유한 지역이 있고 가난한 지역이 있다. 정도의 차이는 있지만 빈곤이 어느 지역에 집중되는 현상은 거의 모든 나라에서 발견된다. 우리나라도 가난한 사람이 모여 사는 지역이 있다.

첫째, 젊은 사람들이 대부분 도시로 떠나 노인들만 남아 있는 농촌지역이 그렇다. 농촌은 국토의 불균형 발전, 농업의 쇠퇴 등으로 젊은이들이 떠나면서 가난한 노인들의 밀집촌이 되었다. 이러한 농촌의 빈곤은 전국적으로 수십 개 군에 걸쳐 넓은 지역에 퍼져 있다. 둘째, 일자리를 찾아 도시로 와서 값싼 주거지를 찾아 모인 사람들의 산동네가 그렇다. 도시 속 산동네는 이농한 빈곤층이 스스로 찾아들어 이룬 자생적인 밀집지이지만, 이제 서울에서는 찾아볼 수 없을 정도로 개발이 이루어졌다. 셋째, 도시의 섬처럼 자리 잡은 영구임대아파트 단지나 단독주택이 많은 동네의 구석구석에 흩어진 싼 셋방들이 과거 산동네의 역할을 대신하고 있다. 서민 동네의 지하·반지하·옥탑방이나 역 주변의 한 평 남짓한 쪽방, 군데군데 자리 잡은 고시원이라는 이름의 신종 숙박소가 그런 곳이다.

빈곤 지도로 보는 우리나라의 가난한 지역

아직 우리나라에는 시·군·구 단위로 빈곤율을 산출할 수 있는 자료가 생산되지 않고 있다. 이를 생산하려면 지방자치단체(시·군·구)별로 일정 수 이상 가구의 소득을 파악한 자료를 구할 수 있어야 하지만, 최근에야 광역 시·도 수준의 빈곤율 산출을 시도해볼 수 있는 자료가 생산되었을 뿐이다. 이러한 상황에서 시·군·구별 빈곤율을 산출하려면 다소 편법적인 방법을 쓸 수밖에 없다. 즉, 전체 가구를 대상으로 실시된 인구주택총조사와 표본은 작지만 소득이 포함된 조사를 결합해 시·군·구와 같은 소지역의 특성을 파악하는 소지역추정법을 적용하는 것이다.

이 방법에 따라 2003년의 시·군·구 빈곤율을 파악하고 이를 그림으로 나타낸 것이 그림 8-1이다. 빈곤율에 따라 시·군·구별 색깔의 농도에 차이를 두었는데, 농도가 짙을수록 빈곤율이 높은 것을 의미한다. 그림을 보면 산간지역을 중심으로 빈곤율이 높은 반면에 산업화 수준이 높은 지역에서는 빈곤율이 낮은 것을 한눈에 알 수 있다. 예컨대 수도권과 경상도의 산업화 지역의 경우 빈곤율이 낮아 연한 색으로 표시되어 있다. 색이 진한 산맥 주변은 물리적 여건상 산업화의 적지가 아니어서 소득을 향상시킬 기회가 적은 곳이라는 공통점이 있다.

그림 8-1 **시·군·구별 빈곤율 차이**

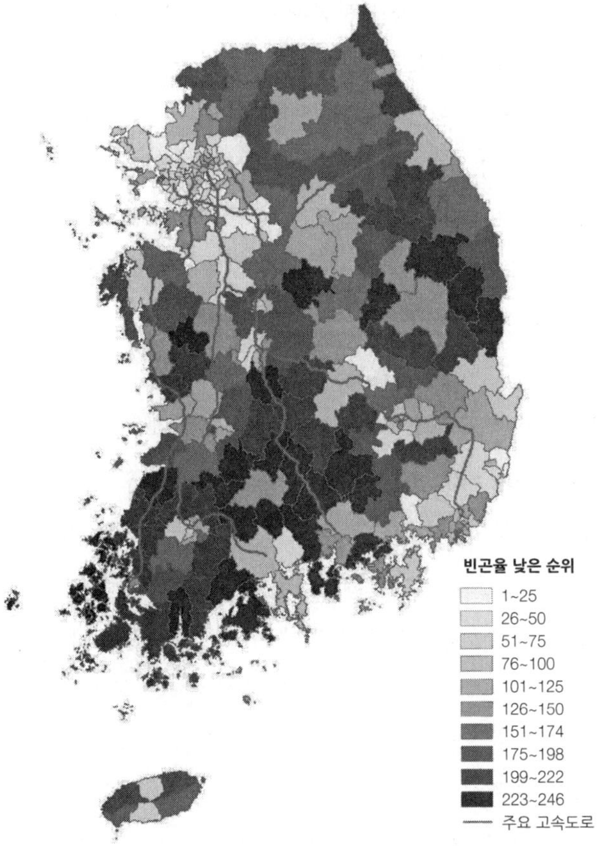

자료: 이현주 외(2006: 92).

비교적 긴 시간 전의 상황을 분석한 결과이지만, 오늘날 사정이 달라졌을 것으로 기대하기는 어렵다. 물론 정부가 '균형발전' 등을 추진하면서 일부 변화가 있을 수 있다. 하지만 아직도 빈곤율의 지역 차이가 남아 있을 것이다. 이러한 분석과 비슷하게 우리나라에서 빈곤이 수도

권보다는 지방에 더 편중되어 있다는 사실을 보여준 연구(이상록·백학영, 2008)도 있다. 지방을 더욱 세분화해서 보면, 지방 대도시보다는 지방 중소도시에서, 지방 중소도시보다는 지방 군 지역에서 빈곤이 더욱 심각한 것으로 나타나는데, 이를 통해 지역 빈곤이 지역 발전 정도와 밀접한 관련이 있다는 것을 알 수 있다. 따라서 인구학적 특성이 동일하더라도 도시에 거주하는 경우보다 지방에 거주하는 경우에 빈곤할 확률이 더 높게 나타난다. 즉, 학력이나 연령, 성 등이 같을 때 지방에 거주할수록 빈곤해질 가능성이 커지는 것이다.

자본주의의 특성에서 비롯된 불균등 발전이 가난한 지역을 만든다

앞서 살펴본 우리나라 빈곤 지도에 표시된 시·군·구 빈곤율에 영향을 미치는 요인이 무엇인지를 분석한 결과를 보면 지역의 세입, 취약 인구의 밀집 정도, 산업, 서울로의 접근성 등이 모두 영향을 주는 것으로 나타난다(이현주 외, 2006). 그러나 사실 이러한 요인들은 모두 하나의 특징으로 귀결된다. 그것은 바로 지역의 경제 여건, 다시 말해 일자리가 얼마나 있는가 하는 지역 특성이다. 수도권까지 시간이 얼마나 걸리는지, 산업발전 수준이 어떠한지, 일할 수 있는 사람이 얼마나 몰려 있는지 등이 모두 경제발전 수준과 관련이 있다. 지역의 세입도 결국 각 지역의 경제 여건에 따라 결정된다. 이미 우리나라에서 지역 간 고용 격차 및 일자리 창출 격차가 뚜렷하게 드러난다는 점, 그리고 지역에 따라 노동시장이 많은 차이가 난다는 점을 보고하는 연구가 적지 않다.

그렇다면 이렇게 지역의 발전 수준이 다른 근본적인 이유는 무엇일까? 자본주의 경제의 불균등 발전론(uneven development)은 이를 설명하는 대표적인 이론 중 하나다. 대부분 국가들은 지역에 따라 고용과 성장, 경제적 번영에서 큰 차이를 보이는데, 이러한 불균등 발전은 자본주의의 특성에서 연유한다는 것이 이 이론의 주된 설명이다. 자본주의는 자원을 공간적으로 집중시킴으로써 물류비용 및 거래비용을 최소화하려는 경향이 있다. 집중된 산업 기반은 다시 그러한 집중을 가속화한다. 불균등 발전은 경제적 성과에 한정되지 않고 지역의 정치적·사회적·문화적 특성과 함께 공간의 성격을 결정한다. 이 때문에 빈곤한 지역은 취약한 산업 기반과 취업 가능 연령층의 이출, 빈곤의 퇴적이 반복되는 악순환에 빠지게 된다.

도시에서는 주거비가 저렴한 곳으로 빈곤층이 모여든다

도시지역의 빈곤층 집중 거주 지역은 조금 다른 구조를 보인다. 과거에는 시 외곽 구릉지나 하천변 등 정상적으로 이용하기 어려운 장소에 들어선 산동네가 곧 빈곤층이 거주하는 곳이었다. 그러나 산동네가 각종 개발 사업을 통해 아파트 단지로 바뀐 이후에는 빈곤층에게 입주 우선순위가 주어지는 영구임대아파트 단지가 빈민층이 밀집한 지역이 되었다.

그림 8-2의 서울시 지도에서 짙은 색으로 표시된 곳은 국민기초생활보장 수급자가 많이 분포한 곳으로, 대부분 영구임대아파트가 위치한 곳이다. 예컨대 오른쪽 아래 부분, 즉 강남구가 속한 부분에 유독 짙은 곳이 있는데, 그곳은 바로 강남구 수서동의 영구임대아파트 단지다. 그리고 노원구, 강북구, 강서구 일대도 짙은 색으로 표시되어 있다. 그 밖에 색깔이 비교적 짙은 곳은 단독주택이 많이 남아 있는 구시가지다. 이러한 지역에서는 저렴한 셋방을 찾기가 비교적 쉽다. 시 외곽의 그린벨트지역 같은 곳에는 불법 비닐하우스에 거주하는 빈곤층

그림 8-2 **서울시 국민기초생활보장 수급자 분포 (2011년 기준)**

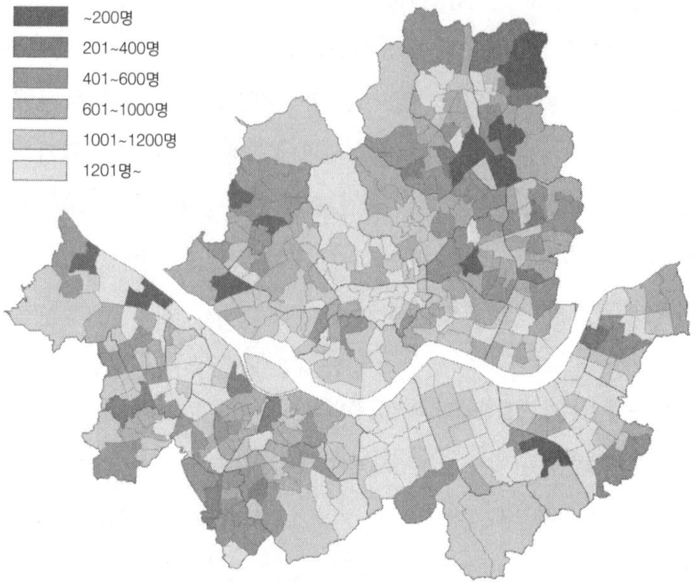

자료: 서울연구원(2013).

도 여럿 있다. 이는 강남구 개포동이나 서초구 양재동 일부에서 찾아 볼 수 있다.

농촌의 가난: 돌볼 사람이 떠난 노인들만의 고립

농촌의 가난은 그 역사가 길다. 빈농은 자기 소유의 농지 없이 지주의 땅에서 농사를 지어 얼마 되지 않는 수입으로 살아왔다. 농업이 영세한 데다 공업과 서비스업 중심의 산업정책하에서 농업정책마저 실패해 농촌의 궁핍은 쉽게 가시지 않았다. 젊은이들이 변변한 일자리가 없는 농촌을 떠나면서 지금은 농촌에 노인들만 남아 빈곤이 더 가중되는 양상을 보이기도 한다.

현재로서는 농촌의 빈곤을 파악할 적당한 자료를 구하기도 쉽지 않다. 통계청의 농가경제 통계자료를 이용해 농업인의 빈곤율을 추계한 결과, 2001년 현재 전체 농가 중에서 농가소득이 당시 최저생계비에 미달하는 빈곤 농가의 비율이 11.8%로 나타났다. 이는 외환위기 이전의 빈곤율인 7.5~7.9%에서 크게 오른 수치다. 농촌의 빈곤율은 농산물 시장 개방 확대와 농업 구조조정정책으로 더욱 심화될 것으로 우려된다. 이정우·이성림(2000)은 1990년대 중반 우리나라 농촌의 빈곤이 도시보다 약 2~4배 높은 것으로 추계하기도 했다.

물론 소득으로 확인한 빈곤의 정도만으로 도시와 농촌의 빈곤을 비교하는 데는 한계가 있다. 도시와 농촌의 생활비가 다르기 때문이다. 도시에 사는 사람들이야 모든 것을 가게에 가서 돈을 주고 사야 하지만, 농촌은 집 앞의 텃밭에서 먹을거리를 얻기도 하는 등 조금 사정이 다르다. 그렇다 해도 농촌의 가난이 덜하다고 하기는 어렵다. 그만큼 농촌의 경제 사정이 좋지 않기 때문이다.

농촌은 경제가 피폐해지면서 농가 수와 농촌 인구가 지속적으로 감소하고 있다. 2008년만 해도 농촌의 가구 수는 전년 대비 1.5% 감소했다. 더욱이 근로를 왕성하게 할 수 있는 연령의 인구는 빠져나가고 노인들만 남아 농촌의 고령화는 매우 빠르게 진행되어왔다. 농촌에 거주하는 사람들의 경제활동 형태는 대개 자영, 무임 가족노동이다. 그런데 농업 경영주의 63%가 60세 이상이다. 젊은 사람이 남아 일하는 경우가 드물다는 것이다(한국농촌경제연구원, 2009).

농촌에 거주하는 이들을 대상으로 실시된 조사에서 응답자들은 농촌 빈곤과 양극화의 원인으로 38.9%가 '돈벌이 기회 부족', 15.5%가 '대농 위주의 농업정책'을 꼽았다(박대식 외, 2006: 30). 농촌의 낙후는 단순히 경제적 문제에 국한되지 않고 공공서비스와 문화적 박탈을 동반한다. 비교적 작은 지역에까지 보건지소 같은 공공서비스 조직이 뻗어 있고 인구 규모에 비해 많은 수의 공무원이 배치되어 있지만, 농촌의 이러한 박탈을 완화하지는 못하고 있다.

필자는 농촌지역의 국민기초생활보장 수급자 가구를 방문한 적이 있다. 고령의 할머니가 중증장애인 딸과 함께 외떨어진 집에서 살고 있었다. 방문할 당시 할머니와 딸은 영양실조가 의심될 정도로 앙상한 모습이었다. 주변에서 먹을 것을 쉽게 구입할 수 없었고, 가까운 곳에서 이들의 일상적 불편을 도와줄 사람도 없었다. 돈이 없었던 것도 아니었다. 할머니의 통장에는 정부에서 지원하는 생계비가 사용되지도 못한 채 쌓이고 있었다. 거동이 불편한 할머니는 은행에 가기 어려웠고 가게에 다녀오지도 못했다. 아직 농촌지역에는 이웃 간 공동체가 살아 있어 농촌에 사는 모든 노인이 이렇게 고립되어 지내는 것은 아니지만, 필요한 돌봄을 받지 못하는 노인이 많은 것은 분명하다.

따라서 경제적 지원과 더불어 세심한 농촌형 지원을 고민해야 한다. 일부 복지 담당 공무원은 농촌의 빈곤층이 도시의 빈곤층보다 더 많은 정보를 확보할 수 있고 더 나은 돌봄을 받는다고 말하기도 한다. 심지어 각종 농촌지원정책으로 도시보다 경제적 지원을 더 많이 받는다고 한다. 그러나 넓은 지역에 흩어져 살아가는 농촌의 빈곤층 중 적절한 돌봄을 받지 못하는 이들이 여전히 적지 않고, 농촌에서 전문화된 서비스를 제공받을 기회가 전반적으로 적은 것은 분명한 사실이다.

가난한 이들의 불안정한 도시 정착

전국적으로 보면 산업 기반이 취약한 농촌에 빈곤이 몰려 있다. 하지만 도시는 좁은 지역에 빈곤이 밀집해 있다. 도시 안에 빈곤한 사람들의 동네가 만들어진 역사는 매우 길다. 그리고 도시의 빈곤 지역은 시대에 따라 모습을 바꾸어왔다. 하지만 빈곤한 지역이 형성되는 이유는 바뀌지 않았다. 가난한 이들이 값싸게 살 수 있는 곳을 선택한 것이다.

가난한 도시민의 선택: 산동네, 달동네

광복 이후 조국을 찾아 귀국한 동포들과 남북 분단 이후 월남한 난민들은 대부분 도시에 정착했고, 이들은 초기 도시 빈곤층을 형성했다. 대개 이들의 도시생활은 지게꾼이나 행상 등 남루한 일을 하면서 시작되었다. 이들은 도시의 산비탈이나 하천변 등 외진 곳에 판잣집을 짓고 살기 시작했다. 지금도 전쟁을 전후해 부산의 언덕에 빼곡하게 붙어 있던 판잣집을 떠올리는 이들이 적지 않다.

1950년대 이후로는 공업화로 경제개발이 급속하게 추진되었다. 이 과정에서 농촌의 가난한 농민들이 도시로 이동하기 시작했다. 농촌의 가난은 농민들을 밀어냈고(push), 도시의 일자리는 농민들을 끌어들였다(pull). 자기 땅도 없이 남의 집 소작을 하던 사람들은 그저 도시로 훌쩍 옮겨 앉아도 잃을 것이 별로 없었다. 하지만 1960년대 초까지만 해도 이농 인구의 규모가 도시의 산업화 수준을 앞질러서 이들 모두에게 적절한 일자리를 공급할 수 있는 상황은 아니었다. 1966~1971년의 인구센서스에서 같은 기간 농촌 인구는 150만 명이나 줄어든 것으로 나타났다. 1972년을 기준으로 대도시 빈곤층 가구주의 농촌 출신 비율은 80.2%였다. 이 비율은 1981년과 1990년에 61% 정도로 떨어졌지만, 우리나라 도시 빈곤층의 상당 비율이 농촌에서 유입된 인구임은 분명하다.

과다한 인구가 이농한 결과 이들은 상대적 과잉인구로 남아 도시의 빈민층을 형성했다. 도시로 이동했어도 이들은 단순노동이나 노점, 행상을 해야만 했다. 젊은이들 중에는 공장 기숙사에서 생활하는 이들도 있었지만, 대부분 인근의 산동네를 찾았고 그곳에서 서울살이를 시작했다. 이들은 1970년대까지 도시 빈곤층의 전형이었다.

가난한 사람들이 산동네에 모여 산 데에는 몇 가지 이유가 있다. 우선 집값이 싸다. 대개 불법이거나 불량한 주택이어서 일반 주택과는 비교할 수도 없을 정도로 싼 것이다. 그러나 대부분 고지대에 위치해 교통이 불편하며 물이나 전기 공급이 원활하지 않았다.

지금은 거의 사라졌지만, 서울의 산동네 판자촌에는 한때 서울 시민의 40%가 살기도 했다. 줄잡아 130개에 달한 산동네들은 문학작품의 소재가 되기도 했다. 요즘도 꾸준히 읽히는 『난장이가 쏘아올린 작은 공』(조세희)은 청계천 판자촌을 배경으로 하며, 『아홉 켤레의 구두로 남은 사내』(윤흥길)는 광주 대단지로의 강제 이주 과정을 그리고 있다. 그 뒤로도 산동네 같은 빈민 지역을 배경으로 한 『연탄길』(이철환), 『괭이부리말 아이들』(김중미) 등이 베스트셀러가 되기도 했다. 이 소설들은 한결같이 산동네살이의 '고통과 안도감(애환)'을 함께 그리고 있다. 가난이 절망스럽고 힘들기는 하지만 이웃이 있음을 빠뜨리지 않는다. 산동네가 주는 심리적 안정감도 가난한 사람들을 이곳으로 이끌었다. 처지가 비슷하기 때문에 서로 이해하고 울타리가 되어주었던 것이다. 산동네 하면 떠오르는 단어가 '도시 속의 농촌'인 것도 그 때문이다. 산동네에서는 이웃의 자녀를 돌봐주거나 대소사를 거들어주는 것이 당연한 것으로 받아들여졌다. 또 산동네에서는 먹고사는 일을 서로에게 의지할 수 있다. 건설일용직, 파출부, 부업 등은 주로 산동네에서 맺어진 연줄로 일자리가 분배되었고, 동네 어귀의 노점상은 모두 그 동네 사람들 차지였다. 이 때문에 산동네 사람들은 알음알음으로 연결되어 이사를 왔다. 대개 집안의 누군가가 미리 서울에 자리를 잡고 가족과 친지를 불러들이기 때문에(chain migration), 산동네는 거대한 동향촌이자 집성촌적인 모습으로 변해왔다.

그런데 산동네는 사람들이 자발적으로 모여 산 곳이기도 하지만, 사실상 정부가 거주를 유도했다고도 할 수 있다. 1960년대부터 시작된 경제개발정책에 따라 대대적인 이농 현상이 일어나면서 도시지역의 주거 문제는 악화일로를 걷는다. 싸고 풍부한 노동력을 통해 경제 부흥을 추진하려는 정부로서는 어떻게든 도시 내에 이들을 위한 잠자리를 마련하지 않을 수 없었다. 여기서 무허가 판자촌은 가장 유력한 대안이었다. 국공유지를 무단 점거해서 거주하는 것을 '묵인'함으로써 저소득층 주택 문제를 완화한 것이다. 특히 1970년을 전후한 집단 재정착지 조성 및 철거 이주 정책은 정부가 앞장서서 국공유지에 대한 '계획적' 점유를 유도한 것이었다. 그리고 뒤이은 양성화 정책은 무단 점거를 사실상 합법화하면서 점유의 안정성을 높이는 조치였다.

산동네의 개발과 빈곤 지역의 해체: 지하 셋방, 비닐하우스로

도시가 성장하면서 빈곤층이 모여 살던 지역의 땅값이 오르기 시작했다. 1980년대에 들면 종전에 시 외곽에 위치하던 산동네 판자촌이 되레 개발 요지가 된다. 상황이 이렇게 변하자 빈곤층의 판잣집이 전면 철거되고 그 자리에 현대식 아파트가 건설되는 '합동재개발'이 이루어졌다. 서울에서는 대표적으로 목동, 사당동, 상계동, 돈암동, 신림동, 봉천동 등이 그러한 지역이다. 겉보기에 원거주민의 참여가 보장된 듯한 재개발이었지만, 실제로는 주민의 60%에 이르는 세입자가 원천적으로 배제된 데다, (무허가) 가옥주들조차 5%도 재입주하지 못했다.

결과적으로 산동네가 대부분 재개발되고는 그곳에 더 이상 빈곤층은 살 수 없었다. 빈곤층은 대부분 세를 들어 사는 사람들이어서 높아진 가격의 아파트를 얻어 살 수 없었고, 집주인이라 해도 개발 이후 높아진 주거비를 감당하기에는 역부족이었다. 1960년대에 일찍이 재개발이 되어 지금은 고가의 아파트촌이 된 서울 한강변의 어느 지역으로 택시를 몰던 한 기사는 그곳에 본인의 집이 있었지만 재개발이 된 후 그곳을 떠나야 했던 경험을 필자에게 들려주었다. 당시 입주했던 아파트의 관리비가 공무원 월급을 넘는 것이어서 도저히 그 돈을 부담하면서 살아갈 수 없었다는 것이다. 그곳을 지날 때 만감이 교차하던 그의 모습이 생생하다. 당시 산동네 재개발은 저소득층을 밀어내는 방식으로 이루어졌다.

어떻든 1990년대 후반에 이르러 서울의 무허가 판자촌은 사실상 자취를 감추었다. 지난 40여 년간 저소득층의 대표적인 주거로서, 통상 서울 시민의 10% 내외가 거주해왔던 판자촌의 역사가 막을 내린 것이다(그림 8-3 참조). 그럼 이들은 모두 어디로 갔을까?

이들은 대부분 기존 판자촌 인근에 단독주택이 많이 모여 있는 지역으로 옮겨갔다. 가옥주들은 보상금으로 작은 집을 구입해 조금 떨어진 곳으로 가기도 했지만, 세입자들은 대개 인근으로 이사했고 오른 전세금을 감당하기 어려워 지하 셋방이나 옥탑방을 택한 경우가 많다.

그림 8-3 **서울시 판자촌의 변천 과정**

자료: 김수현(2008: 173).

물론 일부는 1990년대 초부터 입주를 시작한 영구임대주택이나 재개발구역 세입자용 임대주택에 입주하기도 했지만, 그 비중은 얼마 되지 않는다. 영구임대아파트는 비교적 주거 조건이 좋지만, 공급량이 많지 않아 빈곤층의 일반적 주거 형태가 되기에는 턱없이 부족했으며, 기초생활보장 대상자이거나 저소득 장애인이어야 한다는 등의 조건이 있었다. 이도 저도 어려운 사람들은 새로운 형태의 무허가 정착지인 비닐하우스로 이주하기도 했다.

결국 대다수 일반 빈곤층은 주거비가 싼 곳을 찾아 단독주택지의 반지하방 등으로 흩어졌다. 저소득층이 밀집해 있는 동네의 주택은 셋방을 늘리기 위해 한 집에 여러 가구가 사는 구조를 갖게 되었는데, 지하나 반지하의 좁은 공간에 빈곤층이 자리 잡기 시작한 것이다. 빈곤층이 주택가의 지하로 흩어지면서 일반인에게 빈곤층은 더 이상 눈에 띄지 않는 집단이 되었고, 빈곤층은 서로 고립되면서 이전의 공동체를 통해 얻었던 물질적·정신적 이익을 더는 누리지 못하게 되었다.

이질적인 도시일수록 오히려 동질적인 성원들의 모임이 촉진되어 친척 간 또는 이웃 간에 일정한 유대가 형성되고 친밀한 관계가 유지되는 경향이 있다. 빈곤층이 밀집한 지역에서는 이러한 관계 형성이 비교적 강하게 이루어졌다. 빈곤층 지역에서는 지역의 이웃이 서로의 벗이었고 일자리 알선자였다. 빈곤층의 파편화는 빈곤층을 눈에 띄지 않게 하여 적어도 중산층 이상에게는 마음의 불편함을 줄이고 있을 듯하다. 그러나 빈곤층에게는 고민을 나누고 힘을 모아 지역사회를 꾸릴 기회를 빼앗고 있다.

도시 빈곤층의 상징적 주거지: 영구임대아파트 지역

영구임대주택단지는 산동네가 사라진 이후 대표적인 빈곤층 밀집 지역이 되었다. 영구임대아파트는 재개발하는 과정에서 철거민에게 주거를 공급하고, 치솟는 집값과 전세 가격으로 위협받는 빈곤층의 주거 안정을 도모한다는 명목으로 조성되었다. 영구임대아파트는 기초생활보장 대상자, 저소득 한부모 가정, 장애인, 국가유공자, 일본군 위안부, 북한이탈주민 등에게 입주 우선권을 주고 있다. 즉, 일정한 조건을 갖춘 일부 소수 빈곤층만이 영구임대아파트에 살 수 있다. 영구임대아파트는 다른 빈곤층 주거 형태보다는 주거 안정성이 높고 관리비도 저렴할 뿐 아니라 인근에 빈곤층을 위한 각종 서비스를 제공하는 기관이 포진하고 있어서 빈곤층에게 매우 유리한 주거지역이기도 하다. 그래서 많은 수의 빈곤층이 입주 차례를 기다릴 정도다.

하지만 영구임대아파트에 대한 인식 때문에 일부러 이곳을 피하는 빈곤층도 적지 않다. 이 지역에 대한 사회의 부정적 인식은 인근 지역 주민과의 마찰이나 배제를 초래하기도 한다. 영구임대아파트 지역에는 청소년의 일탈적 행동이 빈번하게 목격되고, 일반 아파트촌보다 노인이나 장애인, 심지어 정신적 문제를 겪는 주민도 많아 다른 동네 사람들이 가까이 가고 싶어 하지 않는다.

빈곤층이 영구임대아파트에 들어가고 싶어 하면서도 피하는 이유가 여기에 있다. 노인이나 장애인만으로 구성된 가정은 그렇다 해도 아이를 키우는 빈곤 가정은 영구임대아파트를 피하는 경향이 강하다. 영구임대아파트 지역에 사는 아이들을 다른 지역의 아이들이 '영구'라고 부르기도 한다. 이곳에 사는 사람의 50%가 다른 곳으로 떠나기를 희망하고 있어, 다른 어떤 빈곤층 주거 형태보다 기피하는 현상이 뚜렷하게 나타난다. 그러나 다른 대안이 없는 빈곤층은 영구임대아파트 지역을 벗어나기 어렵다. 이들에게 영구임대아파트는 원하던 혜택이면서 동시에 언제나 벗어나고 싶은 주거지이기도 하다.

가난한 동네 이해하기

위태롭지만 소중한 터전

일상적으로 사람들은 '동네·지역사회'라는 공간에서 생활한다. 지역은 아이들을 교육하고 병원에도 가고 가게에 가서 물건을 사며 이웃을 만나는 공간이다. 세상이 변해 예전보다 자기가 사는 동네가 덜 중요해졌다고 하기도 한다. 다른 지역에서 일하고 먼 곳에 가서 쇼핑하며 인터넷으로 소통하니 동네에서 할 것이 뭐가 있냐고 할 수 있다. 하지만 사람들은 여전히 자신이 사는 지역에 많은 의미를 두고 있다. 특히 빈곤층은 더 그렇다. 애증이 교차하는 장소인 것이다.

빈곤층에게 빈곤 지역은 일상적인 삶을 살면서 이웃 간의 일자리나눔을 비롯한 다양한 상호작용을 하는 떠날 수 없는 안식처가 되어왔다. 가난한 사람들에게 자신이 사는 동네는 그렇지 않은 사람들에 비해 훨씬 더 중요한 공간이다. 빈곤 지역은 도시에 쉽게 정착할 수 있는 기착지이자 도시생활에 필요한 정보와 지식을 얻을 수 있고 심리적 안도감을 얻을 수 있는 장소다. 이 때문에 빈곤층은 빈곤 지역 안에서 오히려 더 자유로울 수도 있다.

하지만 빈곤 지역은 빈곤층이 사회에서 배제된 결과이면서, 빈곤을 영속화하는 원인이 되기도 한다. 빈곤층이 밀집한 지역은 물리적 환경만 나쁜 것이 아니다. 서구의 일부 연구에서는 빈곤층이 밀집한 지역에 독특한 하위문화가 형성된다고 보아왔다. 잦은 음주나 마약중독, 실업 지속, 복지 의존 같은 이른바 빈곤 문화가 만연해 있기 때문에, 오히려 빈곤에서 벗어나지 못하고 세대에 걸쳐서 빈곤이 누적된다고 본다. 그러나 그 이유를 묻지 않는다면 사회적 희생자를 다시 비난하는 꼴이 되기 쉽다. 가난한 사람들은 빈곤한 생활 경험이 오랜 시간 누적되면서 삶에 대해 나름의 적응 기제를 갖는데, 이러한 적응 방식이 결국 앞에서 언급한 특성을 만들어낸다. 즉, 빈곤 문화가 빈곤의 원인이 되었다고 하기보다는 빈곤이 빈곤 문화의 원인인 셈이다. 이렇게 형성된 문화가 다음 세대에게 영향을 주는 것도 부정하기는 어렵다. 하지만 이들을 비난할 수는 없다.

중첩된 난관: 어려운 사람들이 사는 동네는 정부도 가난하다

가난한 사람들이 모여 사는 지역은 그 지역의 정부도 가난하다. 빈곤층 밀집 지역은 가난한 사람들을 돕기 위한 재정적 부담이 더 커지는 반면, 이들을 지원할 자원은 다른 지역에 비해 빈약하다. 결국 가난한

표 8-1 **일부 시·군·구의 빈곤율과 재정 기반 비교**

지역	노인 인구 비율	재정 자립도	빈곤율
서울 N구	4.3%	30.1%	7.5%
서울 K구	5.0%	41.4%	8.3%
서울 S구	7.8%	89.8%	4.7%
서울 K구	3.4%	87.6%	5.9%
Y시	11.0%	64.1%	9.8%
B군	19.3%	9.0%	29.0%
K시	4.6%	63.9%	6.4%
P군	19.1%	9.5%	43.7%
H군	19.7%	8.6%	41.2%

자료: 이현주 외(2006)에서 재구성.

사람이 모여서 사는 지역에는 이중 부담이 존재한다.

표 8-1은 일부 시·군·구의 빈곤율과 해당 지역의 노인 인구 비율 그리고 재정 자립도를 비교한 것이다. 이를 통해 노인 인구 비율이 높은 지역은 빈곤율이 높고 재정 자립도는 낮은 것을 볼 수 있다. 각종 복지 지원이 필요한 노인 인구와 빈곤층이 많이 사는 지역의 정부는 재정 기반이 더 취약하다는 것을 쉽게 알 수 있다.

중앙정부는 재정 여건이 취약한 지방정부에 복지예산을 지원할 때 취약계층의 규모를 고려하는 등 여러 가지 보완책을 마련한 바 있다. 하지만 가난한 지역의 예산 부족은 여전히 큰 문제로 남아 있다. 아직 우리나라는 지방자치단체별로 사회복지급여나 사회복지서비스의 차이가 심하게 드러나지는 않고 있지만, 서울의 부촌인 강남과 가난한 농촌 지자체의 사회복지서비스 수준이 다르다는 이야기는 심심찮게 나온다.

'우리'가 아니라 '그들'의 삶터?

20여 년 전만 해도 텔레비전에서 가난한 산동네 이야기가 드라마로 인기리에 방영되곤 했다. 사람들은 그것을 보면서 등장인물이 과거 자신이나 친지의 모습인 양 공감했다. 얼마 전까지만 해도 너나없이 가난했고, 억척스럽게 노력하면 가난에서 벗어나 그나마 더 나은 수준의 생활을 할 수 있기도 했다. 현재의 중산층 중에는 과거의 가난했던 시절을 추억하는 이들이 적지 않다. 산동네가 농촌 출신 빈민들이 도시 생활에 적응해가는 교두보로서 역동성을 간직했기 때문에, 학자들은 이를 '희망의(또는 희망이 있는) 빈민 지역(slum of hope)'이라 하면서 서구의 현대적 빈곤 지역(slum of despair)과 구분했다.

하지만 계층 간 상향 이동이 어려워지면서 빈곤층 밀집 지역에 대한 사람들의 태도가 달라졌다. 가난한 사람들이 가난에서 벗어나는 일이 극히 드물어지면서 '가난한 사람은 가난한 사람'으로 고착되는 현상이 나타나고 있다. 가난한 사람이 가난하지 않은 사람과 다르다는 생각이 갈수록 강해지고, 가난한 사람을 사회적 낙오자로 구분하면서 이들이 사는 지역에 대한 분리도 강해지고 있는 것이다. 산동네 같은 빈곤층 밀집 지역은 '그들'의 삶터일 뿐이다. 이제 빈곤층 동네 이야기에 공감하는 사람은 예전만큼 많지 않을 듯하다. 빈곤층 밀집 지역은 더 이상 그들이 스스로 만든 곳이 아니다. 빈곤층이 밀려온 곳이다. 빈곤층을 먼 곳으로 밀어내면서 우리와 구별되는 '그들'로 규정하고 마음에서도 밀어내고 있다.

'동네'로 빈곤에 접근하기: 가정문제를 넘어서는 빈곤 대응

전통적으로 빈곤은 주로 개인이나 가구 단위로 분석되었고 정책적 대응도 이 단위를 기준으로 설계되었다. 빈곤 여부는 가구를 단위로 판단하고 개인의 학력이나 연령, 가구주의 성, 가구의 구성 등이 주된 빈곤의 원인으로 고려되어왔다. 빈곤을 지역 단위로 이해하고 대응하려는 노력은 비교적 최근에야 시작되었다. 빈곤 지역에 대한 관심은 빈곤을 단순히 개인의 문제가 아니라 전 사회의 구조적 문제로 보는 입장으로 이어지는 고리일지도 모른다. 지역 단위로 빈곤에 대응하는 새로운 운동은 개인과 가구 단위의 정책보다 적극적이고 파격적인 시도가 될 수 있는 것들이다. 대표적으로 빈곤 지역의 기반을 재조성해 체질을 개선·강화하려는 시도와 빈곤 지역을 해체하고 비빈곤 지역으로 빈곤층을 이주시켜 사회통합을 촉진하려는 시도가 있다. 이 두 가지 접근은 서로 대비되는 특성이 있다.

빈곤 지역의 체질을 개선·강화하는 정책의 대표적인 사례로는 영국의 '동네 재생(Neighbourhood Renewal)'을 들 수 있다. 영국 정부는 "2001년부터 10년에서 20년 이내에 어느 누구도 자신이 살고 있는 장소 때문에 심각하게 불이익을 받지 않도록 한다"라는 비전을 세우고 동네 재생을 위한 국가전략 실천계획을 마련했다. 현재 88개 최빈곤 동네를 선정해 사회적 배제를 극복하기 위한 동네 수준의 다양한 사업을 추진하고 있다. 영국 등 선진국에서 진행되는 동네 차원의 사회적 배제를 극복하기 위한 노력의 핵심에는 각종 사회복지서비스를 통합적으로 제공하는 종합적 접근뿐만 아니라 지역사회 구성원의 사회자본 형성이 중요한 전략으로 포함되어 있다(곽현근, 2007: 60).

한편 가난한 사람이 모여 사는 환경으로 인해 지역공동체 의식이 더욱 낮아진다는 것을 발견하고, 계층 간의 사회적 혼합(social mix) 기회를 제공하는 사회통합 전략도 적극적으로 실험된 바 있다. 미국 시카고 시는 1976년부터 1998년까지 사회통합 프로그램을 통해 공공임대주택에 살고 있는 빈곤한 흑인 거주자들이 백인이 주로 살고 있는 교외나 도시의 중산층 주거지의 민영아파트로 이사하도록 유도해왔다. 이 프로그램은 다양한 서비스로 구성되는데, 전담 직원들이 프로그램에 참여할 집주인을 물색할 뿐만 아니라, 정착상담가(settlement counselor)가 이주의 장단점에 대해 설명해주며 빈곤 지역 주민과 함께 이사하려는 곳을 방문하기도 했다. 이 프로그램은 공공임대주택과 동일한 비용으로 중산층이 사는 아파트에 살 수 있도록 임대보조금을 지급함으로써 저소득 흑인도 백인 중산층이 사는 교외나 아파트에 살 수 있게 했다. 이주 가구의 고립을 막기 위해 두 가구 이상을 같은 중산층 동네로 이전하도록 유도하지만, 너무 많은 가구들이 같은 동네로 이전하는 것은 피하게 했다. 20여 년 동안 약 7000여 가구가 프로그램에 참여해 그중 반 이상이 교외지역으로 이사했다. 최근 이 프로그램의 성과를 분석한 연구에서는 사회경제적으로 더 나은 동네로 이사한 참여자들이 그렇지 않은 주민보다 사회적·심리적으로 더 양호한 상태에 있다는 것을 밝히기도 했다(곽현근, 2007: 80).

앞의 두 가지 사례는 빈곤층 밀집 거주 지역을 유지할 것인지 여부에서 큰 차이를 보인다. 빈곤층 밀집 지역이 빈곤 가구의 경제적 생활 및 기타 사회적·정서적 생활에 주요한 기반이 된다는 점을 인정하고 빈곤층 스스로 그 지역을 거점으로 새로운 삶을 개척하게 했다는 점에서 전자는 매력적이다. 반면에 후자는 빈곤층이 그 밀집 지역에 거주하면 사회적 배제가 강화되고 빈곤층에 대한 사회적 인식도 악화되며 빈곤층의 자의식 등도 저하된다는 기존의 우려를 줄이는 전략으로서 매력이 있다.

우리나라에서 빈곤 지역에 대해 정책적 개입을 시도한 사례는 거의 없다. 최근에는 일부 빈곤 지역을 중심으로 아동을 대상으로 하는 추가적인 교육 지원체계를 구축하며, 주민이 참여하는 공동체 행사나 자원봉사 등을 꾸리고 신문을 만드는 등 지역의 이미지를 개선해 지역사회 여건을 향상시키려는 운동이 전개되기도 했다. 하지만 아직 초기 수준의 기획이고 대상 지역도 제한적이어서 본격화되기까지 더 많은 시간이 필요할 듯하다.

빈곤층과 비빈곤층이 함께 사는 혼합 단지를 건설하려는 시도도 진행되고 있다. 기존 대단지형 영구임대주택이 아니라 지역사회 안에서 기존 주택을 매입해 임대주택으로 활용하는 이른바 '다세대·다가구 매입 임대주택사업'이 그것이다. 이 사업을 통해 2013년 말 전국적으로 약 5만 호 이상의 다세대·다가구 임대주택이 확보되었는데, 만족도 조사 결과 기존 영구임대주택에 비해 사회적 단절 문제도 거의 없고, 주거비 경감이나 주거 수준 향상 효과도 매우 높은 것으로 나타났다(국토해양부 발표자료, 2009.7.24). 그리고 이와 더불어 국민임대주택단지를 조성할 때 임대주택과 분양주택을 동일한 비율로 건설하고 임대주택의 규모도 조금 확대하여 단지 내에 혼합 배치하는 정책도 추진되고 있다.

이러한 정책과 더불어, 좀 더 근본적으로는 지역 간 산업발전 격차를 완화할 수 있는 방안도 계속 고민해야 한다. 전국의 불균형 발전에 대한 우려는 계속되어왔다. 각 지역의 발전 기반이 같을 수는 없지만 지역에 맞는 발전 방안의 수립과 집행이 중요하다는 점을 다시 한 번 강조하지 않을 수 없다. 현재 복지정책 여건의 지역 간 차이를 정부의 조정력으로 극복하는 방안도 계속 논의되고 있다. 이와 관련해 일부 저소득층 지원정책에서 정부가 어려운 지역에 더 많은 예산을 지원하는 체계를 보강하는 것을 생각해볼 수 있다.

빈곤 지역을 단위로 하는 정책적 개입이나 시민사회의 노력은 아직 충분하지 않다. 빈곤에 대한 인식을 바꾸는 동시에 기존의 노력을 평가하고 새로운 모델을 개발해 이를 실험하고 확산하는 것이 과제로 남아 있다.

3부

왜 가난해지는가

9장 일을 해도 가난해지는 구조

10장 가난은 여성에게 더 쉽게 찾아온다

11장 일하기 어려운 사람은 더 쉽게 가난해진다

12장 대를 잇는 가난

9장 일을 해도 가난해지는 구조

일할 수 있지만 가난한 사람들이란

우리는 주변에서 일할 능력이 있고 또 실제로 일하고 있는데도 빈곤한 사람을 흔히 볼 수 있다. 이처럼 일을 해도 가난한 사람들을 근로 빈곤층이라 한다. 서구 선진국에서 근로 빈곤층 문제는 1990년대 이후 빈곤 문제의 핵심으로 떠올랐고, 우리나라에서도 1997년 외환위기 이후 주요한 빈곤 문제가 되었다.

근로 빈곤층이라는 말은 어떻게 보면 단순하지만, 좀 더 구체적으로 검토해보면 개념적으로 모호한 점도 있다. 특히 '일할 수 있는 사람들의 빈곤'을 말하는 것인지, '일을 하고 있지만 빈곤한 사람들'을 말하는 것인지가 그렇다. 그래서 근로 빈곤층의 정의는 몇 가지가 있다. 우선 가장 좁은 의미의 근로 빈곤층은 '현재 취업하고 있지만 가난한 경우(취업 빈곤층)'를 가리킨다. 이를 좀 더 확장하면, '일을 할 수 있지만 실직으로 인해 빈곤한 경우(경제활동 빈곤층)'를 포함한다. 그리고 가장 넓게 정의하면, '근로 능력이 있지만 일을 하고 있든 실직 중이든 또는 일할 의사가 없어서 안 하고 있든 간에 빈곤한 경우(근로 가능 빈곤층)'를 모두 포함한다(노대명 외, 2007b). 이 책에서는 근로 빈곤층을 가장 넓은 개념, 즉 '근로 능력이 있지만 빈곤한 집단'으로 정의한다.

그런데 흔히 근로 빈곤층이라 하면 '비정규직 근로자'나 '저임금 근로자'를 떠올린다. 이들과 근로 빈곤층은 어떤 관계일까? 비정규직 근로자란 일용직, 시간제 근로, 임시직 등 불완전고용 상태에 있는 근로자를 가리킨다. 비정규직 근로자는 고용 상태를 중심으로 분류한 것이며, 근로 빈곤층은 빈곤 여부를 중심으로 정의했다는 점에서 다르다. 물론 비정규직 근로자는 근로소득이 낮고 빈곤 위험에 노출될 개연성이 크다는 점에서 근로 빈곤층을 구성하는 주요 집단이 될 수 있다. 하지만 비정규직 근로자라도 가구소득이 빈곤선보다 높으면 근로 빈곤층이 아니다. 또한 정규직 근로자도 소득이 빈곤선보다 낮으면 근로 빈곤층에 속한다.

저임금 근로자는 임금을 중심으로 근로자를 분류한 개념이다(노대명 외, 2007b). 즉, 임금이 낮은 근로자를 일컫는 말이다. 시간제 근로나 일용직 등 불완전고용 상태에 있는 근로자들이 대체로 임금이 낮으므로, 저임금 근로자의 상당수는 비정규직 근로자다. 하지만 정규직 근로자도 임금이 낮을 수 있으며, 그럴 경우에 저임금 근로자로 분류된다. 저임금 근로자가 임금을 중심으로 근로자를 구분한 것이라면, 근로 빈곤층은 가구소득을 중심으로 빈곤 여부를 판단한다는 점에서 다른 개념이다. 대부분 근로소득은 가구소득에서 가장 큰 부분을 차지한다. 하지만 가구소득에는 근로소득 외에 임대소득, 은행 이자와 같은 금융소득 등도 포함되므로, 저임금 근로자가 곧 근로 빈곤층인 것은 아니다. 물론 저임금 근로자는 가구소득이 낮을 가능성이 크고, 따라서 빈곤할 가능성도 크다. 실제로 근로 빈곤층에서 취업 빈곤층의 상당수는 저임금 근로자다.

빈곤층의 절반이 일할 수 있는 사람이다

표 9-1에서 보는 바와 같이 2005년 현재 가구소득이 최저생계비보다 적은 사람(즉, 절대 빈곤층)은 458만 명이고 전체 인구의 9.8%를 차지한다. 이 중 거의 절반인 227만 6000명은 일할 수 있는 가구원이 있는 빈곤층, 즉 근로 빈곤층으로 파악된다. 구체적으로 살펴보면, 현재 일하고 있으면서 빈곤한 취업 빈곤층이 121만 4000명으로 전체 인구의 2.6%, 절대 빈곤층의 26.5%를 차지하고, 일할 수 있지만 실업 상태인 실업 빈곤층이 32만 8000명으로 전체 인구의 0.7%, 절대 빈곤층의 7.2%를 차지한다. 한편 근로가 가능한 연령이지만 취업을 포기한 상태인 비경제활동 빈곤층이 73만 4000명으로, 전체 인구의 1.6%, 절대 빈곤층의 16.0%로 파악된다. 65세 이상 노인이거나 15세 미만의 아동 또는 장애인 등 근로 능력이 없는 빈곤층이 약 230만 5000명으로 절대 빈곤층의 나머지 절반을 차지한다.

이렇게 우리나라 빈곤층의 절반이, 현재 일하는데도 빈곤한 사람이거나 일할 수 있지만 일을 하지 못하는, 또는 취업을 포기한 사람들이다. 가구소득이 최저생계비의 120% 이하나 최저생계비의 150% 이하인 경우까지로 빈곤의 범위를 더 넓게 잡아도 전체 빈곤층의 거의 절반은 근로 능력이 있는 사람으로 나타난다. 이처럼 현재 우리나라의 빈곤 문제는 일할 수 없는 사람들만의 문제가 아니다. 일할 수 있는 사

표 9-1 **근로 빈곤층 규모 (전 인구, 2005년)**

구분		절대 빈곤층[1]	차상위층[2]	차차상위층[3]	계
근로 능력자	취업자	121만 4000명 (2.6%) [26.5%]	740만 명 (1.6%) [31.4%]	136만 9000명 (2.9%) [34.8%]	332만 2000명 (7.1%) [30.6%]
	실업자	32만 8000명 (0.7%) [7.2%]	12만 2000명 (0.3%) [5.2%]	15만 6000명 (0.3%) [4.0%]	60만 7000명 (1.3%) [5.6%]
	비경제활동 인구	73만 4000명 (1.6%) [16.0%]	28만 2000명 (0.6%) [12.0%]	56만 2000명 (1.2%) [14.3%]	157만 8000명 (3.4%) [14.5%]
	소계	227만 6000명 (4.9%) [49.7%]	114만 4000명 (2.5%) [48.5%]	208만 7000명 (4.5%) [53.1%]	550만 7000명 (11.8%) [50.7%]
근로 무능력자	근로 무능력자	164만 4000명 (3.5%) [35.9%]	74만 5000명 (1.6%) [31.6%]	86만 9000명 (1.9%) [22.1%]	325만 8000명 (7.0%) [30.0%]
	아동	66만 명 (1.4%) [14.4%]	47만 명 (1.0%) [19.9%]	97만 5000명 (2.1%) [24.8%]	210만 5000명 (4.5%) [19.4%]
	소계	230만 5000명 (5.0%) [50.3%]	121만 4000명 (2.6%) [51.5%]	184만 4000명 (4.0%) [46.9%]	536만 3000명 (11.5%) [49.3%]
전체		458만 명 (9.8%) [100.0%]	235만 8000명 (5.1%) [100.0%]	393만 1000명 (8.5%) [100.0%]	1087만 명 (23.4%) [100.0%]

※ 소괄호 안은 전 인구에서 차지하는 비중이며, 대괄호 안은 빈곤층에서 차지하는 비중임.
1 절대 빈곤층은 가구소득이 최저생계비보다 적은 빈곤자임.
2 차상위층은 가구소득이 최저생계비의 120%보다 적은 빈곤자임.
3 차차상위층은 가구소득이 최저생계비의 150%보다 적은 빈곤자임.
자료: 이병희·반정호(2009).

람들의 빈곤이 빈곤 문제의 중요한 부분을 차지한다.

일할 수 있는 사람들의 빈곤 규모는 더욱 확대되는 추세다

더구나 근로 빈곤층의 규모는 날로 증가하고 있다. 표 9-2는 취업 상태를 기준으로 근로 빈곤층을 구분해 2003~2005년 그 규모의 변화 추이를 살펴본 것이다. 15~64세 연령으로 취업 의지가 있는 사람들인 '경제활동인구'의 빈곤율은 2003년에 9.1%에서 2005년에는 9.3%로 높아졌다. 이를 더욱 자세히 알아보기 위해 경제활동인구를 구성하는 주

표 9-2 **취업 상태를 고려한 근로 빈곤층의 규모**

연도	경제활동인구의 빈곤율	취업자의 빈곤율			실업자의 빈곤율
		취업자			
			임금 근로자	비임금 근로자	
2003년	9.1%	8.5%	8.0%	10.2%	23.1%
2004년	9.0%	8.7%	7.3%	11.4%	25.8%
2005년	9.3%	8.8%	7.6%	11.5%	28.3%

자료: 노대명 외(2007a).

요 집단별 빈곤율 변화 추이를 살펴보자. 취업자의 빈곤율은 2003년 8.5%에서 2005년 8.8%로 조금씩 계속 증가하는 추이를 보인다. 그 가운데 임금 근로자의 빈곤율은 2004년 조금 낮아졌다가 다시 높아졌다. 그러나 주로 자영업자인 비임금 근로자의 빈곤율은 2003년 10.2%에서 2004년 11.4%, 2005년 11.5%로 계속 증가하고 있다.

근로 빈곤층 중 실업자의 빈곤 상황은 더욱 두드러진다. 2003년에 실업자의 빈곤율은 23.1%로 취업자의 빈곤율보다 2.5배 정도 높다. 더구나 실업자의 빈곤율은 해가 갈수록 더욱 높아져서, 2005년에는 28.3%에 달한다.

이처럼 우리나라에서 근로 빈곤층의 빈곤율은 계속 높아지고 있다. 특히 자영업자와 실업자의 빈곤율이 가파르게 증가하는 추세다.

일할 수 있는데 왜 빈곤한가

신자유주의적 노동시장 재편은 고용 불안정을 야기한다

우리 사회에서 근로 빈곤 문제가 본격적으로 등장한 것은 1997년 외환위기 이후부터다. 대체 외환위기는 우리나라의 노동시장에 어떤 변화를 가져왔기에 이처럼 새로운 빈곤 문제를 일으켰을까? 1997년 외환위기는 우리나라의 경제와 노동시장이 신자유주의적으로 재편되는 데 직접적인 계기로 작용했다는 것이 일반적인 평가다.

서구 선진국의 자본주의 발전 역사를 보면, 19세기 자유방임적 자본주의국가에서 출발해 제2차 세계대전 이후 경제성장과 완전고용, 분배적 복지를 균형 있게 추구하는 '케인스주의적 복지국가'라는 발전모델을 형성·유지해왔다. 그리고 1970년대 초 케인스주의적 복지국가 모델이 한계에 달했다고 보고 그 대안으로 등장한 것이 신자유주의적 자본주의 재편 전략이다(임석준, 2004).

자본주의의 신자유주의적 재편은 세계화를 통해 자본의 국가 간 이동을 자유롭게 하는 등 기업의 자유를 극대화하고, 그 결과 기업 간 무한 경쟁을 유발한다. 이 과정에서 기업은 생산비용 절감 또는 이윤 창출을 위해 노동비용을 줄이는 데 사활을 걸게 되는데, 이에 따라 노동시장 유연화를 극대화하는 방향으로 변화가 나타났다.

노동시장 유연화는 기업의 필요에 따라 고용 조정을 수시로 자유롭게 하도록 이끈다. 기업은 노동비용을 줄이기 위한 수단을 적극적으로 활용하는데, 이를 위해 근로자를 핵심노동력과 주변노동력으로 구분하고 주변노동력은 수요에 따라 수시로 채용하고 해고한다. 주변노동력은 주로 외부 하청이나 사내 하청 등의 형태로 일하게 되는데, 이에 따라 모기업은 그러한 근로자의 고용을 책임질 필요가 없어진다. 따라서 이들은 모기업의 필요에 따라 언제든 실직할 위험에 처하게 된다. 한편 기업은 정규직보다 임시직 및 시간제 고용 또는 파견 노동력을 활용하거나 외국인 근로자를 고용하는 것을 선호한다(황익주, 1998; 신명호 외, 2004). 이처럼 노동시장의 유연화는 근로자를 상시적인 실업 위기로 내몰고 있으며 고용 불안정 상태에 놓이게 하고 있다.

다음 사례는 기술직 사원으로 25년 이상을 한 통신 회사에서 근무하다가 2003년 회사가 민영화되면서 정리해고된 경우로, 외환위기 이후 우리 사회에서 신자유주의적 노동시장 유연화 과정이 일반 근로자들을 어떻게 실업 내지 고용 불안정 위험에 빠뜨리는지 잘 보여준다.

> 강○수 씨(51세, 남)는 퇴직하려는 생각이 전혀 없었으나, 회사의 지속적인 해고 압력을 이기지 못해 명예퇴직을 신청했다. 그는 20대 중반에 A 통신에 입사해 평생을 서울 시내에 있는 전화국을 돌며 선로 매설 및 유지와 관련한 현장 업무를 담당해왔다. 회사는 강 씨가 명예퇴직하기 몇 년 전부터 그의 근무 부서였던 현장 업무를 외주업체에 용역을 주는 방식으로 인원을 점차 줄여가기 시작했다. 강 씨가 마지막으로 근무했던 B 전화국에는 선로 매설과 관련한 부서에 4개 팀 16명이 근무하고 있었으나 강 씨의 퇴직 직전에는 4명밖에 남지 않았다. …… 2003년 초에 회사에서는 강 씨를 서울을 벗어난 타 시·도로 발령했다. 그가 전출을 거부하자 회사에서는 같은 전화국 내의 타 부서로 전과시켰다. 전과한 지 얼마 지나지 않아 발표된 인사고과 점수에서 강 씨는 C등급을 받았는데, 강 씨에게는 그것이 실질적인 해고 통보로 다가왔으며, 이제 더 이상 버틸 수 없다는 생각이 들었다고 한다. …… 고등학교와 대학교에 다니는

자녀를 둔 강 씨로서는 끝까지 버텨보고 싶었지만…… 어쩔 수 없이 그만두어야 했다. …… 재취업이 쉽지 않을 것이라 예상했지만, 본격적인 구직활동을 하면서 새삼 자신의 나이, 경력과 기술로 들어갈 만한 일자리가 별로 없다는 사실을 깨달았다. 강 씨는 자신의 나이에 맞는 새로운 일자리를 찾기 위해 퇴직 후에 택시면허, 버스면허를 취득했고, 혹시 취업에 도움이 될까 싶어 본인의 경력을 이용해 선로 매설과 관련한 감리사 자격증을 취득했다. 하지만 이러한 노력에도 퇴직 후 5개월이 지난 현재 시점까지 강 씨는 실업자로 남아 있다(신명호 외, 2004).

이 사례는 기업이 기존 업무 중 일부를 외부로 하청을 줌으로써 하급의 기술직에 속하는 주변근로자들이 퇴직할 수밖에 없도록 유도하는 과정을 잘 보여준다. 이렇게 실직한 주변근로자들은 재취업하기가 쉽지 않아 장기 실업자로 전락하거나 재취업한다고 하더라도 이전 직장과는 비교할 수 없이 열악한 임금 및 고용조건에 처할 수밖에 없는 불안정 고용층으로 편입될 가능성이 크다.

신자유주의적 자본주의 재편 과정에서 근로자에게 야기되는 또 다른 위험은 '공장의 해외 이전에 따른 실업'이다(신명호 외, 2004). 기업 간 경쟁이 치열해지면서 노동비용을 절감하기 위해 기업은 임금이 더 싼 국가를 찾아 공장을 이전하는 전략을 추구한다. 특히 노동집약적 산업이나 사양 산업은 국내의 임금수준으로는 경쟁력을 갖출 수 없어 해외로 기업을 통째로 이전하는 추세다. 결국 그러한 공장에서 일하던 근로자들은 모두 일자리를 잃고 마는 것이다.

채○승 씨(53세, 여)는 2003년 2월까지 3년 정도 서울에 있는 봉제 공장에서 작업복을 만드는 봉제공으로 일하다가 어느 날 갑자기 공장이 중국으로 이전하는 바람에 실직했다. 초등학교 졸업이 학력의 전부인 채 씨는 일찍부터 학생복을 만드는 양장점에 보조로 들어가 봉제기술을 배웠다. 그는 23세에 중매로 결혼하기 전까지 봉제사로 일했다. 채 씨는 결혼 후 10년 가까이는 아이들을 기르며 전업주부로 지내다가 아이들이 어느 정도 성장한 후부터 다시 부업 삼아 봉제일을 하기 시작했다. 그러다가 39세에 남편과 이혼하면서 전업으로 일에 매달리게 되었다. …… 2000년께 회사가 규모를 늘리며 신규 직원을 모집할 때 정규직으로 전환되었다. 그러던 어느 날 공장이 중국으로 이전하면서 갑작스레 공장 폐업 조치가 내려졌고, 채 씨를 포함해 10명에 이르던 봉제공들은 졸지에 실직을 당했다.

실직 후 채 씨는 5개월 동안 월 40만 원 정도 고용보험 실직수당을 받으며 동료들과 함께 봉제와 관련한 일자리를 알아봤지만, 좀처럼 일자리를 구할 수 없었다. 봉제일을 구하기 어려워지면서 실업이 장기화되자 채 씨는 영등포에 있는 직업소개소를 찾아가 월 5만 원의 소개료를 주고 파출부일을 하여 생계를 유지했다. …… 파출부일을 하면서도 채 씨는 전에 함께 일했던 동료나 구인광고지를 통해 지속적으로 봉제일을 찾아다녔고, 9월쯤에는 신촌에 있는 소규모 봉제업체에 객공으로 취업할 수 있었다. 채 씨를 포함해 총 5명의 미싱사를 고용한 영세업체였는데, 어렵게 구한 이 일도 일거리가 없어서 12월 무렵부터 나가지 못하고 있다 (신명호 외, 2004).

이 사례는 사양 산업의 공장이 해외로 이전하면서 일자리를 잃고 같은 업종의 일자리도 줄어들면서 재취업하지 못해 장기 실업 내지 고용 불안정 상태에 놓이는 현실을 보여준다. 결국 이러한 분야의 산업에 종사하던 근로자들이 근로 빈곤에 빠질 가능성이 커지고 있음을 알 수 있다.

이처럼 국내 노동시장의 노동유연성 증가 및 공장의 해외 이전에 따른 상시적 실업 위기와 고용 불안정은 자영업자의 증가로 이어진다. 고용 불안정과 재취업의 어려움으로 근로자들이 자영업을 선호하게 되는 것이다. 자본주의 발전 과정에서 임금 근로자가 증가하고 자영업자가 감소하는 것은 일반적인 현상이다. 우리나라도 1980~1990년대 중반까지는 자영업자 비중이 감소하는 추세를 보였다(금재호 외, 2006). 하지만 1997년 말 외환위기 이후 자영업자 수는 줄지 않고 전체 고용의 24% 내외로 정체 상태에 있다. 문제는 도소매업 및 서비스업 등 많은 자영업자들이 진출하는 분야도 대형화·전문화되어가고 있으며, 그에 따라 영세자영업의 성공 가능성이 매우 낮아지고 있다는 점이다. 그 결과 2003년 이후 영세자영업자들이 몰락하는 현상이 빚어지고 있다(금재호, 2009).

비정규직 근로자: 불안한 일자리와 낮은 소득

우리 사회에서 비정규직 근로자는 외환위기 이후 급속하게 증가했다. 2007년 3월에는 878만 명으로 최고치에 달했고, 그 이후 감소세로 돌아서 2008년 8월 현재 약 840만 명 정도다. 비율상으로는 2000년대에 55% 내외 수준으로 유지되다가 '기간제 및 단시간근로자 보호 등에 관한 법률'을 포함한 이른바 '비정규직 보호법'이 시행된 이후 줄어들어 2008년 8월 현재 약 52%다(김유선, 2008). 여전히 근로자의 절반 이상이 비정규직 근로자인 것이다.

그림 9-1 **비정규직 규모 추이**

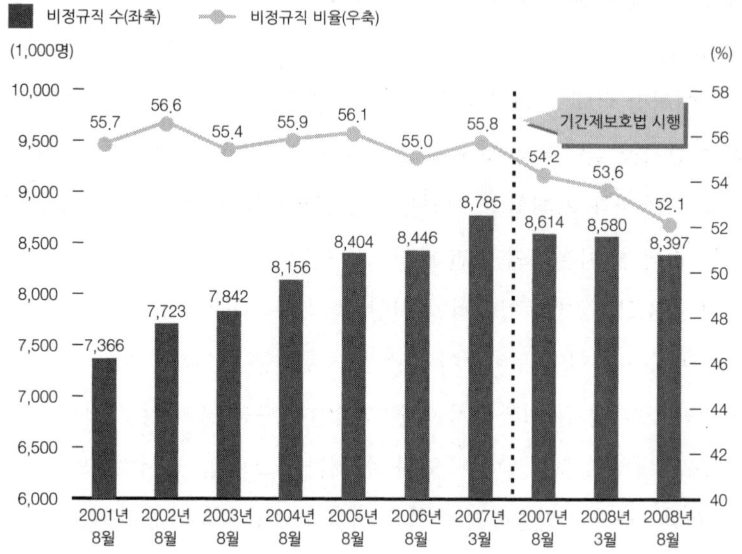

자료: 김유선(2008).

비정규직 근로자는 일을 해도 충분한 임금을 받지 못하기 때문에 빈곤에 빠지기 쉽다. 2014년 6월 현재 비정규직 근로자의 평균 임금은 130만 5000원으로 정규직 근로자 평균 임금의 48.4%에 지나지 않는다(고용노동부, 2014). 2014년 4인 가구 최저생계비는 163만 820원이다. 만약 가족이 4명이고 가장 혼자 비정규직으로 취업해 비정규직 평균 임금을 받는다면, 그 가구는 정부가 인정하는 빈곤 가구가 된다.

비정규직 근로자 중 시간제 근로나 가정 내 근로 형태로 노동하는 사람의 임금은 더욱 낮다. 2014년 6월 현재 시간제 근로를 하는 비정규직 근로자의 월평균 임금은 69만 2000원이고, 가정 내 근로 형태 근로자의 평균 임금은 118만 8000원에 지나지 않는다. 시간제 근로 형태로 노동하는 근로자는 2010년 3월 현재 106만 6000명이며, 가정 내 근로를 하는 비정규직 근로자도 6만 5000여 명에 이른다(한국비정규노동센터, 2010).

비정규직 근로자는 정규직 근로자와 같은 시간을 일해도 정규직 근로자보다 임금이 훨씬 적다. 비정규직 근로자의 시간당 평균 임금은 1만 1253원으로 정규직 근로자의 시간당 평균 임금 1만 5684원의 71.7%에 지나지 않는다.

일반적으로 임금이 '근로자 중위 임금의 3분의 2 미만'인 경우를 저임금 근로자로 규정한다. 시간당 임금을 기준으로 했을 때 저임금 근로자는 2008년 8월 현재 432만 명으로 임금 근로자의 26.8%에 이른다. 저임금 근로자는 대부분 비정규직이다. 비정규직 중 저임금 근로자는 383만 명으로 비정규직 근로자의 45.6%에 달한다. 반면 정규직 근로자로서 저임금 근로자인 경우는 49만 명으로 정규직 근로자의 6.4%에 지나지 않는다.

더구나 비정규직 근로자 중 19.7%인 165만 명은 임금이 법정 최저임금에도 미치지 못할 정도로 적은 임금을 받고 있다. 2008년 최저임금은 시간당 3770원이며, 월급으로 환산하면 78만 7930원(주 40시간 근로) 기준이다. 따라서 비정규직 근로자 5명 중 1명꼴로 법정 최저임금인 약 79만 원보다도 적은 임금을 받고 있는 것이다(김유선, 2008).

이렇게 비정규직 근로자는 일을 해도 임금을 적게 받기 때문에 빈곤에 빠질 가능성이 크다. 더구나 적은 임금조차 안정적으로 받지 못한다. 다시 말해, 잦은 해고 등 실직으로 계속 일하는 기간이 길지 못하다는 점 또한 빈곤에 빠질 가능성을 높이는 요인이다. 비정규직 근로자의 근속연한은 2008년 8월 현재 평균 1.86년이고 중위값은 0.67

년에 그친다. 이는 비정규직 근로자들이 한 회사에서 근무하는 기간이 평균적으로 1.86년에 지나지 않으며, 더욱이 전체 비정규직 근로자 중 50%는 한 회사에 취직하여 고용이 지속되는 기간이 8개월도 안 된다는 것을 의미한다(김유선, 2008). 고용의 지속 기간이 짧다는 것은 그만큼 일을 하지 못하는 기간, 즉 임금이 없는 기간이 길다는 것을 의미하며, 빈곤해질 위험성이 높다는 것을 시사한다.

우리나라 근로 빈곤층은 사회안전망에서도 배제되어 있다

빈곤을 막기 위한 사회안전망은 크게 두 가지다. 하나는 사회보험이고, 다른 하나는 공공부조다. 사회보험은 실업이나 노령, 질병으로 일을 할 수 없을 때 적절한 소득을 제공하여 빈곤에 빠지는 것을 예방하는 역할을 한다. 반면에 공공부조는 각종 사회복지제도의 도움을 받거나 개인적 노력 또는 이웃 및 친척 등의 도움을 받는데도 빈곤에 빠진 경우에 마지막 수단으로 국가가 직접 생계를 지원하는 제도다.

우리나라 근로 빈곤층의 상당수는 이러한 두 가지 사회안전망 모두에서 배제되어 있다. 표 9-3은 2014년 6월 현재, 근로 빈곤층의 절반을 차지하는 비정규직 근로자의 사회보험 적용 현황을 정리한 것이다.

정규직 근로자는 97.7%가 국민연금에, 97.8%가 국민건강보험에, 95.4%가 고용보험에, 97.7%가 산업재해보상보험에 가입되어 있다. 즉, 정규직 근로자는 거의 대부분이 사회보험에 가입되어 노령, 질병, 실업, 산업재해 등의 위험으로부터 보호를 받는다. 하지만 비정규직 근로자는 상당수가 이러한 사회보험에 가입되어 있지 않다. 국민연금에는 비정규직 근로자의 48.2%만이 가입되어 있고, 절반이 넘는 나머지는 가입되어 있지 않은 상태다. 특히 일일 근로자의 91.5%, 비기간

표 9-3 **고용 형태별 사회보험 가입률 (2014년 6월)**

구분	국민연금	국민건강보험	산재보험	고용보험
정규직	97.7%	97.8%	97.7%	95.4%
비정규직	48.2%	51.2%	96.5%	63.0%
파견·용역 근로자	91.4%	93.0%	97.2%	93.8%
일일 근로자	8.5%	8.9%	97.5%	44.2%
단시간 근로자	48.5%	50.4%	95.0%	58.4%
기간제 근로자	85.0%	90.0%	97.6%	83.7%
비기간제 한시적 근로자	22.7%	23.8%	93.0%	40.6%
재택·가내 근로자	55.1%	54.1%	90.4%	49.6%

자료: 고용노동부(2014).

제 한시적 근로자의 77.3%, 단시간 근로자의 51.5%는 국민연금에 가입되어 있지 않다. 국민연금에 가입해 10년 이상 보험료를 납입하면 노인이 되어 근로할 수 없을 때 매달 일정액의 연금을 받아 기본적인 노후생활을 할 수 있다. 또한 가입 중에 사고로 장애인이 되어 소득이 줄거나 없을 때에는 매달 장애연금을 받을 수 있으며, 가입자가 사망하면 배우자에게 유족연금이 지급된다. 국민연금에 가입되어 있지 않으면 노령, 장애, 사망과 같은 위험에 빠져도 급여를 받지 못하기 때문에 빈곤에 빠질 위험성 또한 커진다.

한편 국민건강보험은 비정규직 근로자 중 51.2%만이 가입되어 있고, 나머지 48.8%는 가입되어 있지 않은 상태다. 국민건강보험에 가입되어 있지 않다는 것은 질병에 걸려 병원에서 치료를 받아야 할 때에 치료비를 본인이 모두 부담해야 한다는 것을 의미한다. 그만큼 병원 치료비 부담이 커진다. 더욱이 국민건강보험에 가입되어 있지 않은 사람은 임금도 아주 적은 근로자일 가능성이 크다. 따라서 치료비 부담 때문에 제때 병원을 찾아 진료를 받을 가능성이 낮아 경증질환이 중증으로 악화될 수 있다. 물론 밀린 건강보험료를 납부하면 보험 혜택을 받을 수도 있지만, 이는 실제로 몸이 나빠졌을 때 하는 일로, 평소에 질병 예방 및 관리 측면에서는 소홀할 가능성이 크다.

고용보험은 이에 가입한 근로자가 실직했을 때 실직 전 임금의 50%를 실업급여로 보험료 납입 기간 및 연령에 따라 최소 3개월에서 최대 8개월까지 지급한다. 이처럼 고용보험은 실직한 사람들이 빈곤에 빠지는 것을 막아준다. 그런데 비정규직 근로자 중 고용보험에 가입한 비율은 63%에 지나지 않는다(표 9-3 참조). 따라서 비정규직 근로자의 37%는 실직 시 고용보험의 실업급여를 전혀 받지 못하며, 그만큼 빈곤에 빠질 위험성이 크다.

이처럼 우리나라 근로 빈곤층의 절반을 차지하는 비정규직 근로자의 상당수가 사회보험 적용 대상에서 제외되어 있는 상태다. 근로 빈곤층을 형성하는 다른 주요 집단인 실업자, 영세자영업자는 더욱 심각한 상태일 것으로 추정된다. 이와 관련된 통계자료가 없어 정확한 추정은 불가능하다. 실업자는 고정 소득이 없기 때문에 사회보험의 보험료를 납입하기 어렵다. 따라서 상당수가 국민연금, 국민건강보험 수급 대상에서 제외되어 있는 상태다. 고용보험은 현재 임금 근로자인 사람만을 대상으로 하므로, 실업자는 실업급여를 받는 대상이 될 수 있지만 가입 대상은 아니다. 한편 영세자영업자는 근로자에 비해 소득을 파악하기 어렵고 행정기관에서 관리하기도 어려운 집단이어서 사회보험 가입률이 비정규직 근로자보다 크게 낮을 것으로 보인다. 이처럼 근로 빈곤층의 상당수가 사회보험에서 배제됨으로써 이들이 노령, 질병, 실업 등 사회적 위험에 빠졌을 때 빈곤을 예방할 수 있는 장치가 빈약하다.

한편 우리나라에서 근로계층이 빈곤할 때 지원을 받을 수 있는 공공부조 형태의 사회복지제도는 국민기초생활보장제도와 2009년부터 급여가 제공되는 근로장려세제가 전부다. 이 제도들로부터 급여를 받는 근로 빈곤층은 그다지 많지 않다.

국민기초생활보장제도는 자격 조건이 엄격한 탓에 노인, 장애인 등 근로 능력이 떨어지는 사람들도 급여를 받는 비율이 높지 않다. 우리나라 전체 빈곤층 중 실제 국민기초생활보장제도의 급여를 받는 비율은 35.5%에 지나지 않는다고 한다(손병돈 외, 2013). 근로 빈곤층도 이와 동일한 비율로 국민기초생활보장제도의 급여를 받는다고 가정하면, 근로 빈곤층 중 64.5%는 빈곤한데도 국민기초생활보장제도의 급여를 받지 못하는 것으로 추정된다. 2005년 현재 근로 빈곤층이 227만 6000명이므로, 이 중 64.5%인 약 153만 2500명은 빈곤해도 우리 사회의 최후 사회안전망인 국민기초생활보장제도로부터 어떤 지원도 받지 못하는 것으로 추정된다.

이렇게 근로 빈곤층의 상당수가 국민기초생활보장제도의 지원 대상에서 배제되는 것은 무엇보다 자격 조건이 현실에 맞지 않기 때문이다. 국민기초생활보장제도의 급여를 받으려면 소득 및 재산을 고려한 소득 인정액이 급여별 선정 기준보다 적어야 하며, 부양 능력이 있는 부양의무자가 없어야 한다. 이러한 자격 조건 중 특히 재산을 소득으로 환산하는 제도의 적용이 지나치게 엄격하다. 예를 들어, 서울에 사는 4인 가구가 전세금이 1억 8000만 원인 아파트에 살고 있다면, 소득이 전혀 없을지라도 그 가구는 국민기초생활보장제도의 생계급여를 받지 못한다. 아파트 전세금을 재산으로 간주해 소득으로 환산하면 소득이 4인 가구의 2016년도 생계급여 선정 기준선인 월 127만 3516원 보다 많기 때문이다. 또한 일선에서 업무를 담당하는 공무원이 대상자 선정에서 여전히 보수적으로 판단하는 경향이 있기 때문에 근로 능력자가 포함된 가구는 혜택을 받기가 까다롭다. 원래 국민기초생활보장제도는 근로 능력 유무에 관계없이 빈곤 여부를 판단하도록 규정하지만, '근로 능력자는 도움을 받아서는 안 된다'는 편견이 여전히 존재하는 것이 현실이다.

2009년부터 급여가 제공되는 근로장려세제의 혜택을 받을 수 있는 근로 빈곤층 역시 얼마 안 될 것으로 예상된다. 근로장려세제는 근로하는 저소득층을 대상으로 연간 최대 210만 원의 급여를 제공하는 제도다. 자격 조건으로는 근로소득 또는 사업소득이 있는데(전문직 제외), 가구소득이 단독가구는 연간 1300만 원 이하, 홑벌이 가구는 2100만 원, 맞벌이 가구는 2500만 원 이하로서 배우자 또는 18세 미만 아동이 1명 이상 있거나 만 60세 이상이어야 한다. 이와 더불어 주택을 1채 이하 소유하면서 재산이 1억 4000만 원 이하여야 한다. 이처럼 근로장려세제는 저임금 근로자나 영세 자영업자만을 대상으로 하고 실업자 등의 근로 빈곤층은 대상에서 제외한다. 더욱이 소득 자격 기준이 낮고 재산 관련 기준이 엄격해 실제로 급여를 받을 수 있는 근로 빈곤층은 많지 않을 것으로 예상된다. 근로장려세제의 급여는 가구 형태 및 근로소득에 따라 상이하며, 만 60세 이상 단독가구는 연간 최대 70만 원, 홑벌이 가구는 연간 최대 170만 원, 맞벌이 가구는 연간 최대 210만 원을 받을 수 있다.

맞벌이를 하는 4인 가구로서 1300만 원의 근로소득이 가구소득의 전부인 저임금 근로자 가족은 근로장려세제로 210만 원을 받더라도 이를 합한 월평균 소득이 약 126만 원에 지나지 않는다. 이는 2016년 4인 가구 생계급여 선정 기준선인 127만 3516원보다도 적다. 따라서 부부가 저임금 근로자이고 자녀가 2명인 4인 가구라면 근로장려세제의 급여를 받아도 빈곤에서 벗어나지 못할 가능성이 크다.

이처럼 우리나라는 아직 근로 빈곤층을 대상으로 하는 사회안전망이 취약하다. 따라서 저임금이나 실업으로 빈곤 상태에 있다면, 사회안전망을 통해 빈곤에서 탈출할 가능성은 대단히 낮다.

어떤 대안이 있을까

경제성장이 대안인가

많은 사람들, 특히 보수주의자들이 근로 빈곤 문제의 대안으로 제시하는 최선의 방안은 경제성장이다. 그런데 과연 경제성장이 근로 빈곤 문제를 해결할 수 있을까?

경제성장을 통해 근로 빈곤 문제를 해결하려면 경제성장 과정에서 좋은 일자리가 많이 만들어지고 근로자의 임금이 올라야 한다. 하지만 서구 사회의 경험과 외환위기 이후 우리의 경험을 보더라도, 경제성장을 한다고 하여 근로 빈곤 문제가 해결될 것이라는 주장은 그다지 설득력이 있어 보이지 않는다.

우선 경제성장으로 좋은 일자리가 많이 만들어지는지 살펴보자. 표 9-4는 2000~2006년 우리나라 산업별 취업계수를 보여준다. 여기서 취업계수는 10억 원을 투자했을 때 만들어지는 일자리 수를 의미한다. 전 산업의 취업계수는 2000년 10.9명에서 2005년 8.7명, 2006년 8.4

표 9-4 **산업별 취업계수 추이**

구분	취업계수 (명/10억 원)			증감률 (%)	
	2000년	2005년	2006년	2000~2005년	2005~2006년
농림어업	52.7	42.6	41.5	-4.2	-2.6
광업	5.8	5.4	5.3	-1.4	-1.9
제조업	4.4	3.4	3.2	-5.0	-5.9
소비재업종	7.4	5.9	5.7	-4.4	-4.2
기초소재업종	2.4	2.3	2.2	-1.1	-2.3
조립가공업종	5.4	3.5	3.2	-8.4	-9.6
전력·가스·수도	2.2	1.5	1.5	-7.4	0.0
건설업	10.1	10.5	11.1	0.8	5.7
서비스	15.9	13.1	12.9	-3.8	-1.5
전 산업	10.9	8.7	8.4	-4.4	-3.4

자료: 한국은행 경제통계국(2009).

명으로 계속 감소하는 추세를 보인다. 이는 곧 동일한 양의 자본을 투자할 때 새로이 생기는 일자리 수가 감소하고 있다는 것을 의미한다. 예전과 동일한 수준의 경제성장을 해도 그만큼의 일자리가 만들어지지 않는 것이다. 산업별 취업계수를 보면, 농림어업이 41.5명, 서비스업이 12.9명, 건설업이 11.1명으로 비교적 높은 반면에 제조업은 3.2명, 전력·가스·수도는 1.5명으로 매우 낮다.

더욱이 최근 경제성장을 통해 만들어진 일자리의 질을 보면, 좋은 일자리보다는 임금이 낮은 좋지 않은 일자리가 많다. 그림 9-2에 따르면, 최근에 서비스업에서 가장 많은 일자리가 만들어지고 있는데, 그러한 일자리는 대부분 저임금 일자리다.

이처럼 최근 우리 사회는 경제성장을 해도 예전처럼 좋은 일자리

그림 9-2 **제조업과 서비스업 일자리의 분위별 고용 증감**

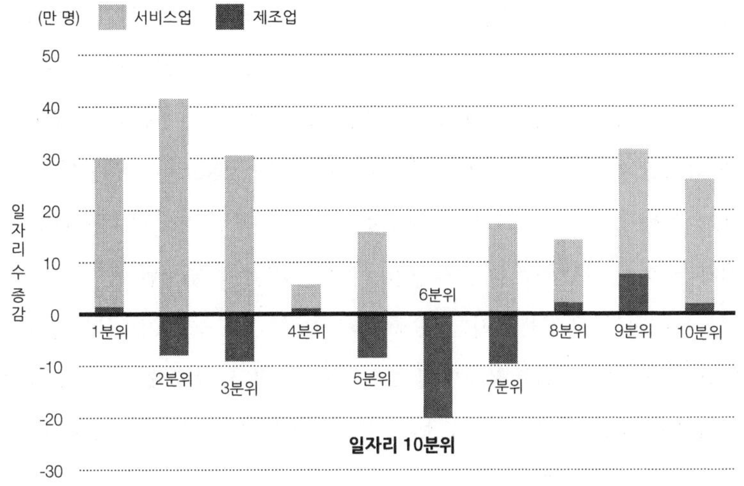

자료: 전병유 외(2005); 이병희 외(2008: 25).

가 만들어지지 않는다. 예전처럼 좋은 일자리를 많이 창출하려면 예전보다 더 높은 수준의 경제성장을 해야 한다. 하지만 현재 우리나라의 경제 수준을 고려할 때, 지금의 중국처럼 연평균 7% 이상의 경제성장률을 기대하는 것은 불가능하다. 설사 그렇게 경제성장을 한다고 해도 삶의 질이 보장되는 수준의 양질의 일자리가 만들어지기도 어렵다. 이러한 점을 고려할 때, 경제성장만 하면 현재의 근로 빈곤 문제가 해결될 수 있다는 주장은 현실성이 없다.

근로연계복지가 대안인가

근로연계복지는 근로와 복지를 결부해 제공하는 형태의 복지를 말한다. 예컨대 미국의 TANF(Temporary Assistance for Needy Families)나 우리나라의 국민기초생활보장제도 등이 근로연계복지에 해당한다. TANF는 근로 능력이 있는 빈곤한 여성 세대주 가구에 대해 직업훈련이나 취업, 구직활동 등의 근로활동에 참여하는 것을 조건으로 생계비를 지원한다. 국민기초생활보장제도도 근로 능력이 있는 빈곤한 사람에게는 취업을 하거나 직업훈련 또는 자활사업 등 근로 관련 활동에 참여하는 것을 조건으로 생계비를 제공한다. 만약 대상자가 근로활동에 참여하는 것을 거부하면 해당자 몫의 생계비 지급이 중지된다.

이러한 근로연계복지는 1980년대 이후 근로 능력이 있는 사람을 대상으로 하는 사회복지제도의 보편적인 형태가 되고 있다. 그렇다면 이러한 근로연계복지가 근로 빈곤 문제를 해결할 수 있는 적절한 대안이라고 할 수 있을까?

이러한 대안이 효과적인 처방이 되려면, 근로 빈곤 문제의 원인이 대상자들이 일을 하지 않으려 하는 데 있어야 한다. 물론 근로 빈곤층 중에는 일하려는 동기가 약한 사람도 있다. 그런 사람에게는 일을 할 수 있도록 적절한 프로그램을 제공하고 일하려는 동기를 강화할 수 있는 서비스를 제공하는 것이 하나의 방안이 될 수 있다. 하지만 근로 빈곤 문제가 적절한 일자리가 부족하고 임금이 빈곤에서 벗어날 수 있는 수준보다 낮기 때문에 발생하는 것이라면, 근로연계복지는 적절한 대안이 아닐 수 있다. 앞에서 살펴본 바와 같이 오늘날에는 좋은 일자리가 부족하고 일을 해도 충분한 임금이 주어지지 않는 경우가 많은 것이 현실이다. 이런 상황에서는 근로 빈곤자에게 일을 하도록 강제한다고 근로 빈곤 문제가 해결되기 어렵다. 현재의 근로 빈곤 문제는 본질적으로 개인적 차원보다는 일할 수 있는 사람에게 적정 수준의 임금을 제공하는 일자리가 부족하다는 사회구조적 차원에서 그 원인을 찾아야 한다. 그런 점에서 근로연계복지는 현재의 근로 빈곤 문제를 해결하는 데 보완적인 방안은 될 수 있어도 근본적인 대안이 될 수는 없다.

새로운 사회적 상상력이 필요하다

지금까지 살펴보았듯이 근로 빈곤은 쉽게 해결할 수 없는 문제다. 문제의 원인이 특정 개인의 잘못에서 비롯된 것이 아니기 때문이다. 특히 문제의 원인이 '고용 없는 성장'처럼 자본주의 발전 단계상 나타나는 성격도 있고, 세계화에 따라 국가 간 경계를 뛰어넘는 무한 경쟁과 같이 한 국가 차원의 문제가 아니라 세계적 차원과 연결되어 있기도 하다.

그런 점에서, 근로 빈곤 문제를 해결하려면 새로운 사회적 상상력이 필요하다. 예전과 같이 경제성장을 해도 좋은 일자리가 많이 만들어지지 못한다면, 대안으로 두 가지 방안을 생각해볼 수 있다. 하나는 현재 주어진 일자리를 나누는 것이다. 지금까지는 세 사람이 각 한 개씩 세 개의 일자리를 차지했다면, 앞으로는 이 세 개의 일자리를 네 사람 또는 다섯 사람이 나눠 갖자는 것이다. 예컨대 예전에 500개의 일자리를 통해 500명을 고용할 수 있었다면, 일자리를 나눌 경우에 700명 또는 800명을 고용할 수 있게 된다. 이러한 방안이 가능하기 위해서는 사회 전체적으로 신뢰와 연대에 기초한 양보가 필요하다. 내가 가지고 있던 기득권을 그대로 유지하겠다고 고집한다면 이러한 방안은 실현될 수 없다. 정규직 노동자는 나 혼자 차지했던 '안정적' 일자리를 다른 비정규직 노동자와 공유하겠다는 자세를 가져야 하고, 기업은 인건비 지출을 부분적으로 늘리되 이를 생산성 향상을 통해 만회하겠다는 새로운 전략을 세워야 한다. 정부는 이렇게 노동자와 기업이 손해를 보지 않고 오히려 이익을 늘릴 수 있도록 직간접적인 제도를 마련하고 사회적 시스템을 구축하려는 노력을 기울여야 한다. 예컨대 임금이 조금 줄어도 안정적인 생활이 가능하도록 교육비와 주거비 부담을 줄일 수 있는 제도적 틀을 마련하는 것이다. 이러한 신뢰와 연대에 기반을 둔 노사정 3자의 사회적 협약이 필요하다. 네덜란드에서는 1982년에 이 3자가 일자리 나누기를 핵심으로 한 바세나르협약(Wassenaar Agreement)을 체결한 이후 실업률이 낮아지고 기업의 경쟁력도 높아졌다고 한다(≪한겨레≫, 2009.5.14).

또 다른 대안은 시장이 일자리를 만들지 못하면 정부와 같은 공공부문이 좋은 일자리를 만드는 것이다. 기업과 같은 시장 부문은 이윤을 내는 것이 목적이기 때문에 이윤을 내지 못할 일에는 투자하지 않는다. 그런데 기업이 충분한 이윤을 낼 수 없어 투자하지 않는 일 중에도 사람들이 살아가는 데 꼭 필요한 일들이 많이 있다. 이에 대해서는 공공 부문만이 투자를 할 수 있다. 예컨대 혼자 사는 노인을 돌본다든지, 좀 더 깨끗한 환경을 만든다든지, 우리 고유의 문화와 전통을 유지하고 발전시킨다든지 하는 일은 많은 이윤을 낼 수 없지만 사회적으로 꼭 필요한 일이다. 이러한 분야의 일자리를 공공 부문에서 만드는 방안을 생각해볼 수 있다. 선진국에 비하면 아직까지 우리 사회에는 이러한 일자리가 턱없이 부족하고, 따라서 늘어날 여지가 많이 있다. 이렇게 창출된 일자리에 근로 빈곤층을 고용해 빈곤 탈출을 돕고 사회적으로 바람직한 서비스가 제공될 수 있다면, 결국 사회 전체적으로 큰 이득이 될 것이다.

10장 가난은 여성에게 더 쉽게 찾아온다

여성이 더 가난하다

빈곤은 평균으로 따질 수 있는 문제가 아니다. 전체 가구의 빈곤율이 10%나 20%라는 것은 그야말로 평균적 확률일 뿐이다. 만약 어떤 특성을 지닌 집단의 빈곤율이 50%를 넘어선다면, 이는 단순히 수치의 문제로 볼 것이 아니라 특별한 논의와 대안을 필요로 한다. 그런 점에서 우리나라의 빈곤 현상 중 특히 노인과 여성의 빈곤에 주목해야 할 당위성이 있다. 앞에서도 살펴보았지만 선진국과 비교했을 때 우리나라의 노인 빈곤 수준은 매우 높다. 가히 '평균을 까먹는' 수준이다. 이에 더해 또 하나의 특징은 여성의 빈곤율이 남성보다 훨씬 더 높다는 점이다. 여성이면서 노인이라면 빈곤율, 다시 말해 빈곤해질 확률은 50%를 넘어선다. 여성 노인의 반 이상이 빈곤선 이하라는 이야기다. 그만큼 여성 빈곤에 특별히 주목할 필요가 있다.

표 10-1 **가구주 성별·연령별 빈곤 가구 비율**

구분	여성	남성
20세 미만	9.7%	10.0%
20~64세	11.8%	5.3%
65세 이상	56.1%	29.3%
전체	21.0%	7.0%

자료: 박영란(2005: 199)에서 재구성.

가구주의 성별과 연령에 따라 빈곤율을 비교해보면, 여성 가구주 가구의 빈곤율은 평균적으로 남성에 비해 3배나 높다. 더구나 65세 이상만 놓고 보면 남성의 2배 수준으로 낮아지지만(그만큼 남성도 노인이 되면 빈곤해질 확률이 높아진다는 뜻이다), 전체 여성 노인 가구의 무려 56.1%가 빈곤선 이하인 것으로 나타난다(표 10-1 참조).

이러한 상황은 남녀 가구주의 소득분포상 여성이 더 가난하기 때문이다. 그림 10-1에서 보는 바와 같이 여성 가구주는 소득 하위 1~3분위가 50%를 넘는 반면에 남성 가구주는 그 반에 그친다. 특히 여성 가구주는 빈곤선 이하인 비율이 높을 뿐 아니라 전반적인 소득분포가 아래쪽에 치우쳐 있어서, 전체 평균으로 보더라도 남성 가구주 가구에 비해 불안정한 경제 상황에 놓여 있다고 할 수 있다.

그런데 여성이 일반적으로 더 오래 살고(즉, 여성 노인이 더 많고) 아무래도 사회경제적으로 취약하므로 빈곤율이 더 높은 것은 당연하지 않을까? 다시 말해, 여성 빈곤율이 더 높은 것은 상식적이지 않느냐는 이야기다. 그러나 나라에 따라서는 남성 빈곤율이 오히려 더 높은 곳도 있을뿐더러 한국만큼 여성과 남성 간 빈곤율 차이가 큰 나라는 드물다. 우리처럼 뚜렷한 차이를 보이는 것은 특수한 사례라는 것이다.

그림 10-1 **가구주 성별 소득 10분위 분포**

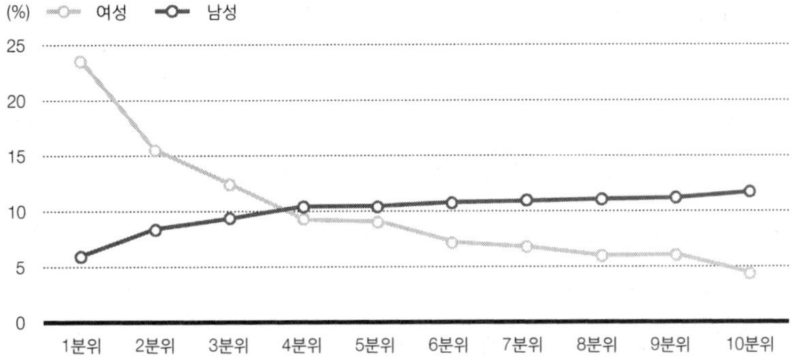

자료: 석재은(2003: 259).

우리나라에서 특별히 여성이 더 가난한 이유는 무엇일까?

왜 여성이 더 가난한가

여성이 더 오래 살기 때문에 여성 빈곤율이 높다?

조금 이상하게 들릴지 모르지만 통계상 여성이 더 가난한 것으로 나타나는 표면적인 이유는 바로 여성이 더 오래 살기 때문이다. 잘 알려진 것처럼 여성의 평균수명은 남성보다 6년 정도 더 길다. 그만큼 여성 노인 혼자서 사는 기간이 길다. 그런데 우리나라 빈곤 가구 구성에서 가장 큰 비중을 차지하는 것은 노인 가구, 그것도 노인 혼자 사는 가구다(4장 참조). 이 때문에 혼자 사는 노인이 많은 여성은 그만큼 빈곤율이 남성보다 더 높을 수밖에 없다는 설명이다. 물론 숫자로만 따져보면 맞는 이야기다. 그러나 이런 식의 여성 빈곤에 대한 이해는 명백한 착시 현상이다.

여성이 더 오래 사는 것이 분명한 사실이라 하더라도 여기에는 왜 하필 남성보다 더 가난한가 하는 문제가 감춰져 있다. 같은 노인 연령대를 비교해보면 여성은 남성보다 '더 가난하다'. 여성이 '더 오래 산다'는 것이 문제의 본질이 아니라, 노인 여성이 '더 가난하다'는 것이 본질이다. 실제 이는 근로활동 중인 연령대의 빈곤율을 성별로 비교해보면 더 명확하게 드러난다. 표 10-1에서 확인할 수 있듯이, 20~64세 여성의 빈곤율은 남성보다 두 배나 높다. 그리고 이러한 성별 빈곤율 차이는 노인 인구에서도 동일하게 나타난다. 결국 여성은 젊은 시절에 노후 대비가 소홀할 수밖에 없었거나 구조적으로 노후에 가난할 수밖에 없는 어떤 이유가 있는 것이다.

여성은 더 나쁜 조건에서 일한다

여성의 생물학적 능력이 남성과 동등한지 아닌지 하는 식의 논쟁은 유치한 것이다. 여성이 모두 무거운 물건을 나르는 육체노동에 종사해야 하는 것은 아니기 때문이다. 육체노동을 주로 하는 일자리는 갈수록 줄어들고, 여성과 남성의 일자리 구분도 점점 희미해지고 있다. 이제 여성이 진출하지 않는 분야는 없다. 행정고시나 사법고시처럼 순전히 성적만으로 경쟁하는 영역에서는 여성 합격자의 비율이 절반에 이른다. 대학 진학률도 남녀 간 차이가 거의 없다. 여성이 중학교를 마치면 남동생 학비를 대기 위해 공장에 취업하던 시절은 이제 지났다.

그럼에도 여성의 일반적인 근로 사정은 여전히 남성에 비해서 크게 열악하다. 우선 종사상의 지위를 비교해보면, 여성은 상용 근로자 비중이 남성의 반 정도에 그친다. 그 대신에 임시·일용직으로 일하는

표 10-2 **저임금 근로자 추이**

구분	전체	여성	남성
2001년	305만 7000명 (22.6%)	202만 8000명 (37.0%)	102만 9000명 (12.8%)
2002년	326만 명 (23.2%)	219만 6000명 (38.0%)	106만 3000명 (12.9%)
2003년	389만 5000명 (27.5%)	261만 6000명 (44.6%)	127만 9000명 (15.4%)
2004년	383만 5000명 (26.3%)	252만 8000명 (41.5%)	130만 8000명 (15.4%)
2005년	401만 6000명 (26.8%)	264만 3000명 (42.0%)	137만 3000명 (15.8%)

※ 여기서 저임금 근로자란 시간당 임금의 중간값의 3분의 2 이하인 임금을 받는 근로자를 의미함. 괄호 안은 전체 근로자에서 차지하는 비중임.
자료: 김영옥 외(2006: 27).

여성은 남성보다 훨씬 많다. 전체 비정규직의 70%를 여성이 차지할 정도다. 이와 더불어 2005년 현재 여성 근로자의 42.0%가 저임금 상태에 있는 반면, 남성은 15.8% 수준이다(표 10-2 참조). '여성의 비정규직화'라는 표현이 있을 정도로 여성 근로자의 상당수가 남성에 비해 열악한 근로조건에서 일하는 것이다. 실제 취업 형태와 임금수준을 비교해보면, 남성 전체의 임금수준을 100으로 잡고 환산했을 때 여성은 62이며, 남성 정규직의 임금수준을 100으로 했을 때 여성 정규직은 72, 남성 비정규직은 52, 여성 비정규직은 38이다(김유선, 2005).

여성에게 특화된 일자리, 규정된 성 역할

여성의 근로조건이나 처우가 이렇게 상대적으로 열악한 데에는 여성에게 특화된 일자리 상황이 반영되어 있다. 산업별 여성 노동자 비중의 추세를 보면 1980년부터 2000년대까지 여성이 주로 종사해온 산업은 제조업과 서비스업이다. 대표적인 직업 309개 가운데 여성 노동자 비율이 10% 이하인 직업이 전체의 70%를 차지할 정도로 노동시장의 성별 직종 분리는 여전하다. 간호사, 교사 및 보모, 보육교사, 접객원, 판매원 및 홍보 도우미, 농어업 숙련노동자, 행상 및 단순 서비스직 노동자, 농어업 단순 노무자 등 이른바 '여성 직종'은 여성 집중도가 높을수록 저연령, 저임금, 짧은 근속연한, 그리고 소규모 기업의 비중이 높다는 특징이 있다. 특히 여성 직종으로 불리는 직종은 대부분 비정규직 형태이며, 근로조건 역시 열악하다. 경기 침체와 고실업 상황에서 많은 여성이 참여하고 계속 확대되는 분야가 바로 판매 서비스직인데, 그 대부분은 임시직이나 시간제 노동인 비정규직 형태로 고용된다(박홍주, 2005: 100).

더구나 여성 노동자의 44.7%가 5인 미만 영세사업장에서 일하고 있으며, 여기에 10인 미만 사업장까지 더하면 81.3%의 여성 노동자가 10인 미만 사업장에 집중되어 있다. 외환위기 이후 사업체 규모별 순임금격차가 확대되고 있는 것을 고려해볼 때, 성별 임금격차가 성별 직종 분리 및 사업장 규모, 고용 형태와 복합적으로 연관되어 있음을 알 수 있다. 더욱이 여성성으로 강조되어온 '봉사, 희생, 친절' 같은 특성이나 외모 또는 연령 등을 강점으로 내세운 노동은 여성이 일하는 분야를 더욱 특정화하고 있다(박홍주, 2005: 102).

한편 여성의 저임금이나 임시·일용직 일자리가 정당화되는 데에는 남성이 '주된 생계부양자'라는 개념이 작용한다. 전통적으로 남성이 가족의 생계를 담당하며 여성은 생계를 보조하는 역할을 한다는 식의 관념이 작용해온 것이다. 이러한 관념은 여성의 일자리를 비하하거나 불리한 노동조건을 정당화하는 뿌리 깊은 사회적 편견이라고 할 수 있다. 하지만 최근 여성 가구주 비율이 20%에 이르러, 그러한 관념으로 여성의 저임금과 불안정 노동을 더는 정당화할 수 없는 상황이다.

그림 10-2 **연령별·성별 경제활동 참가율**

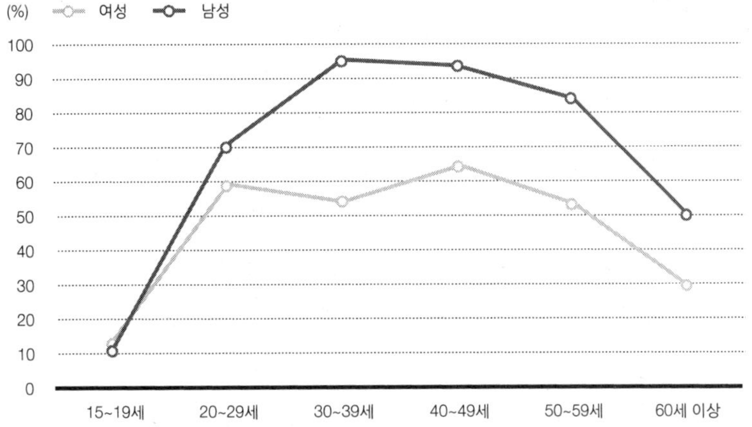

자료: 박영란(2005: 203).

육아와 근로 경력 단절

평균적으로 여성의 일자리 사정이 남성에 비해 불리하다는 것은 앞에서 살펴본 각종 숫자들로 증명된다. 그런데 모든 여성이 나쁜 조건에서 일하는 것은 아니다. 여성 내부에서도 양극화가 분명하다.

우선 세대 간 차이가 있다. 즉, 연령이 높은 세대는 상대적으로 남성에 비해 교육 수준이 낮고, 무엇보다 결혼과 출산, 육아에 따른 경력 단절을 겪은 후 노동시장에 재진입했기 때문에 근로조건이 더 나쁜 편이다. 이것은 잘 알려진 M자 곡선으로 설명할 수 있다. 그림 10-2에서 보는 것처럼, 여성들은 20대 후반부터 40대 초반까지 노동시장에 참여하는 비율이 10% 이상 하락한다. 출산과 육아 때문이다. 이 기간에 남성들은 근로활동을 왕성하게 이어간다. 따라서 여성은 어느 정도 자녀를 키운 다음에 재진입하는 직장에서도 경력 단절과 자녀 양육으로 남성에 비해 더욱 낮은 처우를 받을 수밖에 없다. 실제로 여성 중에서도 나이가 많을수록, 학력이 낮을수록, 기혼일수록 비정규직에 종사하는 비중이 높다.

이와 함께 전문직, 기술직, 관리직 여성과 단순 사무직, 서비스직, 생산직 여성 간의 격차도 점점 커지고 있다. 세대 간 격차와 관계된 것이기도 하지만, 새로 등장하는 여성 엘리트와 만성화된 주변적인 노동력의 양극화가 심화되고 있는 것이다. 실제 각종 자격시험이나 전문직의 상당 부분을 여성이 차지하는 동시에 이른바 3C 업종으로 불리는 저임금의 고된 노동도 여성의 차지가 된다. 간병·보육(caring), 조리·배식(catering), 건물 청소(cleaning) 등 이른바 3C 업종은 선진국에서도 대표적인 저임금 여성 직종으로 알려져 있다.

여성에게 불리한 사회보장체계

노후생활 보장에서 가장 중요한 사회보험제도는 연금이다. 그런데 한국의 연금제도는 기본적으로 가구 단위, 즉 주된 소득자를 대표로 한 가구 단위의 제도다. 따라서 많은 여성들은 자신 명의의 개별 수급권에 기초한 급여보다는 남편이 가입한 연금에 '더부살이'하거나 아예 연금에 가입하지 않고 있다. 실제 2008년 현재 남성은 경제활동인구의 64.4%가 국민연금 및 공무원연금에 가입한 반면, 여성은 그 비율이 51.1%에 그친다(한국여성정책연구원 성 인지 통계에서 재구성).

연금을 받는 비율은 가입률보다 상황이 더 나쁘다. 물론 2008년부터 기초노령연금이 시행되어 종전 연금보험료 납부 여부와 관계없이 8만~9만 원 정도의 연금을 지급하고 있다(2014년부터는 기초연금으로 제도를 확대·개편해서 단독가구 기준으로 최대 20여 만 원을 지급하고 있다). 그러나 이를

표 10-3 **국가별 고령층 여성의 경제활동 참가율 (2006년)**

구분	50~54세	55~59세	60~64세	65~69세	70~74세	75세 이상
한국	58.5%	49.7%	43.8%	32.3%	26.7%	10.4%
핀란드	86.7%	75.1%	35.6%	5.8%	2.6%	-
프랑스	77.3%	53.4%	13.4%	2.6%	0.9%	0.1%
일본	70.5%	60.3%	40.2%	25.1%	15.6%	5.3%
멕시코	44.0%	35.3%	28.5%	21.4%	15.6%	8.3%
미국	74.7%	66.7%	47.0%	24.2%	13.1%	4.4%

자료: 박성정 외(2008: 18).

제외하고 일반적 의미의 연금 수급은 남녀 간에 큰 차이를 보인다. 60세 이상 인구 중 국민연금 수급자는 남성이 58.7%, 여성이 27.6%로 두 배 이상 차이가 나며, 수급액도 월 23만 원과 16만 원으로 성별 격차가 크다(한국여성정책연구원 성 인지 통계에서 재구성).

실제로, 빈곤 상태에 있는 여성 가구주가 사회보험 혜택을 받는 경우는 1~2% 정도에 그친다. 그 결과, 빈곤 여성 가구가 도움을 받는 사회보장제도는 기초생활보장제도 일변도다. 다시 말해, 빈곤의 늪에 빠진 뒤에야 그나마도 극히 일부만 혜택을 받는 정부 재정 지원에 기대어 생계를 유지하고 있는 것이다. 여성의 입장에서 사전에 노후생활을 대비하는 경우는 매우 드물 수밖에 없다. 이러한 상황에서 우리나라 여성 상당수는 세계 어느 나라보다 늦게까지 (형편없는 저임금의) 일을 해야 그나마 생계라도 유지할 수 있는 상태다. 선진국에서는 연금을 받으며 편안한 노후를 보내고 있을 60대 이후에 우리는 기록적인 수준의 경제활동 참가율을 자랑하고 있다(표 10-3 참조).

여성 빈곤 넘어서기

여성 빈곤 문제를 풀어가려면 종합적인 논의가 필요

왜 여성은 남성보다 더 가난한가? 무엇보다 '적당한 수입의 적절한 일자리'를 가질 수 없기 때문이다. 이는 남녀를 떠나 빈곤의 가장 중요한 요인이지만, 특히 여성이 남성에 비해 열악한 지위에 있다. 우선 여성은 남성보다 더 나쁜 조건으로 노동시장에 진입한다. 여성은 직장을 처음 가질 때부터 남성과는 다른 종류의 일과 역할을 하도록 구조화되어 있기 때문이다. 이를 더욱 고착화하는 것은 양육자라는 가정 내 여성의 위치다. 자녀를 돌보고 가사를 전담해야 하기 때문에 시간을 유연하게 사용할 수 있는 시간제 근로나 집 근처의 일자리로 노동시장이 국한되는 것이다. 그 결과 많은 여성이 임시·일용직으로 시간제 근로를 하며, '자연스럽게' 저임금이 정당화된다.

그런데 이런 정당화 뒤에는 '남성 가장 생계부양자 이데올로기'가 강하게 자리 잡고 있다. 남성에게는 한 가족의 생계를 전담할 만한 생계비 수준의 임금(이른바 가족임금)을 지급해야 하지만, 여성의 임금수준은 가족임금 수준일 필요가 없다는 것이 그것이다. 따라서 여성의 고용이나 임금은 생계보조적인 것으로 남성에 비해 불안정하거나 낮아도 된다는 가족임금 이데올로기가 형성되었다. 마찬가지로 여성의 실업 문제도 남성보다 중요하지 않은 것으로 다뤄진다. 여성이 실직할 경우 가정으로 돌아가면 된다는 식의 가부장적 논리로 높은 (실망)실업률이 은폐되어 있는 것이다.

이러한 논리는 여성 가구주 비율이 20%에 이르는 최근까지도 당연한 것으로 받아들여지고 있어 여성 빈곤은 구조적으로 확대재생산되고 있다. 특히 여성의 평균수명이 남성보다 더 길어진 데다 경제활동이 가능한 연령대의 사회경제적 지위가 낮아서 광범위한 여성 노인 빈곤층이 양산되고 있다. 이처럼 서구에서 1970년대부터 정형화된 '빈곤의 여성화(feminization of poverty)' 경향이 오늘날 우리나라에서도 뚜렷이 나타나고 있다. 특히 최근의 경제위기 이후 노동시장 경쟁이 치열해지는 데다 가족해체 경향이 가속화되면서, 열악한 사회경제적 상황에서 가족의 생계를 책임져야 하는 여성이 급증하는 추세다. 일상 경제에서 여성이 점점 더 중요한 비중을 차지하는데도, 구조적으로 남성에 비해 정당한 노동의 대가를 받지 못할뿐더러 전통적 역할이라 할 수 있는 가정 내 무급 노동은 지속되는 이중의 질곡이 강화되고 있다.

따라서 여성 빈곤을 넘어서기 위해서는 단순한 소득활동 기회 제공이나 사회보장체계를 넘어서는 종합적인 논의가 필요하다. 여기에는 여성이 70%를 차지하는 비정규직 문제라든지, 채용이나 승진, 근로조건에서의 차별 등 이른바 노동시장에서 일어나는 차별 문제가 한 축을 이룬다. 이와 함께 여성에게 떠맡겨진 육아, 가사, 간병을 사회화함으로써 일과 가정을 양립할 수 있는 체제를 구축해야 한다는 논의가 있다. 이는 저출산 문제에 대한 해법으로도 강조된다. 또한 사회보험을 비롯한 사회보장체제를 성 중립적으로 설계하는 일도 중요하다. 연금 수급권 문제라든지, 출산 및 양육 기간을 연금 납부 기간으로 산정하는 것과 관련한 논의 등이 이에 해당한다.

차별의 제거가 해결의 기본

얼마 전 힐러리 클린턴이 대통령 후보 경선에 나섰을 때, 언론에서는 종종 미국의 '유리 천장' 이야기가 소개되곤 했다. 겉으로 보기에는 여성의 사회참여가 활발한 미국 사회에서도 여성을 억누르는 보이지 않는 장벽, 즉 유리 천장이 존재한다는 것이다. 여전히 '철판 천장'이 그대로 남아 있는 우리로서는 실감이 잘 나지 않지만, 미국은 불과 90여 년 전만 해도 여성의 참정권마저 완전히 보장되지 않는 나라였다. 미국에서 흑인이 제대로 된 보통선거권을 전국적으로 가지게 된 지도 반세기에 지나지 않는다.

미국에서 특히 정교화된 차별철폐의 기본 원리는 인종이나 성별처럼 '자신이 결정할 수 없는 요인' 때문에 불이익을 받아서는 안 된다는 데서 출발한다. 흔히 '기회의 평등', 즉 출발선을 동일하게 해주면 된다는 것이 자본주의적 평등이지만, 인종차별이나 성차별은 그런 형식적 평등만으로는 해결되지 않는다. 뿌리 깊은 차별 인식에 더해 다양한 사회적·제도적 차별 관행이 남아 있는 한, 공교육이나 취업 등에서 '기회의 평등'을 보장하는 제도가 곧바로 '결과의 평등'을 가져오는 것은 아니기 때문이다. 더구나 형식적인 기회의 평등이 주어졌는데도 결과의 불평등이 점점 더 커지고 있다면, 이는 개인의 '노력이 부족했기 때문'이라고 치부할 문제가 아니다.

1960년대 미국의 흑인 민권운동과 광범위한 시민운동을 거치면서 차별 문제는 새로운 전기를 맞았다. 결과의 불평등을 시정하려는 적극적 차별시정조치(affirmative action: AA)가 시행되기 시작한 것이다. 이는 아무리 기회의 평등을 제공했다 하더라도 매우 심한 격차가 발생했다면 이를 인위적으로 교정할 필요가 있다는 것이다. 예를 들어, 전 인구 중 흑인의 비중이 10%인데 어떤 대학의 흑인 학생 비율이 1%에 그친다면 흑인 학생 비율을 높이기 위해 인위적으로 개입한다. 또한 어떤 기업에서 여성이 생산직의 80%를 차지하는 반면에 관리직에는 2%만 있다면, 이것이 여성의 경제활동 참가 비율과 유사하게 조정되도록 하는 정책을 시행한다. 실제 미국에서는 다양한 방식으로 이러한 결과의 불평등 문제를 시정하는 조치를 시행했다. 이를 놓고 최근 미국 대법원에서 일부 위헌성이 지적되기는 했지만, 그동안 적극적 차별시정조치는 여성이나 흑인의 고용을 늘리고 지위를 향상시키는 데 큰 효과를 거두었다.

미국에서 시행한 적극적 차별시정조치에는 훨씬 못 미치지만, 우리도 여성, 장애인 등의 차별 문제에 대해 상당한 수준의 사회적 논의를 거친 바 있다. 특히 여성이 대부분을 차지하는 비정규직의 차별 문제를 해결하기 위한 노력은 장기간의 논란을 거쳐, '2년 이상 계속 고용하려면 무기 계약(즉, 정규직화)으로 전환해야 하고 동일한 일을 하고 있는 사람에 대해 고용 조건상 차별해서 안 된다'는 내용을 담은 이른바 '비정규직 보호법'으로 구체화되었다. 그러나 현실에서 차별 개선은 요원해 보인다. 우선 정규직으로 전환을 유도했는데도 실제 정규직 고용이 늘어난 것으로 보이지는 않는다. 오히려 새로운 경제위기를 겪으면서 비정규직이 늘어나는 상황이다. 또한 비정규직 차별의 실제적인 내용을 구성하는 임금과 근로조건, 사회보험 혜택 등의 여건이 개선되었다는 증거도 없다.

한편 여성부가 중심이 되어 고용 분야에서 일어나는 여러 가지 차별을 개선하려는 프로그램을 시행했지만, 비정규직 여성 대다수는 여전히 출산휴가도 제대로 사용하지 못하는 상황이다. 결국 차별시정조치를 통해 여성의 고용 여건을 개선하고 경제활동 참여를 촉진함으로써 여성이 남성에 비해 경제적으로 열등한 상황에 놓이는 것을 방지하려는 정책은 아직 효과를 거두고 있지 못하다.

중요한 것은 현재 여성의 경제활동 상황이 '차별의 결과'인지 아닌지 하는 출발점 논의를 분명히 하는 것이다. 여성은 분명히 일과 가정이라는 이중의 질곡 속에 빠져 있고, 이것이 다양한 방식으로 여성에 대해 차별적 제약을 만들어내고 있다. 미국에서도 보이지 않는 '유리 천장'이 문제될 정도인데 우리는 오죽하겠는가. 그런데 이러한 차별의 시정은 '여성에게만 도움이 된다, 아니다'라는 식의 남녀 갈등만 조장하는 인터넷 토론 수준에 그쳐서는 안 된다. '남성은 군대, 여성은 출산'이라는 식의 '고통 자랑하기' 이분법으로는 결코 문제를 해결할 수 없는 것이다.

저출산·고령화 시대를 맞아 이제 우리도 조금만 지나면 노동력이 부족한 상황에 직면할 것이다. 그때의 가장 유력한 대안이 바로 양질의 여성 노동력을 활용하는 것이다. 이를 위해서라도 여성이 제대로 노동시장에 참여하고 활동하기 위한 차별 개선은 필수적이다. 직장 내부의 다양성이 창의성을 유발한다는 것은 외국에서도 입증된 바 있다. 여성의 차별 개선은 여성만을 위한 일이 아니라 사회 전체의 생산성과 효율성을 높이기 위해서도 필수적인 일이라는 점을 인정해야 한다. 또한 시간제 근로를 하더라도 임금이나 근로조건에 차별이 없어야 정규직이라는 안정성에만 매달리지 않게 할 수 있다. 비정규직 문제의 해법은 정규직을 늘리는 것이 아니라 차별이 없는 처우에서 찾아야 하는 것이다. 나아가 일자리를 잃더라도 우선 일정 기간 생계유지 부담을 덜 수 있도록 지원하고 재취업을 촉진하는 적극적 노동시장정책의 혜택을 받을 수 있게 해야 한다. 이른바 고용을 유연하게 하더라도 안정성은 보장한다는 유연안정성을 실현하는 것이다.

여성의 경제활동 참가를 전제로 한 사회정책 설계

여성 빈곤을 덜어주는 사회정책으로서 가장 중요한 일은 가정 내 육아, 간병 등을 사회화하는 것이다. 최근 보육료 지원 확대, 노인장기요양보험제도 시행 등을 통해 가계, 특히 여성의 부담을 덜어주려는 사회적 노력이 이루어져 왔다. 그러나 가사노동을 대부분 가정 내 여성이 전담하는 현실에서 가사노동의 사회화는 아직도 요원하다. 출산휴가나 육아휴직제도가 있어도 여성이 현재적·잠재적 불이익을 우려해 이를 제대로 활용하지 못하는 상황 또한 개선되어야 한다.

이와 함께 연금제도를 변화하는 가족 형태나 여성의 생애주기에 맞게 재설계할 필요가 있다. 2008년부터 여성의 (둘째 아이) 출산 기간을 연금 가입 기간으로 인정하는 이른바 출산 크레디트 제도가 시행되고 있다. 그러나 심각한 저출산 상황을 생각할 때, 첫째 아이 출산 때부터 출산 크레디트를 제공하는 것이 필요하다. 이는 장기적으로 볼 때 미래 세대의 인구를 늘린다는 점에서도 의미가 있다. 또한 이혼이나 사별 등으로 여성 가구주 가구가 급속히 늘어나고 있는 점을 고려하면, 남편과의 배분율을 개선하는 수준을 넘어 선진국처럼 개인 단위 가입 방식으로 전환하는 등 근본적인 대책도 강구할 필요가 있다.

여성에게 적합한 일자리 모델이 있는가

한편, 여성의 상황과 능력에 적합한 일자리를 추가로 발굴하려는 노력도 필요하다. 이른바 사회서비스 분야 일자리가 그 예다. 우리나라가 선진국에 비해 가장 뒤떨어진 분야가 사회서비스 분야이므로, 교육과 보육, 간병, 장애인 활동서비스 등의 복지 수준을 높이면 일자리가 늘어나는 동시에, 집에서 그러한 일에 매여 노동시장에 참여하기가 어려웠던 여성들이 노동시장에 참여하는 선순환을 일으킬 수 있다. 실제로 스웨덴 등 북유럽 국가들은 이러한 분야의 일자리를 확대함으로써 가사노동 부담을 줄이는 한편, 여성의 근로 참여를 활성화하는 성과를 보기도 했다.

그러나 이러한 분야의 일자리를 확대하는 것이 오히려 일자리의 성별 분리 현상을 더 고착화하지 않겠느냐 하는 우려도 존재한다. 그런데 여기서 문제의 본질은 여성 적합형 일자리냐 아니냐가 아니라, 그러한 대인서비스형 일자리를 '낮게 취급'하는 사회적 구조에 있다. 이러한 분야의 일자리는 일부 선진국에서도 이른바 3C 일자리로서 열악하고 낮은 처우의 대명사처럼 취급받는가 하면, 북유럽에서처럼 괜찮은 일자리(decent job)로 대접받기도 한다. 핵심은 사회서비스 일자리가 괜찮은 일자리가 될 수 있도록 국가가 얼마나 지원하는가 하는 점이다. 결국 복지에 대한 국가의 책임 수준이 관건이라고 할 수 있다.

여성이 더 가난하라는 법은 없다

여성이 남성에 비해 이른바 자활 의지가 강하다는 것은 널리 알려진 사실이다. 각 지방자치단체의 자활후견기관 사업에 참여하는 이들은 대부분 여성이다. 자녀들 먹을 밥 차려놓고는 새벽부터 나와 건물 청소를 하고 오후에 또 다른 일을 하는 여성도 많다. 한 푼이라도 더 벌어보려고 아등바등하는 가난한 어머니들의 이야기는 주변에서 쉽게 들을 수 있다. 그들은 대부분 남편이 없거나 있어도 별반 도움이 안 되어 사실상 가족의 생계를 홀로 책임지고 있다. 이처럼 열심히 일하더라도 여성 가구주는 쉽게 빈곤에서 벗어날 수 없다. 이 사회에서 여성이 감당해야 할 생활의 무게가 너무도 무거운 탓이다.

여성 빈곤 문제를 깊이 들여다보면, 과연 그것이 제대로 개선될 수 있을까 하는 걱정이 앞서게 된다. 일반적으로 빈곤 문제가 발생하면, 이미 발생한 빈곤에 대해서는 일단 공공부조를 통해 최소한의 인간다운 생활을 보장하는 한편, 노동시장에 재진입할 수 있도록 적극적인 자활지원정책을 편다. 또한 아직 빈곤선 아래로 내려오지는 않았지만 불안한 상황에 있는 이른바 차상위계층에게는 서비스나 현물 지원을 제공하는 한편, 직업 능력을 개발하고 안정적인 생계가 가능하도록 지원한다. 그런데 이러한 일반적인 빈곤정책 공식만으로 여성 빈곤 문제를 해결하는 데는 한계가 있다. 바로 여성의 열악한 사회경제적 상황(그것이 차별의 결과든 아니든)과 생계유지, 육아·가사노동에 대한 이중 삼중의 부담 때문이다.

실제 선진국에서도 여성이 빈곤의 대명사로 등장하면서, 여성의 고단한 삶을 다룬 이야기가 무수하게 많다. 영국의 여성 언론인 폴리 토인비가 직접 저임 여성 노동자의 삶을 체험하고 쓴 『거세된 희망』은 한 번쯤 읽어볼 만한 책이다. 이를 보면 성차별, 성분업 일자리, 가사부담 등을 둘러싼 문제가 선진국에서조차 아직 완전히 해결되지 못한 것임을 알 수 있다. 하물며 우리나라에서 여성 빈곤 문제가 해결될 희망이 있을까 하는 의문이 드는 것은 어쩌면 자연스러운 일이다.

그러나 희망은 있다. 그림 10-3에서 볼 수 있듯이, 우리나라는 비교 대상 국가들 중 남녀 간 빈곤율 격차가 가장 크다. 하지만 상당수 국가는 그 격차가 거의 없을뿐더러 스웨덴은 오히려 여성 빈곤율이 남성보다 낮다. 다시 말해, 해결 사례가 없는 것은 아니다. 다만 여성 빈곤의 극복에는 탈빈곤정책 이상의 사회시스템 변화가 요구된다는 점에서 더 많은 상상력과 사회적 노력이 필요할 뿐이다.

그림 10-3 **국가별 남녀 빈곤율 비교**

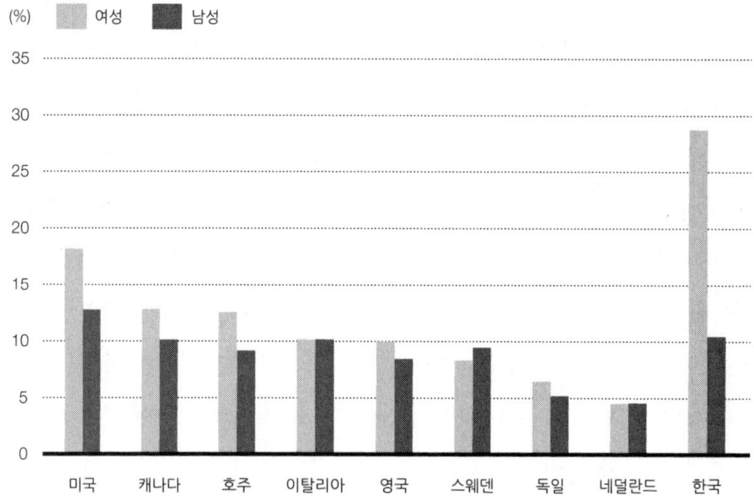

※ 외국의 기준 연도와 빈곤 기준을 확인할 수 없어 상대적인 상황 비교 차원에서만 의미가 있음.
자료: 석재은(2007); 이현주 외(2006)에서 재구성.

11장 일하기 어려운 사람은 더 쉽게 가난해진다

일할 수 없어 가난한 사람들

인류 역사 이래 어떤 사회에서나 일할 능력이 없는 사람은 가난에 빠지기 쉬운 집단으로 받아들여져 왔다. 일할 능력이 없는 사람이란 어떤 사람인가? 노인, 중증장애인, 아동, 만성질환이나 중증질환에 걸린 사람이 대표적이다. 이에 대해 '노인, 중증장애인, 아동이 모두 일할 능력이 전혀 없는가' 하는 의문을 제기할 수도 있다. 물론 신체적 능력이라는 측면으로만 본다면 전혀 일할 능력이 없는 사람은 거의 없을 것이다. 하지만 경제학에서 생산가능연령을 15~64세로, 비생산가능연령을 0~14세 아동과 65세 이상의 노인으로 구분하듯이, 65세 이상 노인이나 15세 미만의 아동은 일할 연령이 아닌 것으로 학문적으로나 사회적으로 인정된다. 다시 말해서 노인, 중증장애인, 아동, 만성질환이나 중증질환에 걸린 사람이 자기가 일하겠다고 하면 이를 막을 수는 없지만, 사회가 이들에게 일을 해서 자기 생계를 스스로 책임지라고 강요할 수는 없다는 것이다.

일할 수 없는 사람이 빈곤에 빠지기 쉬운 것은 어쩌면 당연하다. 자본주의사회에서 사람은 기본적으로 노동을 하고 그 대가로 얻은 소득으로 생활한다. 그런데 일할 수 없다는 것은 결국 노동의 대가인 소득이 없다는 것을 의미한다. 따라서 일할 수 없는 사람은 누군가에게서 도움을 받지 않는다면 생계를 유지하기 어렵다.

그러면 우리 사회에서 일할 수 없는 사람들의 빈곤 상황은 어떨까? 먼저 장애인의 빈곤 실태를 살펴보자. 2013년 한국복지패널 자료를 이용해서 분석한 바에 따르면, 가처분 중위소득 50%를 기준으로 한 2012년 장애인 빈곤율은 36.8%로, 장애인 3명 중 1명은 빈곤 상태에 있는 것으로 나타난다. 동일한 기준으로 추정한 2012년 우리나라 전체 빈곤율이 14.0%라는 점과 비교하면(임완섭·이주미, 2014), 장애인의 빈곤율은 우리 사회 전체 빈곤율보다 약 2.6배 이상 높다.

4장에서 살펴보았듯이 노인의 빈곤 상황도 심각하다. 가처분 중위소득 50%를 기준으로 한 2012년도 노인 빈곤율은 30.4%로 우리나라 전체 빈곤율 14.0%보다 2배 이상 높다(임완섭·이주미, 2014). 만성질환이나 중증질환이 있는 사람의 빈곤도 매우 심각하다. 우리나라 전체 빈곤 가구 중 62.5%는 가구원 중에 만성질환자가 있는 것으로 분석된다. 근로 능력이 있는 빈곤 가구의 54%가 가구원 중 만성질환자가 있다(이현주 외, 2006). 이처럼 만성질환이나 중증질환은 가구 빈곤의 주요한 원인이다.

통계 수치만 놓고 볼 때 아동의 빈곤 상황은 그다지 심각하지는 않다. 2012년 가처분 중위소득 50%를 빈곤선으로 한 아동의 빈곤율은

9.4%로, 우리나라 전체 빈곤율 14.0%보다 낮다(임완섭·이주미, 2014). 일할 수 없는데도 아동의 빈곤율이 낮게 나타나는 이유는 빈곤율을 산정하는 방식에서 찾을 수 있다. 아동 빈곤은 그 아동이 속한 가구가 빈곤한지 여부로 판단한다. 그런데 아동이 있는 가구는 대체로 가구주가 근로활동을 하는 연령인 경우가 많고, 따라서 빈곤 가능성이 상대적으로 낮다. 이러한 점은 아동의 빈곤율을 가구 형태별로 살펴보면 잘 드러난다. 2006년 노인 가구에 속한 아동의 빈곤율은 67.8%로 매우 높고, 모자 가구에 속한 아동의 빈곤율도 16.1%로 상당히 높다. 반면 맞벌이 가구에 속한 아동의 빈곤율은 1.6%로 매우 낮으며, 일반 가구에 속한 아동의 빈곤율도 5.4%로 낮은 편이다(김미숙 외, 2007). 이처럼 아동은 성인에게 완전히 의존하는 존재이기 때문에, 아동의 빈곤은 그 보호자인 어른의 빈곤 상황에 좌우된다.

일할 수 없는 사람이 가난에 빠지기 쉬운 이유

건강하지 못해서 빈곤해지고, 역으로 빈곤해서 건강을 잃기도 한다

이 장에서 살펴보는 일할 수 없는 사람의 상당수는 건강하지 못한 사람이다. 많은 노인이 질환을 앓고 있으며, 장애인도 신체적 능력이라는 측면에서 부분적으로 건강하지 못한 사람이라 할 수 있다. 물론 만성질환자나 중증질환자도 건강하지 못하다. 일할 수 없는 사람과 건강 문제는 이처럼 밀접한 관계가 있다.

또한 건강과 빈곤은 떼려야 뗄 수 없는 관계다. 장애 또는 만성질환을 앓는 등 건강하지 못한 사람은 그렇지 않은 사람보다 빈곤에 빠지기가 더 쉽다. 건강 상실이 빈곤의 원인으로 작용하기도 하고, 반대로 빈곤이 건강 상실의 원인으로 작용하기도 한다. 건강의 상실은 다음과 같은 측면에서 빈곤의 원인으로 작용한다. 첫째, 건강하지 못하면 일하기가 어렵고 따라서 빈곤에 빠지기 쉽다. 예컨대 2013년 5월 현재 장애인의 경제활동 참가율은 38.3%에 그치고 실업률은 5.9%에 달한다. 같은 시기 우리나라 전체 인구의 경제활동 참가율이 62.3%, 실업률이 3.0%인 것과 비교하면(김호진 외, 2013), 많은 장애인이 근로활동에 참여하지 못하고 따라서 근로소득이 전혀 없는 상태라는 것을 알 수 있다. 이처럼 장애인은 일하지 못하는 경우가 많기 때문에 빈곤율이 36.8%에 달할 정도로 빈곤 상황이 심각한 것이다. 더욱이 중증질환을 앓는 환자 또는 중증장애인이 있으면, 본인뿐만 아니라 그 환자를 돌볼 다른 가족까지 일하기 어렵게 되어 결국 가족 전체가 빈곤에 빠지는 사례가 많다.

둘째, 건강하지 못하면 의료비 지출이 많아져서 가난에 빠질 수 있다. 아래의 사례는 의료비 지출이 한 가정을 어떻게 빈곤화하는지 잘 보여준다.

> 영감이 해소(기침)로 고생하니까 자연스럽게 그렇게 되지. 버는 사람은 없고……. 사람 마음이 그렇잖아. 아이고, 있는 거라도 팔아 병이라도 고쳐 살아야지. 있는 걸 버젓이 놔두고 편할 사람이 없잖아요. 사람 마음이 그래요. 영감이 병이 드니까 내가 팔아 없앤 거지. 영감 병 낫게 하려고……(백학영, 2006).

이 사례는 홀로 살면서 국민기초생활보장급여를 받는 71세 할머니의 빈곤화 과정에 관한 것이다. 할머니는 평범한 가정에서 성장해 결혼했고 비교적 안정적인 생활을 했으나, 할아버지가 장기간 투병하면서 가진 재산을 치료비로 쓰게 되어 빈곤에 빠졌다. 할아버지는 장기간 투병 끝에 사망했고, 할머니 혼자 남아 국민기초생활보장제도의 급여를 받아 생활하고 있다.

건강이 좋지 않은 것이 빈곤의 원인이 되기도 하지만, 반대로 빈곤하기 때문에 제대로 치료를 받지 못해 건강을 잃는 경우도 있다. 소득수준과 건강의 관계를 살펴본 한 연구에서는 가구소득이 월 100만 원 이하인 가구의 만성질환 유병률은 46.5%인 데 비해 가구소득이 월 300만 원 이상인 가구의 만성질환 유병률은 19.1%로 나타났다(이미숙, 2005). 이는 소득이 낮은 사람의 건강이 더 나쁘다는 사실을 뚜렷하게 보여준다. 이처럼 빈곤한 사람의 건강 상태가 나쁜 것은 금전적 사정으로 조기에 검진이나 치료를 받지 못해 병이 더 악화되는 경우가 많기 때문이다. 또한 빈곤한 사람 중에는 학력이 낮고 먹고살기 바빠 질병과 관련한 정보에도 어두워 건강이 악화되는 경우도 많다. 다음 사례는 치료비가 부담스러워 적절한 치료를 받지 못해 건강이 더욱 악화될 수 있음을 잘 보여준다.

> 권○진 씨(52세, 남) 가구는 본인이 뇌경색, 당뇨 등으로 활동이 불편하며, 함께 살고 있는 어머니 또한 고혈압과 당뇨 등의 증세를 나타내고 있다. 이들은 경제활동을 전혀 할 수 없는 건강 상태이며, 국민기초생활보장 수급자로 선정되어 매달 지급되는 생계급여 45만 원으로 생활한다.
>
> 권 씨는…… 병원에만 가면 사진 찍어라 뭐 해라 하면서 각종 검사비가 나갈 것이 염려되고, 그렇게 사진을 찍어봐도 매번 똑같은 이야기

만 들었기 때문에 별로 신뢰가 가지 않는다. 병원에 가더라도 간병해줄 사람도 없다. 어머니의 경우는 고혈압에 당뇨가 있어서 돈이 좀 더 있으면 다른 약도 써보고 싶은데, 지금 나오는 생계비로는 월세 18만 원, 겨울에는 난방용 가스비 8만 원 정도가 기본으로 나가기 때문에, 남는 돈으로 먹고 싶은 것도 제대로 못 먹는 상황이다(신명호 외, 2004).

더 많이 지출하기 때문에 더 빈곤해지기 쉽다

일할 수 없는 사람이 보통 사람과 똑같은 수준으로 생활하려면 돈이 더 많이 든다. 예를 들어, 다리가 불편한 지체장애인이 외출하려면 휠체어나 택시를 이용해야 한다. 이렇듯 일할 수 없는 사람은 건강한 사람보다 더 많이 지출해야 비슷한 수준의 생활이 가능하다. 이러한 점도 일할 수 없는 사람이 빈곤에 더 취약한 요인이 된다.

일할 수 없는 사람들이 보통 사람들과 동일한 수준의 최저생활을 하는 데 얼마나 더 많은 돈이 들어가는지 살펴보자. 먼저 장애인은 장애의 종류와 정도에 따라 추가적으로 필요한 비용이 크게 차이가 난다. 표 11-1은 한국보건사회연구원이 2013년도 최저생계비를 계측조사하면서, 장애인이 최저생활을 하는 데 일반인보다 추가적으로 필요한 비용을 장애 종류별로 산출해 제시한 것이다(김태완 외, 2013). 이에 따르면, 장애인이 비장애인과 동일한 수준의 생활을 하려면 한 달 생활비가 적게는 10만 7800원에서(지체경증장애) 많게는 47만 8900원(발달장애)이 더 든다. 2013년을 기준으로 정부가 발표한 1인 가구의 최저생계비는 57만 2168원이다. 결국 혼자 사는 발달장애인은 이보다 약 48만 원이 더 많은 105만 원가량이 있어야 일반인과 같은 수준의 최저생활을 영위할 수 있는 것이다. 이처럼 장애인은 생활하는 데 비장애인

표 11-1 **장애 종류별 1인당 추가 비용**

장애 종류	공통비목 추가 비용(1000원)				특수비목 추가 비용(1000원)				합계
	교통비	의료비	교육비	휴대폰비	보호 간병비	보장구비	재활기관 이용료	주거 수리비	
지체 중증	28.5	65.2	0	23.0	126.5	33.5	0	30.0	306.7
지체 경증	28.5	59.1	0	20.2	0	0	0	0	107.8
뇌병변 중증	28.5	111.7	0	23.0	126.5	33.5	58.6	30.0	411.8
뇌병변 경증	28.5	111.7	0	20.2	84.3	0	0	0	244.7
시각 중증	28.5	65.2	0	23.0	126.5	11.4	0	30.0	284.6
시각 경증	28.5	59.1	0	20.2	0	11.4	0	0	119.2
청각언어 중증	28.5	65.2	75.0	23.0	84.3	33.5	145.5	0	455.0
청각언어 경증	23.7	59.1	0	23.0	0	33.5	0	0	139.3
발달장애	28.5	59.1	119.3	0	126.5	0	145.5	0	478.9
정신장애	23.7	59.1	0	23.0	84.3	0	58.6	0	248.7
내부장애	28.5	111.7	0	23.0	84.3	0	0	0	247.5

자료: 김태완 외(2013).

보다 더 많은 비용이 필요하므로 빈곤에 빠지기가 더 쉽다.

일반인보다 생활하는 데 비용이 더 많이 드는 사람들의 범주에는 장애인 외에도 노인이나 만성질환이 있는 환자 등 일할 수 없는 사람들이 대부분 해당된다. 노인의 경우를 보면, 건강한 노인은 젊은 사람과 비교해 교통비, 식비, 교육비 등이 더 적게 든다. 하지만 건강하지 못한 노인은 오히려 젊은 사람보다 생활비가 더 많이 든다. 이는 건강과 관련한 추가 비용이 젊은 사람보다 더 많이 들어서다. 한국보건사회연구원의 「2013년 최저생계비 계측조사 연구」에 따르면, 건강하지 못한 노인은 최저생활을 하려면 일반인보다 월 16만 원 정도가 더 필요하다(김태완 외, 2013). 만성질환이나 중증질환을 앓고 있는 사람은 질환 그 자체가 추가 지출 요인이기 때문에, 더 빈곤해질 가능성이 큰 것은 당연하다.

사회적 관계망의 약화로 빈곤 상황이 더욱 악화된다

만성질환자나 중증장애인 등 일할 수 없는 사람들은 경제적으로 빈곤해지기 쉬울 뿐만 아니라 사회적 관계도 빈곤해지기 쉽다. 일단 건강하지 않은 사람들은 이동하는 데 제약이 있다. 자유롭게 이동할 수 없으므로 친구나 이웃 등 다른 사람과의 접촉이 적을 수밖에 없다. 다른 사람과의 만남이 줄어드는 상황이 오래 지속되면 사회적 관계망의 폭이 좁아지게 된다. 따라서 만성질환자나 중증장애인 등 건강 상태가 매우 좋지 않은 사람은 일반적으로 가족 내지 친척으로 사회적 관계망이 제한된다. 더군다나 이들의 관계도 곧잘 약화되어버리곤 한다. 만성질환이나 중증장애는 가족의 헌신적인 돌봄과 경제적인 지원을 장기간 필요로 하는데, 그러다 보면 '긴 병에 효자 없다'는 옛말처럼 가족도 지칠 수밖에 없는 것이다. 가족도 경제적으로 어려워지고 심리적으로 피로해지며 대상자와의 관계도 약화되는 것이다. 이는 결국 대상자의 경제적 상황을 더욱 악화시키며, 대상자의 심리적·사회적 건강뿐 아니라 신체적 건강까지 악화시키는 결과를 초래한다(신명호 외, 2004). 다음 사례는 이를 잘 보여준다.

> 백혈병 진단을 받고 투병 중인 권○기 씨(34세, 남)는 불치의 만성질환으로 기존의 사회적 관계가 모두 단절되고 빈곤의 골도 더욱 깊어진 대표적인 경우다. 2001년 백혈병 진단을 받기 전까지는 혈기 왕성해서 모든 일을 의욕적으로 처리하고, 수억 원대의 재산을 모을 정도로 사업에도 수완을 발휘했다. …… 그런데 백혈병 발병 사실을 알게 되었다. 발병 초

기에는 가족의 전폭적인 지지와 도움으로 집을 팔아서라도 의료비를 조달했지만, 1년 내에 모든 재산을 탕진하면서 만성적인 불치병이라는 문제가 크게 불거졌다. 이에 처가와의 갈등이 심해져 부인과 이혼하고, 경제적 어려움으로 형제자매의 도움에 전적으로 의존하면서 이들과의 관계도 소원해지는 등 정상적인 대인 관계를 유지하기 어려웠다. 또한 건강을 부분적으로 되찾아도 취업 기회가 주어지지 않는 등 만성질환자에 대한 사회적 고립과 격리가 지속되어 더욱 힘든 상황에 놓여 있다(신명호 외, 2004).

일할 수 없는 사람의 빈곤, 누가 어디까지 책임져야 하는가

물려받거나 모아둔 재산이 많지 않는 한, 일할 수 없는 사람은 누군가에게 의존해서 살아갈 수밖에 없다. 그 누군가로 상정되는 대표적이고 상반된 두 주체가 바로 가족과 국가다. 그렇다면 둘 중 누가 일할 수 없는 사람의 빈곤을 책임져야 하는가? 그리고 어느 정도까지 책임져야 하는가?

가족인가, 아니면 국가인가

이제까지 일할 수 없는 사람들의 빈곤은 일차적으로 가족이 책임져왔다. 이는 가족주의가 강한 우리 사회에서 가족 내의 문제는 가족이 스스로 책임지는 것을 당연시하는 전통에 상당 부분 기인한다. 실제로 우리 사회에서 누군가 어려움에 처하면 국가보다는 가족으로부터 문제를 해결하기 위한 자원을 동원하는 경향이 강하다.

그러다 보니 국가도 일할 수 없는 사람의 빈곤에 대한 책임을 일차적으로 가족에게 부여하고 있다. 대표적인 빈곤 대책인 국민기초생활보장제도는 급여를 받을 자격 요건으로 소득이나 재산 외에도 부양의무자가 없거나, 있다면 부양 능력이 없어야 한다는 제한을 두고 있다. 여기서 부양의무자란 부모와 자녀 및 그 배우자가 해당된다. 예컨대 2016년을 기준으로 신청자가 1인 가구이며 그 부양의무자가 4인 가족일 때, 월소득이 약 439만~504만 원이면 부양 능력이 부분적으로 있다 하여 일정액을 삭감한 지원금을 제공하고, 월소득이 약 504만 원이 넘으면 완전한 부양 능력이 있는 것으로 간주해 피부양자를 지원대상에서 제외한다(보건복지부, 2016). 이렇게 우리나라는 일할 수 없는 사람들의 빈곤에 대한 일차적인 책임을 가족에게 지우고 있다.

그러면 가족은 일할 수 없는 사람의 빈곤을 충실히 책임져왔는가? 2010년 현재 가족이나 친척으로부터 받은 사적 이전소득을 포함해 소득이 최저생계비보다 적은 사람은 전체 인구의 12.58%인데, 국민기초생활보장제도의 급여를 받은 사람은 4.47%다(손병돈 외, 2013). 달리 말해, 전체 인구의 8.11%는 빈곤한데도 국민기초생활보장제도의 급여를 받지 못한 것이다. 이들 중 일부는 부양의무자가 있다는 이유로 급여대상에서 제외되었다. 실제로, 빈곤하지만 국민기초생활보장제도의 급여를 받지 못하는 사람 중 25.7%가 부양 능력이 있는 부양의무자가 있기 때문에 급여를 받지 못한 것으로 조사되기도 했다(여유진 외, 2003). 이는 결국 빈곤한 사람 중 상당수가 가족과 국가 모두로부터 부양을 받지 못한다는 것을 보여준다.

일할 수 없는 빈곤한 사람들의 부양 책임을 가족에게 강제하는 국민기초생활보장제도의 부양의무자 규정은 헌법에 위배된다는 지적도 있다(김지혜, 2013). 부양의무자 기준은 헌법상 절대적 권리인 인간다운 생활을 할 권리와 인간의 존엄성에 위배되며 평등권에 위배된다는 것이다. 국민기초생활보장제도의 부양의무자 기준은 실질적인 부양에 기초하는 것이 아니라 잠재적 부양 가능성에 기초하고 있는데, 잠재적 부양 가능성을 근거로 부양의무자가 있는 수급자에게 국가가 국민기초생활보장급여를 제공하지 않는 것은 위헌의 소지가 있다는 것이다. 다시 말해, 실제 자녀에게 부양받고 있으므로 국가가 국민기초생활보장급여를 제공하지 않는 것이 아니라 단지 부양할 자녀가 있다는 이유만으로 국가가 급여를 제공하지 않는 것은 위헌이라는 지적이다.

또한 부양의무자 기준은 잠재적 부양 가능성에 기초하므로, 실제 부양받는 사실이 없고 빈곤 상태에 있다는 점에서는 동일한데 부양 능력이 있는 가족이 존재한다는 이유로 국가가 부양의무자가 없는 빈곤한 사람과 달리 보장을 제공하지 않는 것은 헌법상 평등권에 위배된다는 지적이 있다(김지혜, 2013; 손병돈 외, 2013).

일할 수 없는 빈곤한 사람에 대한 부양 책임을 일차적으로 가족에게 부과하는 것은 정부의 재정 부담을 줄이는 효과가 있을지 몰라도 역기능이 크게 나타나 그러한 효과를 오히려 상쇄할 수도 있다. 그런 점에서 부양 책임을 가족에게 지우는 것은 사회적으로도 바람직하지 않다. 더욱이 우리 사회에서 가족의 부양 의식이 점차 낮아지는 추세를 고려한다면, 빈곤층 부양의 일차적 책임을 가족에게 지우는 것은 가족과 국가 어느 쪽으로부터도 부양을 받지 못하는 빈곤층을 더욱 확대하는 결과만 불러올 것이다.

어느 정도까지 보장해야 하는가

일할 수 없는 빈곤한 사람에게 어느 정도 수준의 삶을 보장하는 것이 적절한지에 대한 절대적인 기준은 없다. 단지 인간다운 최저한의 생활을 할 수 있도록 보장해야 한다는 추상적인 원칙만이 존재한다. 이와 관련해 대한민국 헌법 제34조는 "모든 국민은 인간다운 생활을 할 권리를 가지며, 국가는 사회보장 및 사회복지 증진에 노력할 의무를 가진다"라고 규정함으로써 이러한 원칙을 뒷받침하고 있다. '국민기초생활보장법' 제4조는 이보다 더 구체적으로 "급여가 건강하고 문화적인 최저생활을 유지할 수 있는 것이어야 한다"라고 규정하고 있다(손병돈 외, 2008).

정부는 매년 국민기초생활보장제도의 생계, 의료, 주거, 교육, 자활 등 각 급여별 대상자 선정 기준을 발표한다. 이러한 급여들의 총합은 정부가 빈곤한 사람의 최저생활을 보장한다고 선언한 최저생활 보장 수준이라고 할 수 있다. 표 11-2는 2016년 국민기초생활보장제도의 생계급여 대상자 선정 기준이다. 생계급여는 빈곤한 사람의 의복, 음식물, 연료비 등 의료, 주거, 교육 등을 제외한 최저생활 관련 욕구에 대응하는 급여이고, 선정 기준은 그러한 욕구에 대한 정부의 보장 수준이다. 즉, 정부가 의료, 교육, 주거 등을 제외한 최저생활을 표 11-2와 같은 수준으로 보장하겠다는 것이다.

그러면 표 11-2에 제시된 국민기초생활보장제도의 생계급여 수준은 '헌법'과 '국민기초생활보장법'에 규정된 '인간다운 최저생활' 또는 '건강하고 문화적인 최저생활'을 유지할 수 있을 정도로 충분한가? 2004년 7월 한 달 동안 참여연대 사회복지위원회가 주체가 되어 '최저생계비 체험 프로그램'을 실시해본 결과, 정부의 최저생계비만으로는

표 11-2　　2016년도 국민기초생활보장제도 생계급여 선정 기준

가구원 수	월 최저생계비
1인	47만 1201원
2인	80만 2315원
3인	103만 7916원
4인	127만 3516원
5인	150만 9116원
6인	174만 4717원

자료: 보건복지가족부(2016).

생활이 사실상 불가능했다(남기철, 2004). 최저생활 체험 프로그램에 참여한 체험단 다섯 가구 모두 최저생계비 대비 최소 5.3%에서 최대 45.7%의 적자를 보였다. 다음과 같은 체험기는 많은 것을 시사한다.

> 현재의 최저생계비로 먹고사는 것은 가능할 수도 있다. 하지만 현재 최저생계비의 가장 큰 문제는 다른 사람과의 관계의 폭을 점점 좁아지게 하고 결국 고립된 삶을 살도록 요구하는 것이라고 생각한다(남기철, 2004).

최저생계비 체험단의 결론은 현재 정부가 제공하는 국민기초생활보장제도의 급여 수준으로 기본적인 의식주는 가까스로 해결할 수 있지만, 다른 사람과의 교류 등 사회적 삶을 영위하는 것은 불가능하다는 것이다. 결국 현재의 보장 수준은 '인간답고 문화적인' 최저생활을 영위할 수 있는 정도가 되지 못한다는 것이다.

일할 수 없는 빈곤한 사람들에 대한 우리나라의 보장 수준이 적절한지는 다른 국가와 비교해봄으로써 간접적으로 확인할 수 있다. 표

표 11-3 **근로 능력이 없는 노인 부부 가구에 대한 공공부조**

구분	한국	미국	영국	한국/미국	한국/영국
1. 개별 공공부조					
① 생계 관련 부조	$ 8,542.2	$ 13,764	$ 13,892.3	62.1%	61.5%
일반적 부조 [1]	$ 7,128.6	$ 3,336	$ 0	213.7%	-
범주적 부조(노인) [2]	$ 1,413.6	$ 10,428	$ 13,892.3	13.6%	10.2%
② 주거 관련 부조 [3]	$ 1,855.3	$ 5,244	$ 6,598.6	35.4%	28.1%
2. 공공부조 현금급여 총액(①+②)	$ 10,397.5	$ 19,008	$ 20,490.9	54.7%	50.7%

※ 각 수치는 실질 구매력(PPP) 지수를 기준으로 조정한 연간 급여액(달러)임.

1 한국은 2인 가구 생계급여액에서 생계급여에 포함된 주거비를 제외한 값임. 미국은 Food Stamp.

2 한국은 경로연금, 미국은 SSI, 영국은 연금공제급여임.

3 한국은 2인 가구 주거급여와 생계급여에 포함된 주거비를 더한 값이고, 미국, 영국의 임대료 보조는 침실 1개가 있는 집을 임대한 경우의 임대료 보조액임.

자료: 손병돈(2006).

11-3은 근로 능력이 없는 노인 부부 가구가 소득이 전혀 없을 때 국가로부터 받을 수 있는 사회복지급여의 총액을 미국, 영국과 비교한 것이다. 여기서 급여 총액은 실질 구매력(purchasing power parity: PPP) 지수라는 동일한 기준으로 비교해 국가 간 물가의 차이를 조정했다. 우리나라의 노인 부부가 받는 사회복지급여 총액은 미국의 노인 부부가 받는 급여 총액의 55% 정도이고, 영국의 노인 부부에 비해서는 51% 수준에 지나지 않는다. 이처럼 우리나라의 노인에 대한 최저생활 보장 수준은 미국이나 영국과 비교해 턱없이 낮다.

장애인의 상황은 더 좋지 않다. 표 11-4에 따르면, 우리나라 장애인 부부 가구가 정부의 모든 사회복지제도로부터 받을 수 있는 급여의 총액은 미국의 57%, 영국의 26%에 지나지 않는다.

일할 수 없는 빈곤한 사람들의 최저생활 보장 수준은 상대적으로 비교해보아도 이처럼 크게 낮은 수준이다. 따라서 일할 수 없는 빈곤

표 11-4 **근로 능력이 없는 중증장애인 부부에 대한 공공부조**

구분	한국	미국	영국	한국/미국	한국/영국
1. 사회수당(장애)[1]	$ 0	$ 0	$ 17,148.1	-	0 %
2. 개별 공공부조					
① 생계 관련 부조	$ 9,013.4	$ 13,764	$ 17,751.1	65.5%	50.8%
일반적 부조[2]	$ 7,128.6	$ 3,336	$ 7,330.8	213.7%	97.2%
범주적 부조(장애)[3]	$ 1,884.8	$ 10,428	$ 10,420.3	18.1%	18.1%
② 주거 관련 부조[4]	$ 1,855.3	$ 5,244	$ 6,598.6	35.4%	28.1%
3. 공공부조 현금급여 총액(①+②)	$ 10,868.7	$ 19,008	$ 24,349.7	57.2%	44.6%
4. 현금급여 총액(1+3)	$ 10,868.7	$ 19,008	$ 41,497.8	57.2%	26.2%

※ 각 수치는 실질 구매력(PPP) 지수를 기준으로 조정한 연간 급여액(달러)임.
1 영국 장애생활수당(DLA)의 고용 이동 요소와 고용 보호 요소를 더한 값임.
2 한국은 국민기초생활보장제도의 2인 가구 생계급여액에서 생계급여에 포함된 주거비를 제외한 값이고, 미국은 Food Stamp, 영국은 소득보조제도(IS)의 개인수당급여임.
3 한국은 장애수당, 미국은 SSI, 영국은 소득보조제도의 중증장애 관련 부가급여임.
4 한국은 2인 가구 주거급여와 생계급여에 포함된 주거비를 더한 값이고, 미국, 영국의 임대료 보조는 침실 1개가 있는 집을 임대한 경우 임대료 보조액임.
자료: 손병돈(2006).

한 사람들이 인간다운 생활을 할 수 있게 하려면 보장 수준을 대폭 높이는 것이 필요하다. 그런데 문제는 앞에서 살펴보았듯이 일할 수 없는 빈곤한 사람들 중 상당수가 이러한 낮은 수준의 보장조차 전혀 받지 못하고 있다는 점이다. 일할 수 없는 빈곤한 사람이 '헌법'에 보장된 인간다운 최저한의 생활을 하기 위해서는 보장 수준을 높이는 것과 함께 빈곤한 사람 모두가 국가로부터 사회복지급여를 받을 수 있도록 대상자를 확대하는 작업이 필요하다. 만약 국가의 재정적 한계로 이 두 가지를 동시에 해결할 수 없다면, 사각지대에 놓여 있는 대상자라도 우선 포함시키는 일이 시급하다.

12장 대를 잇는 가난

가난의 고리: 빈곤 아동

가난한 가정의 아동은 가난한 어른이 되기 쉽다

아동은 이 사회의 미래를 이끌어갈 우리의 희망이다. 너무 자주 듣는 이야기라 상투적일 수 있겠지만, 이는 잊지 말아야 할 당연한 이야기다. 아이들이 건강하게 자라야 이 나라의 미래가 밝다. 만약 아이들이 가난을 이유로 몸과 마음이 건강하지 못한 상태로 자라거나 제대로 교육받지 못하고 능력을 발휘할 기회를 얻지 못한다면, 우리나라의 미래는 그만큼 어두워진다. 이러한 이유로 아동 빈곤과 빈곤의 대물림은 어느 사회에서나 심각한 사회문제로 여겨진다.

> 이혼하고 기초생활보장 수급자가 됐어요. 가족은 있어도 친정은 친정대로 생활이 어려워서……. 친정 엄마가 법적으로 결혼을 한 것이 아니어

서 어렵게 생활하다가 생활보호 대상자가 됐어요. 엄마가 수급자여서 이 제도를 알고 있었어요. 그래서 고민해보다가 수급 신청을 한 거예요. 어렵게 살다가 이혼하고 어디 도움을 청할 곳도 없었고, 엄마도 오빠도 모두 생활이 어렵거든요.

이는 필자가 국민기초생활보장제도 수급자인 중년 여성과 인터뷰한 내용이다. 과거 생활보호제도의 수급자였던 부모를 둔 사람이 지금 국민기초생활보장제도 수급자로 생활하는 사례도 적지 않고, 과거 빈곤층 자녀가 다시 빈곤층이 되는 사례는 더 많다. 빈곤한 사람을 상대로 주변의 가난한 사람들이 왜 가난한지를 물으면 대부분 '원래 가난한 사람들이라서', '부모부터 가난한 사람들이라 기댈 언덕이 없어서'라고 답한다. 옛날이라고 사정이 달랐을 리 없다. 가난한 가정의 아이들이 어렵게 살 위험은 높았다.

가난한 환경에서 자라는 아동은 당장 좋은 음식을 먹기가 쉽지 않고, 좋은 건강 상태를 유지하기도 어려울 뿐 아니라, 양질의 고등교육을 받을 기회도 적다. 결과적으로 가난한 가정에서 자란 아이들은 좋은 직장을 얻고 안정적인 가정을 꾸리는 데 불리하다. 이러한 순환 과정을 겪으면서 대개 가난한 집 아이들은 어른이 되어서도 가난한 삶을 살 위험이 높다.

어린 시절의 가난을 극복하기가 갈수록 어려워진다

심각한 것은 과거 격변기와 비교해 최근 가난의 대물림 현상이 더욱 견고해지고 있다는 점이다. 우리나라는 급속한 산업화와 도시화 과정을 거치는 동안 계층 변화가 비교적 활발했다. 한국전쟁을 겪으면서 국민 대다수가 가난을 경험했고 너나 할 것 없이 가난을 이겨내기 위해 어떤 일이든 닥치는 대로 열심히 했다. 그리고 자녀 교육이 이러한 가난에서 벗어날 방법이라 여겨 악조건에서도 아이들을 높은 수준까지 교육시키려 노력했다. 그래서 우리나라의 평균적인 교육 수준은 괄목할 만한 성장을 기록해왔다. 아마도 이렇게 빠른 교육 수준의 향상은 세계에서 유례를 찾아보기 어려울 듯하다. 결과적으로 높은 교육열은 우리나라 경제성장의 중요한 동력이 되기도 했다.

과거에는 어려운 가정 형편에도 좋은 학교에 들어가 좋은 일자리를 얻고 가난에서 벗어나 출세하는 사람이 적지 않았다. 1960년대를 지나 1980년대까지만 해도 일자리가 풍부했고, 소득 격차도 그리 크지 않았으며, 경제성장으로 소득 불평등이 완화되기까지 했다. 그래서 가난이 가난으로 이어지지 않을 수 있다는 개인적·사회적 기대가 유지될 수 있었다. 문제는 이제 그러한 계층 이동이 예전보다 훨씬 어려워졌다는 것이다. 이러한 사실을 증명할 객관적 자료는 많지 않다. 역사가 오래된 패널 자료가 없어서다. 하지만 계층 이동의 가능성이 줄어들고 있다는 점은 각종 정보를 통해 충분히 알 수 있고, 국민들도 대부분 이를 강하게 인식하고 있다.

한국보건사회연구원이 2014년 전국의 만 19세 이상, 75세 이하 성인 남녀 4052명을 대상으로 시행한 '주관적 계층 평가'를 분석해본 결과, 계층 상승이 어려워진 것은 가장 최근 세대인 정보화 세대(1975~1995년생)에서 더욱 두드러졌다(여유진 외, 2015). 이들 중 한 세대가 지나면서 하층에서 중상층 또는 상층으로 계층이 상향 이동한 비율은 2.9%에 그쳤다. 이는 민주화 세대(1960~1974년생)의 11%와 비교할 때 크게 줄어든 수치다. 한편 같은 조사에서 '본인 세대에 비해 자식 세대의 사회적·경제적 지위가 오를 가능성'을 묻는 질문에 '가능성이 낮다'고 응답한 비율이 절반 이상으로, 2009년 29.8%와 비교할 때 부정적 답변이 큰 폭으로 늘었다.

한편 통계청이 발표한 '2015 사회조사 결과'를 보면, 노력으로 '본인 세대에서 개인의 사회적·경제적 지위가 높아질 가능성이 높다'고 생각하는 사람은 21.8%에 그친 것으로 나타난다. 이는 2013년 조사 때보다 6.4%p 낮아진 수치다. 더욱이 2011년과 2013년 조사 결과를 비교했을 때 감소 폭이 0.6%p인 것에 비하면 큰 폭의 변화다.

자식 세대의 계층 이동 가능성을 묻는 질문에는 31.0%가 긍정적으로 답변해, 본인 세대의 계층 이동 가능성보다는 더 긍정적으로 보는 것으로 나타났다. 하지만 이는 지난 2013년 조사 때보다 8.9%p 줄어든 수치로, 그 감소 폭이 본인 세대에 대한 답변보다 더 큰 것으로 나타났다. 참고로 2011년 대비 2013년의 감소 폭은 0.9%p다.

한편 본인이 주관적으로 '하층'이라고 인식할수록 계층 이동 가능성을 낮게 보는 경향이 나타났다. 계층 이동이 어렵다고 응답한 비율은 주관적 계층 인식이 하층인 집단에서 63.2%로, 주관적 계층 인식이 상층인 집단에서 39.1%가 계층 이동이 어렵다고 응답한 것과는 큰 차이를 보였다. 이를 두고, 개천에서 용이 날 희망이 사라지면 사람들이 열심히 일할 동기도 함께 사라지고, 나아가 이것이 경제성장에도 걸림돌이 될 수 있다는 지적이 있다.

한 사회에서 계층 이동의 정도는 그 사회가 얼마나 건강한지를 측정하는 중요한 지표가 된다. 계층 이동의 가능성이 줄어들면 계층 간 갈등과 반목이 심화되고 사회적 불안이 커진다. '내 편'과 '네 편'이 분명하게 구분되고 계층 및 계급의 이해관계가 첨예하게 대립한다. 결과적으로 상대적 박탈감이 커지는 한편, 공공정책에 대한 지지 기반도 약화될 수밖에 없다. 상층과 하층의 구분이 뚜렷해지면 언제나 '남'일 뿐인 빈곤층을 지원하기 위한 상층의 비용 부담 의사가 줄어들기 때문이다. 빈곤 문제가 나의 일이 아닌 것이 된다.

학력을 중시하는 우리나라에서 교육은 계층의 상향 이동을 가능하게 하는 중요한 수단이 되어왔다. 하지만 사교육비 부담이 증가하면서 부모의 경제적 배경이 아동의 미래를 결정하는 경향이 매우 강해지고 있다. 그럼 우리나라의 아동이 얼마나 빈곤한 상태로 살고 있는지, 그들의 가난은 어떠한 모습인지, 빈곤 아동에게 무엇이 필요한지 알아보자.

가난한 아이들은 얼마나 되나

아동 100명 중 7명은 가난한 집에 살고 있다

우리나라의 아동 관련 법률은 아동을 몇 살까지로 볼 것인지에 대해서로 다르게 규정한다. 그중 아동복지의 기본법에 해당하는 '아동복지법'에서는 18세 미만을 아동으로 규정한다. 일반적으로 가난한 아이들이 얼마나 되는지는 아동 빈곤율을 통해 파악한다. 아동 빈곤율은 전체 아동 중 빈곤선보다 소득이 낮은 가구에 사는 아동의 비율로 표시된다. 우리나라 아동 빈곤율은 2014년 가처분 중위소득 50%를 기준으로 7.0%다(정은희·이주미, 2015). 즉, 100명 중 7명 정도의 아동이 가난하게 살고 있다는 것이다. 나름 선진국 문턱에 서 있다는 한국에서 이렇게 많은 아이들이 가난하게 살고 있다는 사실이 선뜻 믿기지 않을지도

표 12-1 **각국의 아동 빈곤율 비교**

시기	1981~1985년[1]	1986~1990년	1991~1995년	최근[2]
미국	-	25.1%	25.1%	20.1% (2013년)
영국	-	12.5%	17.4%	9.4% (2010년)
독일	5.3%	4.1%	9.5%	10.5% (2010년)
프랑스	8.1%	8.3%	7.9%	11.4% (2010년)
스웨덴	4.8%	3.5%	2.8%	4.7% (2005년)
이탈리아	-	12.1%	17.6%	18.9% (2010년)
스페인	12.7%	12.2%	17.8%	4.7% (2010년)
한국	-	-	-	7.0% (2014년)

1 해당 기간 중 한 시점의 자료임.
2 괄호 안은 기준 연도임.
자료: 김태완 외(2008).

모른다.

외국의 아동 빈곤율을 보면 국가마다 큰 차이가 난다. 상대적으로 미국과 이탈리아의 아동 빈곤율이 높으나 스웨덴, 스페인의 아동 빈곤율은 낮은 편이다. 우리나라의 아동 빈곤율은 미국, 이탈리아 등보다는 낮지만 스웨덴, 스페인 등보다는 높은 것으로 나타난다(표 12-1 참조). 흥미로운 것은 대부분의 국가에서 전체 빈곤율과 아동 빈곤율 사이에 매우 밀접한 관련성을 보인다는 것이다.

자유경쟁을 강조하고 사회보장이 취약한 것으로 알려진 미국에 비하면, 복지정책 및 소득분배에 적극적인 국가로 알려진 북유럽의 스웨덴은 아동 빈곤율이 매우 낮다. 아동 빈곤율은 경제 수준뿐 아니라 소득분배 수준과 빈곤정책에 좌우된다고 이해할 수 있다. 예컨대 영국의 아동 빈곤율은 아동 빈곤 퇴치를 위한 국가정책에 따라 최근 큰 폭으로 감소한 바 있다.

우리나라의 시장소득(국가의 개입이 있기 전 소득)을 기준으로 한 아동 빈곤율은 7.7%로, 가처분소득 기준 아동 빈곤율과 약 0.7%p 차이를 보인다. 다시 말해, 국가가 정책으로 관여하기 전과 후의 아동 빈곤율의 차이가 작고, 이는 국가의 정책이 빈곤에 미치는 영향이 미약하다는 것을 의미한다. 이와 대조적으로 노인 빈곤율에서 시장소득과 가처분소득을 기준으로 한 빈곤율은 2014년 기준 62.1%와 47.2%로 그 차이는 14.9%p다(정은희·이주미, 2015). 즉, 노인에 대한 국가의 정책이 노인의 빈곤에 미치는 영향은 아동과 비교해 좀 더 크다. 노인 빈곤이 급속하게 증가하고 있지만, 노인복지정책이 노인 빈곤 증가를 일부 상쇄하고 있다고 이해할 수 있다.

아동 빈곤의 정체는 부모의 가난이다

아동 빈곤율은 근로연령층의 빈곤과 밀접한 관련이 있다. 아동을 양육하는 부모의 가난은 상당 부분 아동의 가난으로 직결된다. 15세 이상을 경제활동인구라고 정의하듯이, 아동은 기본적으로 일을 할 수 없고 일하게 해서도 안 된다. 즉, 아동은 스스로 일하고 돈을 벌어 생계를 꾸릴 수 없다. 아동기는 신체적·인지적·사회적으로 미성숙하기 때문에 일을 하기보다는 건강하게 성장하고 교육을 받아야 하는 시기다. 이러한 이유로 사회는 아동의 노동을 금하는 한편, 이 기간에 아동을 보호하고 교육한다. 요컨대 아동의 가난은 아동을 양육할 책임이 있는 부모의 가난 때문에 발생하는 것이다.

부모가 일자리를 얻기 어렵고 일을 하더라도 불안정하거나 적은 임금을 받는다면, 당연히 그 가정의 아동은 빈곤하다. 아동 빈곤의 원인을 분석한 연구에 따르면 여러 요인 중 가구주의 직업과 학력의 영향이 가장 큰 것으로 나타났다. 즉, 부모의 경제적 수준이 아동의 빈곤을 결정하는 가장 중요한 요인이다(배화옥, 2008: 30). 한편 빈곤 아동이 속한 가구의 가구주가 상용직인 경우는 매우 적고, 임시·일용직이거나 실직 상태, 가정주부, 학생 등인 경우가 대다수를 차지한다. 즉, 빈곤 아동 가구의 부 또는 모의 경제활동은 대개 불안정하다(이현주 외, 2008: 448).

실제로 아동으로만 구성된 가족이나 아동이 돈을 벌어 생계를 꾸려야 하는 가족은 매우 드물다. 일을 하기 어려운 연령의 조부모와 함께 생활하는 조손 가정도 그리 많지 않다. 아동은 대부분 근로할 연령의 부모와 함께 가족을 이루어 살아간다. 물론 이렇게 가난한 가정의 부모가 근로 능력이 양호한지는 또 다른 문제다. 2006년 우리나라에서 아동이 1명이라도 있는 가구 중 부모와 자녀로 구성된 가구는 83%를 넘는다. 그리고 조부모와 부모, 아동으로 구성된 가구가 약 11%, 아동이 부나 모 가운데 한 사람과 함께 사는 한부모 가구가 4.3% 정도다. 즉, 아동이 있는 가구 중 99% 정도는 근로가 가능한 가족과 함께 생활하고 있는 것이다. 조손 가구는 아동이 있는 가구 중 단 1% 정도에 지나지 않는다(이현주 외, 2008: 448).

결국 아동 빈곤은 부모의 가난과 분리해서 생각할 수 없다. 그림 12-1을 보면 아동 빈곤과 전체 또는 취업자 빈곤의 변화가 매우 유사함을 알 수 있다. 전체 또는 취업자 빈곤과 아동 빈곤의 변화가 차이를 보이는 부분은 대개 노인 빈곤의 영향 때문인 것으로 이해할 수 있다. 노인 빈곤의 증가로 비롯된 격차 외에는 아동 빈곤은 전체 빈곤율의 변화와 거의 같은 양상을 보인다.

그림 12-1 **아동 빈곤율과 기타 빈곤율의 변화 비교**

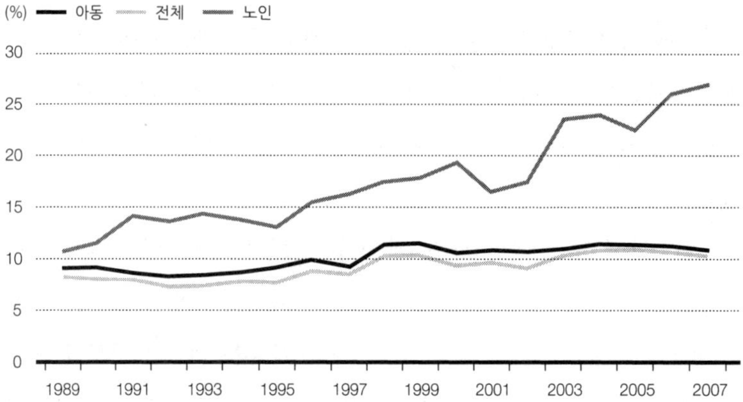

※ 아동 빈곤율은 중위소득 50% 기준임.
자료: 정은희·이주미(2015)에서 재구성.

가난한 아이들의 일상

가난한 아이들이 일상에서 겪는 부정적인 경험은 단지 물질적 측면의 결핍에 국한되지 않는다. 경제적 어려움은 부모의 스트레스를 높이고 가정의 갈등을 키우기도 하며, 사회적·정서적 배제를 유발하기도 하여 총체적으로 아동의 성장에 부정적인 영향을 준다.

가난한 아이들의 건강이 위험하다

절대 빈곤이 아직 해결되지 않은 사회에서는 가난이 아이들의 생존을 결정하기도 한다. 가난한 나라에는 아이가 태어난 지 얼마 되지 않아 사망하는 불행한 경우가 많다. 그래서 빈국의 사회정책에서는 아동 사망률이 초미의 관심사가 된다. 우리나라도 영유아 사망률이 높았던 시절이 있었다. 이는 현재 크게 줄어들었으나, 빈곤 가정의 아동이 신체적 건강을 유지하는 데 여전히 어려움을 겪고 있는 실정이다.

우선 빈곤 아동은 결식의 위험에 노출되어 있다. 부실한 식사를 스스로 챙겨야 하거나 아예 굶는 아동이 적지 않을 것으로 추정된다. 식사를 하는 아동이라 해도 빈곤 아동은 그렇지 않은 아동에 비해 건강에 좋지 않은 음식으로 끼니를 때우게 되는데, 영국에서는 그러한 문제를 인식하고 빈곤층 아동을 대상으로 대대적인 건강급식운동을 전개하기도 했다. 우리나라에서도 최근 사회적 급식이 확산되면서 아동의 결식 문제가 다소 완화된 것으로 판단된다.

아동의 질병은 빈곤 가정의 특징이면서 원인이 되기도 한다. 즉, 가난할 경우 아동에게 적절한 영양과 위생을 제공하지 못하거나 질병이 발생해도 조기에 적절히 치료하지 못해서 건강이 악화될 위험이 크고, 아동의 질환으로 고액의 진료비가 지출되는 가족은 이 때문에 빈곤해지기도 한다. 2013년 아동종합실태조사에 따르면, 소득수준별로 건강 수준의 평가가 다르다. 차상위 가구, 기초수급자 가구, 일반 가구의 순서로 아동의 건강 수준이 낮게 평가되었고 통계적으로 유의한 차이가 있었다. 3~17세 아동의 비만 비율을 보아도 빈곤 가구에서는 5.2%, 일반 가구에서는 3.3%인 것으로 나타났다(최은진, 2015).

가난한 아이의 가정은 스트레스에 취약하다

가난한 가정의 아동은 정서적으로도 안정된 상태를 유지하기 어려운 환경에 노출된다. 빈곤 가정의 부모는 아동 양육과 관련해 더 많은 스트레스를 경험하며 결과적으로 아동과 바람직한 관계를 형성하고 유지하기 어려운 경우가 많다. 단적으로 아동 방임과 학대는 빈곤한 가정에서 더 빈번하게 발생한다. 경제위기가 아동 학대에 미치는 영향을 분석한 연구(이현주·박소영, 2000)에서는 소득의 변화가 가족생활의 변화를 일으키고 이것이 다시 아동 학대에 영향을 미치는 것으로 나타났다. 최근에도 저소득과 같은 일상의 스트레스가 아동에게 전이되고 학대 발생의 원인이 되고 있다는 점이 자주 확인된다. 「2013 전국아동학대 현황보고서」에서 재학대 신고 사례의 학대 행위자 특성을 분석한 결과, 저소득 빈곤 가정에서는 가구주의 불안정한 고용 상태, 사회적 지지 부족 등이 경제적 스트레스를 유발하여 학대가 재발하는 경우가 많은 것으로 나타났다(보건복지부·중앙아동보호전문기관, 2014. 배화옥·강지영, 2015: 462에서 재인용). 더 극단적으로는 빈곤 때문에 아동의 양육을 포기하기도 한다. 특히 외환위기 이후에는 아동시설에 보호 의뢰된 이른바 요보호 아동이 급증했다. 당시 요보호 아동이 증가한 주된 원인은 생활고로 인한 가족해체였다.

가난한 아이는 폭력적 낙인에 시달린다

빈곤 아동에게 서비스를 제공하는 일선 전문가들은 빈곤한 가정의 아동이 초등학교에 들어가면서 학교생활에 쉽게 적응하지 못하는 사례가 많다고 이야기한다. 가장 큰 이유는 부모의 생활 패턴에 적응한 빈곤 아동의 독특한 생활 방식에서 찾을 수 있다. 빈곤층 아동은 대개 일반 아동과 시간 개념이 다르다고 한다. 빈곤층 아동은 부모가 일정한 시간에 출퇴근하는 모습을 보기 어렵고, 오히려 불규칙한 생활 방식에 익숙해 있다. 그런데 학교의 생활은 규칙적인 것이어서 빈곤층 아동은 입학 초기에 이러한 생활에 적응하는 데 더 많은 어려움을 겪는다는 것이다. 하지만 일반적으로 학교의 환경은 빈곤층 아동이 적응하기까지 기다려주지 못한다. 많은 빈곤층 아동은 학교에 진학하고 얼마 지나지 않아 관심에서 멀어지거나 문제 아동으로 낙인찍히기도 한다.

한편 빈곤 아동은 너무도 흔하게 배제를 경험한다. 그리고 이러한 배제는 대개 일상적이고 잔인하다. 하지만 주변에서는 주의해서 살피지 않는 한 이러한 배제를 인식하기 어렵다. 다음에 제시된 몇 가지 사례는 빈곤 아동에게 가해지는 폭력적 상황을 단적으로 보여준다. 필자는 최근 국민기초생활보장제도 수급자 여성을 만난 적이 있다. 홀로 초등학생 아이 둘을 키우는 모자 가정의 엄마였다.

> 초등학교 여름방학이 시작되던 날 아이들 학교에서 연락을 받았어요. 방학을 하면 학교에서 매일 주던 무료 우유를 줄 수 없으니 보름치 우유를 한꺼번에 받아 가라 하더라고요. 아직 우리 아이들이 어려서 그 많은 우유를 집으로 가져가지 못하기 때문에 저에게 연락을 하는 거랍니다. 나머지 방학 기간의 우유는 학교 앞 문방구에서 몰아서 받아 가라고 하더군요. 무더운 여름날, 약 서른 통의 우유를 받아 들고 오면서 가난한 나와 내 아이들이 불쌍해 울음이 나오더라고요.

학교 급식과 관련한 또 다른 사례도 가슴 아프기는 마찬가지다. 서울의 한 중학교에서는 학생들이 교내식당에서 점심을 먹기 위해 식당 입구에 설치된 전자장치에 개인이 가지고 있는 전자카드를 대고 급식비 납부 여부를 확인받아야 했다고 한다. 만약 급식비를 납부하지 않은 학생의 카드가 감지되면 '삐' 하는 신호음이 식당 안에 크게 울렸다고 한다. 인근 지역아동센터에서 오후 시간을 보내는 아이들은 학교에서 그 수치스러운 사건을 겪지 않고 무사하게 식당을 이용했는지를 서로 물어보곤 했다고 한다.

이러한 사례만 봐도 빈곤 아동이 일상생활에서 얼마나 많은 수치와 좌절을 경험하고 있는지 조금이나마 짐작할 수 있을 것이다. 실제 빈곤 아동이 겪는 부정적인 경험은 이 외에도 무척 다양하다. 외국도 크게 다르지 않은 듯하다. 미국의 빈곤층이 경험하는 일상의 배제를 논의한 글에서 발견한 사례도 충격적이다. 빈곤 지역의 가게 앞에는 늘 아동들이 줄을 서 있었는데, 이는 아동들이 물건을 훔칠 것을 걱정한 주인이, 감시가 가능하도록 적은 수의 아동을 차례로 가게에 들어서게 했기 때문이었다. 그곳에서 이미 아동은 고객이 아니라 용의자였다(Lott, 2002).

사회의 대다수를 구성하는 중산층, 비빈곤층은 알게 모르게 빈곤층에 대한 선입관을 가지고 있다. 이러한 선입관은 부지불식간에 빈곤 아동을 배제하도록 하고 그들에게 극복하기 어려운 좌절을 가져다준다. 이러한 경험이 오래 쌓이면서 빈곤 아동은 대개 자존감이 낮아지고 성취동기도 줄어들고 만다.

무서운 교육비: 교육은 이제 개천에서 용을 키우지 못한다

한때 교육만이 살길이었다

우리나라는 학력주의사회로 간주되어왔다. 즉, 그만큼 교육이 계층 상승의 중요한 수단이 되어온 것이다. 지금도 가난을 벗어나거나 계층 상승을 하기 위해서는 높은 수준의 고등교육을 받아야 한다고 믿는 이들이 적지 않다. 이러한 믿음이 교육비를 마련하도록 엄마들을 파출부로 내몰고 '기러기 아빠'라는 기형적인 현상을 낳기도 한다. 그런데 최근에는 교육이 가난의 대물림을 끊기보다는 오히려 강화하는 방식으로 작동하는 것은 아닌지 우려하는 목소리가 크다. 학력을 통한 계층 세습을 다룬 한 연구에서는 우리나라의 교육과 계층 이동에 대해 이렇게 언급하기도 했다.

> 전반적으로 한국에서는 부모의 계급적 지위가 자녀의 교육 기회를 통해 자녀의 계급적 지위를 결정하는 정도가 커지고 있다. 즉, 교육을 매개로 하는 계급 세습의 메커니즘이 상당한 정도 고착되어가고 있다(이혜영 외, 2006: 26).

돌이켜보면 몇십 년 전만 해도 학원을 다니는 중·고등학생은 드물었다. 과외도 마찬가지였다. 대부분 교과서와 참고서로 스스로 공부해야 하는 비슷한 여건에 놓여 있었다. 교육비 걱정은 학교에 내는 학비를 어떻게 마련할 것인가 하는 것 정도였다. 그런데 오늘날에는 이야기가 달라졌다. 이제 학교에 내는 공교육비는 문제도 아닌 것이 되었다. 학원, 더 나아가 강남의 고액 학원을 다닐 수 있는지, 외국 유학을 다녀올 수 있는지가 고민거리가 되었다. 갈수록 교육 기회가 부모 소득의 영향을 더 많이 받고, 학력에 따른 임금 차이가 더 커져서 박탈감과 불안이 심해지고 있다.

우리나라의 학력별 상대적 소득의 격차는 매우 크고, 그 격차는 시간이 지날수록 더 커지는 경향을 보인다. OECD에서 발표한 자료에 따르면, 우리나라는 학력 간 상대적 소득의 차이가 매우 큰 국가이며,

이러한 차이는 점점 더 커져서 중학교 졸업자와 고등교육 졸업자의 임금비가 1998년 78대 135에서 2003년에는 71대 150으로 더 확대되었다(OECD, 2015). 또한 통계청 자료에 따르면, 대졸과 고졸의 임금 격차 역시 2011년 164대 100으로 2003년 156대 100보다 더 커졌다.

이제 대학을 졸업해도 미래가 불안하다

학력 간 임금격차가 크기 때문에 부모라면 누구나 자녀의 대학 졸업을 위해 많은 노력을 한다. 그런데 우리나라는 대학의 서열에 따른 사회적 보상, 즉 소득의 차이가 크다는 특징이 있다. 높은 수준의 고등교육 진학률 속에도 학력의 차이가 존재한다. 학력 단계별 진학 확률에 대해 연구한 결과, 우리나라의 계층 간 불평등은 감소하지 않고 있음이 드러났다. 이 연구에서는 상위 교육과정으로의 진학이라는 양적인 면에서 계층화는 감소한 반면, 질적인 차원에서는 격차가 더 커지고 있는 것으로 나타났다(방하남·김기헌, 2003).

상위권 대학 진학율은 아동의 학업 성취도와 직접적인 관련이 있다. 빈곤하지 않은 계층과 비교해 빈곤층 아동의 학업 성취도는 학년이 높아질수록 낮아진다(구인회 외, 2009). 결과적으로 빈곤층 아동은 대학에 들어가기는 하더라도 이른바 명문 대학에 들어가기 어렵고, 결국 좋은 직장을 얻는 것도 쉽지 않다. 한 연구에서는 미국에서 SAT 성적이 100점 더 높은 학교에 다닐 경우에 임금이 3~7% 정도 상승하는 효과가 있는 데 비해, 우리나라에서 상위권 대학이 지닌 이른바 '임금 프리미엄'은 거의 20%에 이르는 것으로 나타났다. 반면 우리나라에서 중·하위권 대학의 임금 상승 효과는 크지 않은 것으로 나타났다(이혜영 외, 2006: 3에서 재인용).

그림 12-2 **우리나라 진학률 변화**

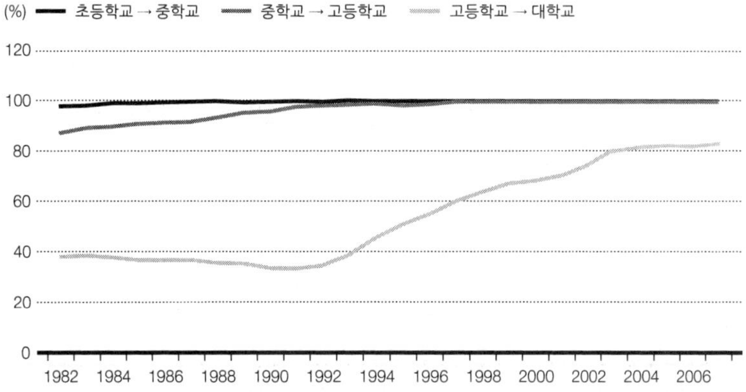

※ 진학률 = (진학자 수 / 졸업자 수) × 100
자료: 교육통계연보(각 연도), 통계청, '2007년 한국의 사회지표'.

높은 교육열의 결과로 이제 우리나라에서 대부분의 아동은 고등교육까지 받는다. 중학교와 고등학교 진학률은 1990년대 거의 100%에 달했고, 대학교 진학률도 매우 높아서 2004년부터는 80%를 넘어섰다(그림 12-2 참조). 25~34세의 젊은 층으로 한정해서 보면 우리나라 고등교육 이수율은 캐나다와 일본에 이어 세계 3위를 차지하고 있으며 고등교육을 끝까지 마치는 비율도 일본, 벨기에에 이어 OECD 국가 중 3위다. 그만큼 고등교육과정에서 중퇴율도 낮다.

하지만 단순히 대학을 마치는 것이 가난하지 않은 삶을 보장하지는 않는다. 대학을 졸업해도 유명 상위권 대학을 나와야만 안정된 미래를 기대해볼 수 있게 되었다. 경쟁이 주요 가치로 신봉되고 빠른 성과를 요구하는 교육정책에서, 사교육비를 감당할 수 없는 빈곤층 아동이 빈곤에서 벗어날 기회는 점점 줄어들고 있다.

그림 12-3 **가계 소비지출 중 교육비 비중**

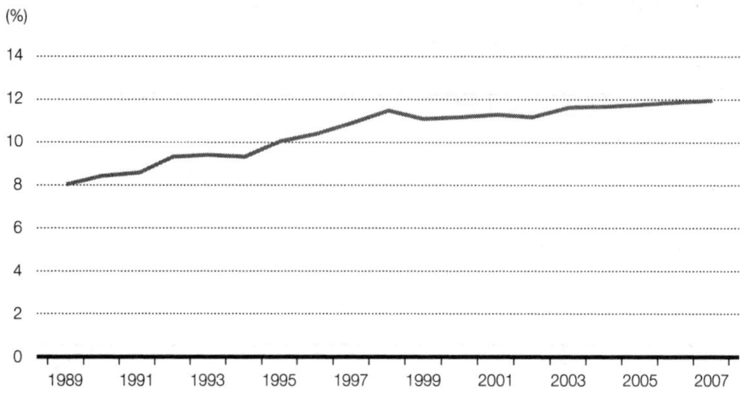

자료: 통계청, '(도시)가계조사 원자료'(각 연도).

뱁새의 황새 따라잡기: 빈곤층의 사교육비 부담

높은 교육열은 거의 모든 소득계층에게 매우 부담스러운 교육비 지출을 감내하도록 강요하고 있다. 각 가구에서 지출하는 교육비가 전체 지출 중 어느 정도를 차지하는지를 보면 교육비 비중이 꾸준히 증가하는 것을 알 수 있다. 그림 12-3에서 보는 바와 같이 1990년대 중반부터는 교육비가 가계 소비지출에서 10% 이상을 차지하게 되었다. 특히 이러한 교육비 부담은 빈곤층에게 더욱 클 것으로 쉽게 추정해볼 수 있다. 형편이 어려운 가정에 교육비의 과중한 부담은 다른 지출을 줄이는 결과를 초래할 수 있다.

교육비 지출이 전체적으로 상승하고 있지만 빈곤층은 사교육을 위한 지출을 보통 가정만큼 할 수 없다. 2008년 통계청이 전국 가구의 기타 교육비를 소득계층 1~5분위별로 파악한 결과, 소득수준 상위

표 12-2 소득수준별 자녀를 위한 교육 및 진로 관련 활동 경험

구분	수급	차상위		차차상위	일반	전체
		법정 차상위	소득 차상위			
교육을 위한 이사	0.8%	3.5%	3.8%	4.3%	4.8%	4.8%
학습 분위기 조성을 위한 환경 변화	17.8%	17.8%	23.1%	28.8%	44.4%	39.4%
입시 정보 및 사교육 정보 수집	24.6%	24.1%	37.2%	34.8%	51.7%	46.8%
진로에 대한 조언	64.4%	59.9%	64.1%	67.4%	79.1%	75.6%
진로 상담을 위한 학교 방문	23.7%	18.9%	24.4%	27.2%	38.6%	35.2%

※ 법정 차상위는 2005년 기준 소득 인정액이 최저생계비의 100~120%, 소득 차상위는 소득이 최저생계비의 100~120%, 차차상위는 소득이 최저생계비의 120~180% 사이의 가구를 말함.
자료: 이현주 외(2008: 462).

20%에 해당하는 5분위는 월평균 32만 1253원을 지출하여 소득수준 하위 20%인 1분위의 4만 6240원에 비해 6.9배를 지출한 것으로 나타났다. 이 비율은 2007년에도 이미 5.9배로 높은 수준이었으나 차이가 더욱 커졌다.

문제는 교육비 차이만이 아니다. 빈곤층 아동은 교육을 받는 과정에서도 열악한 환경에 놓여 있다. 빈곤 가정에서 이루어지는 교육적 지원은 전반적으로 취약하다. 빈곤 가정일수록 자녀 교육을 위해 이사를 하거나 학습 분위기를 조성한다든지 교육 관련 정보를 수집하는 것과 같은 일을 하기가 어렵다(표 12-2 참조).

심지어 빈곤 아동은 학교에서도 긍정적인 지지나 배려를 받기 어렵다. 쉽게 적응하지 못하는 저학년의 빈곤 아동에 대한 교사의 무관심에서 시작해, 이들에 대해 잘 묻지도 듣지도 않는 등 여러 가지 방식으로 배제가 나타난다. 빈곤한 아동기를 보냈던 미국의 한 연구자는 자신이 아동기에 학교에서 직접 경험했던 일을 연구에서 소개했다

(Lott, 2002). 저소득층이었던 이 연구자는 고등학생 시절 좋은 성적에 대한 포상이나 대학 진학에 대한 조언을 받지 못했음을 회상한다. 단지 그는 교환학생으로 참여할 수 있는 무료 프로그램만 소개받았을 뿐이다. 그와 달리, 성적이 낮은 중산층 친구는 선생님에게서 높은 관심을 받았고 대학 진학과 관련된 다양한 정보를 얻었다. 연구자 본인은 결국 그 친구에게서 필요한 정보를 얻어야만 했다(Lott, 2002). 필자가 만났던 한 20대 여성도 빈곤했던 그녀의 학창시절을 단지 교실 뒤쪽에 앉아 눈에 띄지 않던 학생으로만 기억하고 있었다. 결과적으로 빈곤한 가정의 아동이 다시 빈곤을 물려받는 구조가 교육을 통해 전반적으로 강화되고 있다.

가난한 아이를 위해서는 조기에 장기적 접근이 필요하다

교육에 소요되는 비용을 누가 얼마나 부담하는지는 그 사회에서 계층 간 교육 기회가 얼마나 달라지는지를 짐작하게 하는 척도다. 주요 선진국의 정부 부담분은 GDP의 5.3%로 한국의 4.6%보다 높다. 반면 한국의 민간 부담률은 GDP의 2.9%로 선진국의 평균 부담률인 0.7%의 4배가 넘는다. 여기에 학원이나 과외 등 사교육에 들어가는 비용 부담이 OECD 국가 중 최고 수준이다. 국가가 교육에 적절히 관여하지 못한 결과로 교육 서비스에서 가족과 시장이 차지하는 비중이 매우 높은 구조가 형성된 것이다. 다행히 공교육비에서 민간 부담이 차지하는 상대적 비중은 지속적으로 감소하는 추세다. 2015년에는 전년과 비교해 고등교육의 공교육비에서 민간 부담률이 0.4%p 하락했다.

교육의 형평성을 높이기 위한 제도적 노력이 부족한 상태에서 '부모 세대의 계층 격차 → 사교육 등 교육 경로의 격차 → 다른 지위의 고등교육 → 취업과 소득의 격차'라는 과정을 거치면서, 중산층 이하는 교육을 통한 계층 상승의 기대를 갖기보다는 오히려 계층 고착이나 하락을 두려워하게 되었다.

앞서 아동의 빈곤은 곧 근로 가능한 부모의 빈곤에서 비롯된다는 점을 언급했다. 따라서 빈곤의 대물림을 막는 가장 근본적인 방법은 빈곤한 부모를 줄이는 것이다. 다시 말해, 빈곤 아동 문제의 해법 중 하나는 부모에게 근로 기회를 제공하고 적정한 임금을 받을 수 있도록 제도를 마련하는 것이다. 이 대안에 대해서는 다른 장에서 좀 더 자세하게 다루고 있으므로 여기서 길게 논하지 않겠다.

이와 더불어 아동이 있는 가정을 지원하는 각종 제도를 적극적으로 시행할 필요가 있다. 유니세프는 정부가 개입함으로써 아동 빈곤율이 평균 40% 줄어들며, 세계에서 아동 빈곤율이 가장 낮은 국가에서는 개선율이 80%에 이르기도 한다고 밝혔다. 특히 OECD 국가 가운데 사회복지 현금급여가 GDP의 10% 이상인 국가 중 아동 빈곤율이 10% 이상인 국가는 없는 반면, 그 금액이 5% 미만인 국가 중에는 아동 빈곤율이 15% 미만인 국가가 없다고 한다(UNICEF, 2005. 신현중, 2008: 102에서 재인용).

우리나라에서 빈곤의 대물림을 막기 위해 가장 먼저 고려하는 제도는 아마도 교육 지원일 것이다. 현재 빈곤층의 교육 기회를 확대하기 위한 지원이 없는 것은 아니다. 저소득층에게 학비를 지원하고 빈곤층 대학생을 위한 국가장학사업을 운영하거나 무이자 또는 저리의 학자금 대출을 실시하고 있다. 학비 지원 외에도 '방과후 학교'를 운영해 빈곤층 아이들이 학교 수업이 끝난 뒤에도 무료로 또는 저렴한 비용으로 추가적 학습 지원을 받을 수 있게 하며, 빈곤층에게 학습지 등 사교육을 일부 대체할 수 있는 학습 지원 서비스도 제공하고 있다.

기존에 실시된 빈곤 아동에 대한 지원에서 세계적인 공통점을 찾자면 조기개입일 것이다. 조기개입의 핵심은 저소득 계층 아동이 다른 계층의 아동과 비교해 불리한 '출발'을 할 위험을 극복하도록 지원하는 것이다. 그래서 대표적인 아동복지 프로그램에는 이름에 '스타트(start)'라는 단어가 붙는 경우가 많다. 1960년대부터 시작된 미국의 '헤드스타트(Head Start)', 영국의 '슈어스타트(Sure Start)', 캐나다의 '페어스타트(Fair Start)', 우리나라의 '위스타트(We Start)'와 '드림스타트(Dream Start)'가 대표적이며, 이 프로그램들은 빈곤 아동에 대한 조기개입을 통한 가난의 대물림 방지를 강조하고 있다.

미국의 헤드스타트를 예로 들어 살펴보자. 헤드스타트란 달리기 시합에서 출발선에 머리를 나란히 한 모습을 연상하게 하는 것으로, 출발선에서부터 동등한 위치에 설 수 있게 한다는 것을 의미한다. 헤드스타트는 1964년에 시작되었는데, 1980년대 이후 재조정되어 활성화되는 과정을 겪었다. 헤드스타트는 저소득 가정의 아동에 대해 교육과 건강, 영양, 정서적 측면에 대한 지원뿐 아니라 부모의 적절한 일자리 찾기까지 지원하는 포괄적인 프로그램으로 구성된다. 이 정책의 성과에 대해서는 논쟁의 여지가 있다. 이 정책을 통해 저소득 가정 아동의 학업 성취도와 학교를 성공적으로 마치는 비율, 대학에 진학하는 비율이 높아진 동시에 범죄도 감소했다는 연구가 있는가 하면, 민족이나 인종에 따라 성과가 달라서 주로 백인에게 더 큰 효과가 있다는 점이 지적되기도 했다.

영국의 슈어스타트도 기본적인 프로그램의 구성은 헤드스타트와 비슷하다. 우리나라도 몇 년 전부터 저소득 아동을 대상으로 한 조기개입 프로그램을 시행하고 있다. 임산부와 아동을 대상으로 복지와 보건, 교육 영역의 지원을 종합적으로 제공해 빈곤 아동의 건강하고 공평한 출발을 돕자는 취지에서 시작되었다. 하지만 아직 지원 프로그램도 제한적이고 지원 수준도 미미한 실정이다.

빈곤 아동에 대한 조기개입으로 빈곤의 대물림을 막아내려면 장기적인 개입을 전제로 하는 정책 설계가 필요하다. 예를 들어, 빈곤 아동의 학업 성취 부진을 우려해 학습 지원 서비스를 제공한다 해도, 결국 빈곤 아동은 빈곤하지 않은 가정의 아동보다 좋지 못한 성과를 경험할 확률이 높다. 즉, 같은 성적이라 해도 잘사는 가정의 아동이 더 좋은 직장을 얻고 더 높은 소득을 벌어들일 가능성이 있기 때문에 빈곤 아동에 대한 조기개입만으로는 충분하지 않다. 같은 기회를 빈곤층 아동에게 보장했으니 그 뒤의 일이란 개인과 그 가족의 책임인 양 몰아가기 쉬워, 조기개입에만 안주하는 것은 위험하기까지 하다. 빈곤 아동이 가난해지는 경로란 아동기 초기에만 집중되어 있는 것은 아니다. 아동에서 성인으로 성장하는 과정에는 물론, 때로는 성인기 이후에도 빈곤의 대물림 위험은 항상 존재한다. 따라서 빈곤의 대물림을 막기 위한 제도적 노력은 조기개입과 함께 좀 더 장기적인 차원에서 구조적 문제 해결에 초점을 맞춰야만 그 목적을 달성할 수 있다.

4부 빈곤 넘어서기

13장 빈곤 극복의 꿈과 정책

13장 빈곤 극복의 꿈과 정책

가중되는 빈곤 위험 사회

실업과 질병, 노령이 초래하는 빈곤 문제는 오래된 사회적 위험이다. 자본주의 이전의 전근대 시대에서부터 이른바 복지국가체제가 도입된 20세기에 이르기까지 빈곤 문제는 여전히 해결하지 못한 인류의 숙제가 되어왔다. 그런데 이러한 문제가 제대로 해결되기도 전에 우리는 새로운 위험을 맞이하고 있다. 세계화와 개방경제, 저출산·고령화로 대변되는 인구구조의 변화, 가족구조의 비정형화가 그것이다. 이러한 새로운 사회적 위험은 전통적인 위험 요소와 중첩되면서 빈곤 문제를 더욱 복잡하게 만들고 있다.

세계 각국은 국가 간 경제적 의존도가 더욱 커진 개방경제로 인해 노동시장이 위축되거나 산업구조가 변질되는 국면에 있다. 우리나라만 해도 인건비가 싼 국외로 제조업이 이전하거나 국내로 유입되는 이주노동자가 증가하면서 저숙련 내국인의 일자리가 더욱 불안정해지고 있다. 이에 더해 지식 기반 사회로 전환되면서 생산기술이 빠르게 변화해 직업 경력이 짧아지고 고용 안정성이 낮아졌다. 세계화와 국제 분업체제의 확산에 한 국가 차원에서 대처하기란 역부족이다. 김영삼 정부 당시에 세계화를 '한다'고 했지만, 이는 사실상 세계화를 '당하는' 것이었으며, 국내 수준의 대응은 운신의 폭이 더욱 좁아지고 있다.

한편 우리나라는 세계에서 유례를 찾기 어려울 정도로 빠르게 인구 고령화가 진행되고 있다. 이미 2008년에 65세 이상 인구가 전 인구의 10%를 넘어섰고, 2020년에는 15%를 넘어설 것으로 예상된다. 이러한 고령화의 속도나 정도는 사회적 부양 부담이 크게 증가하는 것을 의미한다. 이뿐 아니라 핵가족화가 심화되고 1인 단독가구도 급속히 증가하고 있다. 남성 가구주와 그 부양가족으로 구성된 전통적 가족구조가 변화하면서, 여기에 바탕을 둔 각종 사회보장제도도 무력화되는 것이 아닌지 우려될 정도다.

이처럼 새로운 사회 위험은 아직 해소되지 않은 전통적인 위험인 실업과 노령, 질병 등의 위험군과 결합해 더 복잡한 양상을 빚어내고 있다. 아직 우리나라는 노인 빈곤 문제가 해소되지 않은 상태이며, 질병에 대한 기초보장도 미흡한 수준에 머물러 있다. 전통적인 위험 중 특히 실업은 세계화에 따른 고용 불안정과 중첩되면서 한창 일할 연령의 실업자 또는 비경제활동인구를 증가시키며, 이는 다시 이들의 부양을 받는 노인이나 장애인 등 취약 인구 집단의 사정을 악화시키는 결과로 이어진다. 최근에는 청년의 실업과 빈곤이 심각한 사회적 문제로 등장하고 있다.

우리나라는 최근 약 10년의 시차를 두고 경제위기를 맞았다. 외환위기가 발생한 직후부터 사회안전망 구축을 서둘렀지만, 앞서 설명한 새로운 사회 위험이 증폭된 동시에, 빈곤 대책의 효과가 본격적으로 나타나기도 전 또 한 번의 경제위기가 덧보태진 셈이다. 11년 만에 산업 생산은 마이너스로 돌아섰고, 2009년 1월의 광공업 생산지수는 전년 동월 대비 25.6%나 감소했다. 여러 가지 이유로 구직을 포기한 '사실상 실업' 상태인 사람이 350만 명에 이를 정도로, 사회의 중추 인력이라 할 수 있는 30~40대의 고용 사정이 심각하다. 2009년 상반기 기준으로 30대의 절대적인 취업자 수 감소 폭은 외환위기 이후 처음으로 20만 명을 넘어섰고, 40대 취업자 증감률은 10년 6개월 만에 마이너스를 기록했다(≪연합뉴스≫, 2009.7.19). 이런 상황은 2016년 초까지도 해결되기는커녕 더 악화되고 있다. 무엇보다 청년 실업 문제가 심각하다. 2016년 4월의 청년 실업률은 10.9%로 1999년 실업자 기준을 구직기간 1주일에서 4주일로 바꾼 이후 같은 달 수치로는 가장 높았다(≪연합뉴스≫, 2016.6.11). 청년 실업 문제는 가히 시대적 숙제로 떠올랐다.

더 복잡해진 빈곤 양상

최근까지 우리가 알고 있는 빈곤층의 규모는 실제보다 축소된 것이었다. 아직도 농촌지역의 빈곤이 통계에 반영되지 않고 있기 때문이다. 1인 가구와 비임금 근로자(자영자)의 빈곤 상황이 통계에 포함된 것도 최근의 일로, 아직 의미 있는 추세치를 얻을 수 없는 단계다. 더 큰 문제는 경계선상에 있는 빈곤층의 존재다. 최근 근로 빈곤층이 증가하면서 빈곤선을 넘나드는 집단의 규모도 커지고 있다. 빈곤선 주변의 사람들은 조사 시점에 따라 빈곤 여부가 달라질 수 있지만, 빈곤을 반복하면서 실제로는 빈곤한 생활을 유지하고 있을 가능성이 크다. 이렇게 경계선상에서 일시적으로 빈곤을 경험하는 계층까지 포함한다면, 우리나라의 빈곤율은 현행 조사 수치보다 2배 정도 높아진다(노대명 외, 2007a 참조). 최근에 이루어진 가계금융·복지조사를 통해 가구의 동태적 변화를 살펴보면, 2011년과 2014년 계속 빈곤했던 가구는 전 가구의 10.1%이지만 빈곤을 경험한 가구는 23.3%에 이르는 것으로 나타난다(통계청, 2016b 참조).

빈곤이 고착화되는 문제 역시 심각하다. 사교육비 부담이 가중되고 사회적 이동이 경직되면서 빈곤층의 계층 상승을 기대하는 것은 더 어려워졌다. 사회적 이동이 활발하지 않으면 빈곤층과 비빈곤층의 구분이 한층 견고해지고 사회계층 간 갈등이 심화될 위험이 커진다. 더구나 이런 상황에서는 빈곤층에 대한 각종 지원정책의 신설이나 확장이 더 어려워진다. 빈곤 위험이 특정 계층에게만 집중적으로 나타나고, 한 번 빠지면 빈곤에서 벗어날 수 없는 것으로 인식될수록 그 대책은 제한적인 범위에 머물기 때문이다. 빈곤 극복에 대한 희망이 역동적일 때 빈곤 대책은 더 적극적으로 나타난다.

빈곤은 단지 낮은 소득에서만 연유되는 것은 아니다. 필수적인 의료비나 교육비, 주거비 등이 너무 비싸서 결국 소비를 줄여야 하는 문제도 심각하다. 빈곤층이 주로 거주하는 기존 시가지의 낡은 주거지는 재개발 및 뉴타운 사업으로 해체될 위기에 직면해 있다. 저렴주택이 줄어들면서 상대적인 주거비 부담은 날로 늘어나는 것이다. 의료비를 놓고 보면 건강보험에 따른 본인부담금도 부담이 되지만 비급여나 병실료 차액이 만만치 않다. 교육비를 보더라도 공교육비 문제를 넘어, 이미 필수 과정이 되다시피 한 사교육의 비용을 감당하기에 빈곤층의 경제력은 턱없이 부족하다.

전통적인 소비도 그렇지만, 최근 부각되는 필수 소비 문제도 크다. 휴대전화나 인터넷은 일반 가정에도 필수적이지만 빈곤층에게도 마찬가지다. 이른바 정보 격차를 막기 위한 정도가 아니라 일을 구하고 물건을 사는 데도 없어서는 안 될 서비스다. 그러나 그 부담은 빈곤층에게 더 높게 느껴진다. 이처럼 하루가 다르게 변하는 소비문화를 따라가지 못하는 빈곤층의 박탈감은 지표로 설명하기 어려운 고통이다. 이제 빈곤은 소득수준만으로 측정되는 단계를 넘어섰으며, 현실에서는 다른 이들의 필수적인 소비를 따라갈 수 있는지 여부가 빈곤을 판단하는 데 중요하다. 경제적 빈곤은 문화적 박탈로, 더 나아가 사회적 배제로 이어지고 있다. 빈곤층은 정치적 무관심을 넘어 스스로 정치적으로 무의미한 존재로 전락한다. 노인이나 장애인 등 전통적으로 취약한 계층의 빈곤 외에도 결혼 이주 여성이나 탈북자의 빈곤처럼 다양한 뿌리를 가진 빈곤 문제가 등장하고 있다.

빈곤 대책의 원리

빈곤 대책의 단계

빈곤은 최저생활에 필요한 소득을 얻지 못하는 상황을 의미한다. 쓸 돈이 부족하여 필수적인 최저생활, 즉 먹는 것, 입는 것, 자는 것, 치료하는 것, 자녀를 공부시키는 것이 어렵다는 것을 뜻한다. 이런 상황에서 사회가 빈곤층에게 해야 할 일은 당장의 필수적인 생활이 가능하도록 지원하는 일이다. 당장 밥을 굶지 않게, 또 당장 비를 피할 수 있게 하는 일이 급하다. 치료비가 없다면 무상치료도 제공해야 한다. 혼자 힘으로 가눌 수 없는 상황이라면 병원에 입원하거나 보호시설에 입소할 수 있게 지원해야 한다. 이 점에서 가장 큰 효과를 발휘하는 대책은 국민기초생활보장제도다. 2015년 현재 우리나라 전 가구의 약 5%가 이 제도의 혜택을 받고 있다. 여기에만 2014년 기준 연간 4조 원, 의료급여를 포함하면 약 10조 원에 이르는 예산이 투입된다.

그러나 기초생활보장제도는 어디까지나 이미 발생한 빈곤에 대한 대증 요법이다. 당연히 대상자의 소득과 재산을 조사하고 기준에 부합하는 극빈층에게만 급여를 제공한다. 현재 빈곤에 빠진 사람만 대상으로 하기 때문에 빈곤층에게 직접적인 효과가 신속하게 나타나는 장점이 있다. 하지만 가난해지고 나서야 대응이 이루어지고, 국민의 일부만 혜택을 받는 만큼 낙인을 주는 단점이 있다. 한편에서는 공공부조제도가 확대되면 빈곤층의 근로 동기가 떨어질 것으로 우려하기도 한다. 또한 공공부조는 최후의 안전망이므로 이것이 큰 비중을 차지하는 사회보장제도는 건강하지 못하다고 간주하기도 한다.

따라서 기초생활보장제도 같은 공공부조제도까지 동원하지 않고도 빈곤 위험에서 보호할 수 있는 안전망이 필요하다. 가장 중요한 제도는 사회보험이다. 국민연금, 건강보험, 고용보험, 산재보험, 그리고 최근 시행하고 있는 노인장기요양보험 등 5대 사회보험은 소득이 있을 때, 또는 건강할 때 미리 보험료를 내면서 위험에 대비하는 방식이다. 이러한 사회보험은 특별한 예외가 없는 한 기본적으로 강제 가입을 원칙으로 한다. 또한 보험 가입자는 소득이나 재산이 고려된 일정액의 보험료를 납부하고 고용주나 국가도 일정 부분을 분담함으로써, 소득재분배 효과도 기하는 일종의 사회적 연대 원리가 적용된다. 이러한 사회보험제도에 '온전히' 가입했다면 노령으로 은퇴했을 때는 국민연금을, 병원을 이용해야 할 때는 건강보험을, 실직했다면 일정 기간 실업급여를, 작업 중 재해를 당했을 때는 산재보험을, 나아가 노인성 질환으로 장기간 요양을 필요로 할 때는 노인장기요양보험을 적용받을 수 있다.

그러나 우리나라에는 사회보험에 '온전히' 가입한 사람이 적다. 우리나라의 사회보험은 역사가 짧기도 하지만 기본적으로 전 국민이 일한다는 가정하에 설계되어 있기 때문에 실업과 고용 불안정이 만연하는 시기에는 효과가 급격히 떨어지는 단점이 있다. 비록 정규 직장이 없더라도 거주 지역(지역가입)을 통해 가입하도록 되어 있기는 하나, 특히 국민연금의 경우에 소득이 없다는 등의 이유로 납부하지 않는 사람이 매우 많다. 또한 근근이 생계를 이어가는 영세자영업자들은 이러한 제도의 혜택을 알면서도 가입할 여력이 되지 않아 제도의 울타리 밖에 머물러 있는 경우가 많다. 이른바 사회보험 사각지대가 좁지 않은 것이다.

이와 더불어 실제 생활에서 지출을 줄일 수 있게 지원하는 제도도 빈곤 예방이나 극복에 도움이 된다. 예를 들어, 보육료 감면은 빈곤층에게만 그 혜택이 주어지는 것은 아니지만 생계비를 줄이는 효과가 있다. 공공임대주택을 시장가격보다 싸게 공급받는다면, 이는 곧 그 차액만큼 정부로부터 지원받는 것이 되며, 나아가 생계비 지출을 줄여주는 효과가 발생한다. 치매 노인에게 간병이나 낮 시간 보호를 제공한다면 그만큼 가족들은 소득활동 참여 시간을 늘릴 수 있다. 지역아동센터나 방과후 학교에서 자녀를 좀 더 늦은 시각까지 보호해주고 나아가 사교육비 부담을 줄인다면, 그만큼 소득활동 기회가 늘어나고 생계비 절감 효과가 발생한다. 이렇게 다양한 서비스를 폭넓게 제공하면 빈곤 문제를 완화할 뿐 아니라 실제 국민의 삶의 질이 높아지는 효과를 기대할 수 있다. 더구나 사회서비스 분야의 일자리도 늘어나기 때문에 이중 삼중의 효과가 있다. 그러나 문제는 역시 재원이다. 이러한 사회서비스를 이용자가 온전히 자기 돈을 내고 이용하기는 어렵다. 그만큼 많은 재정 지원이 필요하지만, 재정의 한계로 머뭇거리게 되는 것이다.

이보다 좀 더 적극적인 국가의 지원책으로는 인구학적 조건이 충족되면 일정액의 급여를 지원하는 '수당(allowance)'제도가 있다. 예를 들면, 자녀의 수에 따라 일정액을 지원하는 아동수당, 장애인에게 지원되는 장애수당, 일정 연령 이상에게 제공되는 노인수당 등이 그것이다. 이 제도는 사회보험처럼 자신이 미리 일정 부분 기여한 데 대한 보상이 아니며, 원칙적으로 소득 및 자산 조사를 거치지도 않는다. 어린이나 장애인, 노인처럼 인구학적 조건이 맞을 경우에 지원하는 것이다. 수당제도는 선진국이 채택하는 보편적 복지의 대명사로 알려져 있다. 그러나 수당은 체감 효과가 크기는 하지만, 매우 큰 규모의 재원이 필요하다는 점에서 어려움이 따른다. 실제로 수당제도가 도입되더라도 소득 기준을 두거나 제한적으로 운영되는 경우가 많다.

앞서 살펴본 공공부조, 사회보험, 사회서비스 및 수당이 각각 국가(또는 보험)의 직접 지출을 통해 빈곤의 감소와 예방 효과를 얻는 것이라면, 일종의 '고기 잡는 법'을 알려주는 정책도 생각해볼 수 있다. 즉, 실직 상태이거나 불안정한 노동에 처한 사람이 안정적으로 일하고 적절한 소득을 얻을 수 있도록 지원하는 것은 좀 더 근본적인 빈곤 대책이 된다. 각국이 '일을 통한 빈곤 탈출'이나 '근로연계형 복지'('welfare'를 변용해 'workfare'라는 표현을 쓴다)를 강조하는 이유도 여기에 있다. 물론 선진국에서 이런 표현을 쓸 때는 기존의 전통적 복지를 축소하는 대신에 근로 참여를 유인하려는 목적인 경우가 많지만, 기본적으로 노동시장을 통한 빈곤 예방과 탈출이 목표인 것은 분명하다. 이에 따라 많은 복지 선진국들은 국가가 실업이나 노동시장 불안정에 적극적으로 개입하는 정책을 총괄해 '적극적 노동시장정책'이라 부른다. 실직하더라도 일정 기간 안심하고 생계를 유지할 수 있도록 수당을 지급하는 한편, 취업알선이나 직업훈련을 적극적으로 지원함으로써 조기에 재취업할 수 있도록 돕는 제도인 것이다. 덴마크나 핀란드, 스웨덴 등 북유럽형 복지국가는 대부분 이런 방식을 활용하여 유연한 노동시장과 튼튼한 안전망을 모두 지향하는 '유연안정체제'를 구축하고 있다. 그러나 우리나라의 적극적 노동시장정책은 아직 무늬도 갖추지 못한 단계다. '정규직'이나 고용 보장에 그렇게 목을 매는 것은 직장을 잃으면 생활이 너무나 불안정해지는 우리나라의 노동시장 구조 때문이다.

사회·경제·문화·복지 전 분야에 걸친 빈곤 대책

빈곤 대책은 사회복지정책이나 고용정책과 같이 직접적인 지원이나 일자리 정책에 그치지 않는다. 현대 빈곤의 큰 원인이 가족구조의 변화와 불안정에 있는 만큼 가족정책도 빈곤 대책의 중요한 영역이다. 늘어나는 이혼은 분명히 빈곤율 상승에 영향을 끼친다. 이혼 시의 양육 책임 문제나 한부모 가정이 안심하고 생업에 전념할 수 있도록 자녀를 돌봐주는 서비스도 중요하다. 젊은 층의 전통적인 노부모 부양 관념이 변할 뿐 아니라, 자녀 세대도 날로 악화되는 노동시장 환경에서 제 한 몸을 부지하기 어려워졌기 때문에 과거의 미풍양속을 강요할 수만도 없다. '개인적 효도'가 아니라 '사회적 효도'로 접근법을 바꾸지 않으면 안 되는 것이다.

한편 교육은 지금껏 빈곤에서 벗어날 수 있는 가장 중요한 수단으로 인식되어왔다. 그러나 요즘 현실에서 교육은 거꾸로 빈곤을 고착화하고 계층 단절을 더 강화하는 영역이 되고 말았다. 따라서 저소득층에 대한 학비 지원과 같은 전통적인 영역 외에도, 사교육에 의존하지 않아도 되고 비용이 적게 드는 교육체제를 만드는 일은 거시적인 빈곤 대책에서 중요한 숙제가 되었다. 대학입시제도나 특수목적고, 자립형 사립고 문제마저 빈곤 대책과 관련을 갖게 된 것이다.

또한 일을 통한 빈곤 예방과 탈출을 강조하는 경우에도 일에 대한 보상이 근본적으로 낮은 상태에서는 효과가 없다는 것이 과제로 남는다. 빈곤 문제를 해결하기 위해서는 일자리만이 아니라 일에 대한 정당한 보상 문제도 중요하다. 일반적으로는 시급을 둘러싼 최저임금 밀고 당기기가 이해되지 않을 수도 있지만, 현행 최저임금은 3인 가족 빈곤선에도 미치지 못하는 수준이다. '문화생활'을 즐기기에 최저임금은 한 사람에게도 부족한 금액이다. 또한 중·고령 영세자영자들이 유독 많은 우리나라에서는 취업을 하려고 해도 할 수 없는 것이 현실이다. 이미 사양 산업에 들어선 분야에서는 아무리 숙달된 기능을 가진 사람들도 적절한 보상을 받기가 불가능하다. 앞서 설명한 세계화 시대의 노동시장 현실이 그러하다. 따라서 일할 의지도 있고 일도 하지만 빈곤 상황에서 벗어나지 못하는 사람들에게 빈곤 대책은 경제정책 전체의 문제와 관련되어 있다. 저숙련 노동자들이 재취업할 수 있는 산업을 육성하고, 이러한 차원에서 중소기업을 지원하는 등의 정책도 넓게 보면 빈곤 대책의 하나다.

이처럼 빈곤 문제에 대한 대응에서는 정부, 나아가 국가의 역할이 중요하다. 하지만 국가의 역할이 커질수록 재정 문제가 부각될 수밖에 없다. 빈곤 예방과 탈출을 위해 사회가 무엇인가 역할을 하려면 재정이 없이는 불가능하기 때문이다. 그런 점에서 누가, 얼마의 세금을 내고, 그것을 어느 분야에 사용하며, 또 누가 혜택을 보는가 하는 것은 매우 심각한 '정치적' 문제다. 이른바 감세론과 증세론, 작은 정부와 큰 정부 논쟁은 단순히 효율성을 둘러싼 행정학적 논쟁이 아니라 매우 정치적이고 계층대립적인 논쟁이다. 아울러 세금과 정부 역할에 대한 태도는 진보와 보수를 가르는 핵심 잣대이기도 하다.

결국 빈곤을 예방하고 극복하기 위한 정책들은 좁은 의미의 사회정책에 그치지 않는다. 노동정책, 조세정책, 경제정책, 복지정책이 모두 빈곤 문제에 대응하기 위해 필요한 정책 수단이다. 그만큼 빈곤 문제의 저변에는 정치적이고 사회적·문화적인 쟁점이 잠재되어 있다. 나라마다 빈곤 문제에 대응하는 수준이 다른 것은 바로 그 자체에 사회 전반의 모습이 투영되어 나타나기 때문이다. 시장소득을 기준으로 산출한 빈곤율과 조세 및 사회정책이 반영된 가처분소득을 기준으로 산출한 빈곤율의 차이가 큰 나라일수록, 즉 국가가 적극적으로 개입해 빈곤 문제를 해결하려는 나라일수록 빈곤 극복과 불평등 해소를 위한 사회적 합의 수준이 높다. 그리고 이러한 경우에 빈곤 극복과 예방을 사회정책의 영역에만 맡겨두지 않고 경제정책을 비롯한 제반 국가정책에 반영해 실시한다는 특징을 보인다.

빈곤 극복의 선순환 구조

빈곤정책은 빈곤에 대한 개입 시점을 기준으로 삼아 세 단계로 구분할 수 있다. 어떤 이유든 일단 빈곤선 아래로 내려온 사람들에게 최소한의 인간다운 생활을 보장하는 '빈곤층 보호정책', 빈곤층이 빈곤에서 탈출할 수 있도록 지원하는 '빈곤 탈출정책', 빈곤선 아래로 내려가지 않도록 지원하는 '빈곤 예방정책'이 그것이다. 여기서 국민기초생활보장제도와 같은 공공부조제도는 빈곤층을 보호하는 가장 대표적인 제도다. 생계비를 지원하고 무상으로 교육 및 의료서비스를 이용할 수 있게 함으로써 최소한의 기본생활을 보장하는 것이다. 좀 더 유연하게 대처하려는 취지의 긴급지원제도나 무료급식, 푸드뱅크, 노숙인 보호 등도 같은 종류다.

이와 달리 사회적 위험이 발생하기 전에 미리 보험으로 대비하는 각종 사회보험은 예방적 제도로 분류할 수 있다. 그리고 노인이나 장애인과 같이 빈곤의 위험이 높은 인구 집단에게 보편적으로 일정한 수준의 현금을 지원하는 수당제도도 예방적 제도의 성격을 띤다. 불안정한 일자리를 개선하고, 소득활동의 보상을 높이는 일도 빈곤선 아래로 내려가지 않게 하는 중요한 예방 대책이다.

그럼 일단 빈곤에 처한 사람들이 빈곤에서 탈출할 수 있도록 지원하는 정책은 어떤 것일까? 좁게 생각하면 현행 국민기초생활보장제도에 포함된 자활지원제도처럼 일자리 프로그램에 참여하는 조건부로 급여를 제공하는 방식을 들 수 있다. 다만 이러한 자활지원사업은 기초생활보장제도에서 벗어나는 데 거의 효과가 없다는 것이 이미 입증된 바 있다. 프로그램 자체가 얼마나 잘 운영되는지를 떠나, 국민기초생활보장제도를 벗어나서는 생활할 수 없는 사람들이 이 사업에 참여하고 있기 때문이다. 의료, 교육, 심지어 주거(영구임대주택 입주)까지 기초생활보장 대상자가 되어야 지원을 받을 수 있는 마당에 자활지원사업을 몇 개월 참여한다고 빈곤에서 탈출하는(즉, 기초생활보장 대상자에서 제외되는) 것은 거의 불가능한 일이다. 더구나 자활지원사업에 참여하더라도 지원받는 금액은 빈곤선 기준과 거의 차이가 없다. 그런 점에서 빈곤 탈출정책은 기본적으로 빈곤층 보호 속에서 추가적인 지원 및 유인책으로 설계되어야 한다. 즉, '보호 속에서의 탈출 지원'인 것이다. 따라서 올바른 의미의 빈곤 탈출정책은 직업 능력을 개발하고 취업을 촉진하며 적절한 소득이 보장될 수 있도록 지원하는 정책일 것이다. 그런데 곰곰이 생각해보면 이는 결국 빈곤 예방정책과 같은 맥락이라는 것을 알 수 있다. 빈곤해지지 않도록 예방하는 것이나 빈곤에서 벗어나도록 유인하는 것은 사실 동일한 차원의 일이다. 빈곤해지지 않거나 빈곤에서 탈출하는 것이 빈곤해진 뒤 공공부조의 도움을 받는 것보다 더 낫도록 제도를 구성하여 빈곤층을 유인하고 그들의 능력을 키우는 일이 중요하다는 뜻이다.

그런데 빈곤정책은 이 정도에 그치는 것이 아니다. 빈곤정책이 넓은 의미에서 사회정책·경제정책·교육정책과 연관되어야 한다는 것은 이미 앞에서 설명했다. 아울러 빈곤정책은 그 자체가 경제의 선순환이자 대안적 모델의 가능성도 있음을 보여준다. 빈곤층을 위해 사회서비스 일자리를 제공하는 것은 급격한 산업구조 변화 과정에서 탈락한 노동력을 다시 사회가 포섭하려는 노력이다. 그리고 다시 이들이 제공하는 서비스는 국민의 복지 수준을 높이고 공동체를 더욱 따뜻하게 만든다. 아울러 빈곤층에 대한 지원은 이들이 절망하고 사회에서 단절되는 것을 막을 수 있다. 이들에 대한 지원금은 건강하고 희망찬 아동 양육의 뿌리가 될 뿐 아니라 지역사회 소비를 촉진하기도 한다. 빈곤을 둘러싼 악순환 구조가 강고하고 심각한 만큼, 빈곤 극복이 가져올 수 있는 선순환 구조는 우리 사회가 희망을 가지고 도전해볼 만한 과제다.

앞서 설명한 바와 같이 빈곤에 대응하는 정책은 다양하고 여러 수준과 차원에 걸쳐 있다. 그만큼 각국에서 선택하는 빈곤정책의 조합도 다르다. 물론 최근에는 상당수 국가에서 근로 능력자에게 일자리를 제공하는 데 초점을 두는 방식으로 빈곤정책을 일부 수정하기도 했다. 이는 불안정 고용 문제를 공히 경험한 나라들이 근로 빈곤 문제를 완화하기 위해 채택한 대안인데, 그 구체적인 내용에서는 국가마다 차이를 보인다. 예컨대 북유럽은 보편적인 수당제도를 운영하면서 사회서비스를 발전시켜 공공부조에 대한 의존도가 매우 낮다. 이에 비해 영미권에서는 빈곤층을 대상으로 공공부조를 집중적으로 제공하는 정책을 주로 쓴다. 이것만 보더라도 나라마다 제도적 선택에 큰 차이가 있다는 점을 쉽게 이해할 수 있다. 결국 빈곤정책의 내용은 한 사회의 선택이 만들어낸 결과라고 할 수 있다. 선택의 차이는 누적된 역사의 산물이지만, 당면한 상황에 대한 대처 방식이 보태진 것이기도 하다. 과연 우리나라는 어떤 선택을 했고, 그 선택의 결과는 무엇일까?

우리나라 빈곤정책의 역사

1997년 외환위기 이전

1997년 말 외환위기를 맞기 전까지 우리나라의 빈곤 문제는 '일만 하면 해결되는 문제'였다. 1960년대 말부터 시작된 경제성장은 세계적인 기록을 갈아치우면서, 아직 중국도 따라오지 못한 수준의 높은 성장률을 기록했다. 오일쇼크와 같은 국제적인 경기변동에 따라 부침이 있기는 했지만, 우리나라는 약 30년에 걸쳐 고도성장을 이어갔다. 그 결과,

과거의 '끼니도 때우지 못하는' 수준의 절대 빈곤은 1980년대에 들어 적어도 겉으로 보기에는 거의 자취를 감추었다. 정부가 정한 최저생계비 이하의 빈곤층 비율 역시 1970년대까지 10% 수준으로 유지되었지만, 1990년대에 들어 5% 이하로 떨어졌다. 물론 통계 자체가 불완전한 데다 절대 빈곤의 기준이 되는 최저생계비가 현실을 반영하지 못한 측면이 있지만, 어쨌든 빈곤 문제가 과거에 비해 뚜렷하게 개선된 것은 사실이다.

이런 상황에서 빈곤은 예외적이고 부끄러운 것이며, 의탁할 사람(즉, 부양의무자)이 없어서 생기는 문제일 뿐이었다. 근로 능력이 있는 빈곤층에게는 기본적으로 생계비가 지급되지 않았고 부양의무자 기준이 엄격히 적용되었다. 따라서 당시 정부나 사회가 빈곤층으로 인정한 사람은 주로 노인, 장애인처럼 근로를 할 수 없는 이들이었다. 결국 (무의탁) 노인과 중증장애인을 위해 운영되었던 매우 소극적인 공공부조제도(생활보호제도)와 시설보호를 중심으로 하는 사회서비스가 빈곤 대책의 전부라고 해도 과언이 아니었다. 생활보호제도는 일제강점기부터 식민 통치를 위한 수단으로 사용되기 시작한 것이었지만, 해방 이후에도 우리나라의 핵심 복지정책이 되었다. 이 제도를 통한 지원이라는 것은 고작 노인과 중증장애인, 환자, 임산부를 위한 소액 현금 지원이 전부였다.

따라서 일반인은 '일'과 '가족'이라는 자구적 안전망을 통해 빈곤을 스스로 예방하고 극복하도록 강요받았다. 그러나 이는 어디까지나 고도성장이 가능하고 전통적 가족관계가 유지되는 한에서 성립될 수 있는 모델이었다. 외환위기는 바로 그러한 한국식 요소투입형 고도성장 모델이 끝났다는 것을 보여준 상징적 사건이었다. 이미 세계화 바람

속에서 한국의 산업구조는 이른바 '샌드위치 경제'의 어려움이 본격화되던 중이었다. 가족관계 역시 우리가 느끼지 못하는 사이에 이미 높은 이혼율과 저출산 추세로 전환되고 있었다. 그럼에도 가장 중요한 노후안전망이라 할 수 있는 국민연금제도는 아직까지 전 국민을 대상으로 포괄하지 못하고 있으며, 고용보험 역시 1996년에야 도입되었을 뿐이다. 사회안전망이라는 최소한의 방파제도 없이 외환위기라는 일대 쓰나미를 맞은 것이다.

외환위기 이후

1997년 말의 외환위기는 영원히 깨질 것 같지 않던 경제성장 신화를 한순간에 무너뜨린 사건이었다. 특히 그것은 과잉투자와 과도한 빚(레버리지)이 발단이 된 것으로, 우리가 자초한 것이었다는 점이 충격이었다. 경제성장률은 곤두박질쳤고, 자산가격도 폭락했다. 경제 구조조정 과정에서 대량 해고가 이루어졌으며, 실업률은 수직 상승했다(표 13-1 참조). 빈곤층 역시 급격히 증가했고, 거리에는 노숙인들로 넘쳐났다. 가난 때문에 여러 흉흉한 사건마저 일어날 정도였다.

이때 다급히 외친 한마디가 바로 '사회안전망'이었다. 앞에서 살펴본 빈곤 대책의 여러 패키지 중 공공부조만이 생활보호제도라는 이름으로 그나마 부분적으로 작동하고 있었을 뿐, 사회보험이나 사회서비스, 수당제도 등 어느 하나 변변하게 자리 잡은 제도가 없었던 것이다. 빈곤 탈출이나 예방은 차후 문제이고, 우선 발생한 빈곤층이 밥을 굶지 않게 하는 일이 급했다. 1998년에는 한시생계보호제도를 도입해서 생활보호 대상자를 일시에 두 배 가까이 늘렸다. 동시에 공공근로사업을 통해 43만 명에게 1조 원이 넘는 돈을 '살포'했다. 당시까지 누가 가

표 13-1 **외환위기 전후 주요 지표 비교**

구분	1996년	1997년	1998년	1999년	2000년	2001년	2002년
경제성장률 (원화 표시, %)	7.0	4.7	-6.9	9.5	8.5	3.8	7.0
1인당 GNI(달러)	12,197	11,176	7,355	9,438	10,841	10,159	11,497
부도율(%)	0.14	0.4	0.38	0.33	0.26	0.23	0.06
경상수지(억 달러)	-231.2	-82.9	403.7	245.2	122.5	80.3	53.9
대미 환율(원)	844	1,415	1,209	1,145	1,260	1,326	1,200
금리(3년, 회사채)	11.9	13.4	15.1	8.9	9.4	7.1	6.6
실업률(%)	2.0	2.6	7.0	6.3	4.1	3.8	3.1
고용률(%)	60.8	60.9	56.4	56.7	58.5	59.0	60.0
절대 빈곤율(%)[1]	4.4	3.9	7.6	8.4	6.9	5.8	4.7
상대 빈곤율(%)[1]	9.6	9.5	11.2	11.2	10.7	10.6	10.6
지니계수[1]	0.285	0.279	0.296	0.304	0.296	0.303	0.298

1 도시 근로자 시장소득 기준. 상대 빈곤율은 중위소득의 50%를 기준으로 함.
자료: 이현주·강신욱(2008: 35)에서 재구성.

난한지, 누구에게 무엇이 필요한지조차 파악하지 못한 상태에서 우선 이런 식으로라도 빈곤 대책을 세울 수밖에 없었기 때문이다. 또한 수십 배 늘어난 거리노숙인들에게는 황급히 쉼터를 제공했다.

이어서 1999년부터는 생활보호제도를 근본적으로 바꿔, 근로 능력이 있고 소득이 일부 있더라도 빈곤선 이하인 경우에는 지원 대상으로 삼는 국민기초생활보장제도 도입 논의가 본격화되어 2000년 10월부터 시행되었다. 이 제도의 도입은 우리나라 빈곤정책에서 역사적인 일이었다. 국민기초생활보장제도는 근로 능력자에게도 근로를 조건으로 급여를 제공할 수 있는 기반을 마련했고, 주거급여를 포함해 급여의 포괄성을 넓혔으며, 급여 수준도 당시의 최저생계비 수준까지 상향 조정했다. 근대적인 공공부조제도가 시작된 것이다.

빈곤 예방에서 가장 중요한 사회보험제도도 급격히 확대되기 시작했다. 건강보험은 이미 1989년에 전국적으로 시행되었지만, 국민연금은 외환위기 이후인 1999년에 이르러서야 도시 자영자를 포함한 전 국민으로 확대되었다. 1996년 도입된 고용보험제도는 1998년에 1인 이상 사업체로 확대되었고, 노무현 정부 기간에는 일용직 등으로 가입 대상자를 확대하기 위해 노력했다. 그리고 이때부터 준비한 노인장기요양보험제도와 기초노령연금제도가 2008년 실시되기 시작했다.

사회서비스 분야는 특히 노무현 정부 기간 중에 대폭 확대되었다. 2003년부터 보육지원사업이 크게 확대되었고 2009년부터는 아동양육수당제도도 도입되어 보육이 필요한 연령의 아동 전수가 두 종류의 지원 중 하나를 받을 수 있게 되었다. 또한 보육 및 간병 분야, 방과후 학교 등에서 사회적 일자리사업이 도입되었고 지속적으로 늘어나는 중이다. 그리고 2007년에는 차상위 근로계층에 대한 지원책의 일환으로 근로장려세제가 도입되어 2009년부터 최대 연 120만 원씩의 장려금이 지급되었고 대상과 수준이 확대되어왔다.

이러한 노력의 결과는 공공지출의 변화에서도 확인된다. 복지 분야 예산은 가파르게 증가했으며, 2004년에는 처음으로 복지예산이 경제예산을 넘어서기에 이른다(그림 13-1 참조). 국내총생산(GDP)에서 공적 사회지출이 차지하는 비율도 1995년 3.2%에서 2013년에는 10.2%로 늘어났다.

이처럼 외환위기 이후 우리나라의 사회안전망은 급속도로 빨리 강화되었다. 과거와는 비교할 수 없을 정도로 사회보험이 개선되고 사회서비스와 일부 수당이 확충되기도 했다. 하지만 아직 우리나라의 제도는 공공부조 중심의 사후적 빈곤정책이 대세를 이루고 있으며, 이러

그림 13-1 **분야별 예산 비중 추이**

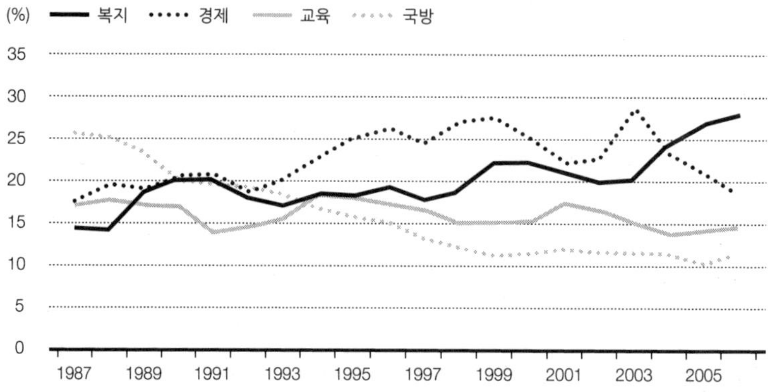

자료: 정책기획위원회(2007: 202).

한 경향을 탈피하는 데 어려움을 겪고 있다. 우리나라의 빈곤정책이 어디까지 와 있으며, 왜 그런 상황인지 알아보자.

아직도 갈 길이 먼 빈곤정책

공공부조 만능주의와 사회정책의 광범한 사각지대

과거와 비교하면 최근 십여 년간 우리나라의 빈곤정책은 괄목할 만한 성장을 이루었다. 적어도 공공부조제도는 아시아 국가 중에서 가장 튼튼하게 구축되었고, 다양한 안전망제도가 도입되거나 정착되는 중이다. 그러나 극복해야 할 제도적 한계나 제도 구성의 저급성도 여전하다. 이에 대해서는 크게 두 가지를 지적해볼 수 있다. 첫째는 대상자를 선별해서 지원하는 형태로만 제도가 치우쳐 있다는 점이다. 그리고 둘째는 예방책이나 탈빈곤 지원책이 미성숙했거나 낮은 수준에서 벗어나지 못했다는 점이다.

복지 황무지에서 국민기초생활보장제도의 도입은 빈곤층을 보호하는 데 크게 기여한 것이 사실이다. 그러나 이 제도는 도입 당시 빈곤 문제에 대한 사회적 합의 수준이 낮았기 때문에, 이른바 가짜 빈곤층 문제나 근로 능력이 있는 사람이 의존하는 문제를 과도하게 경계한 경향이 있다. 이 때문에 대상자 선정의 기준이 엄격하고, 특히 자산이나 부양의무자 문제에 이중 삼중의 안전장치가 포함되었다. 또한 근로 능력자에 대해 조건부 수급이라는 장치를 도입함으로써 복지 선진국에서 나타난다고 알려진 복지 의존을 방지하려고 했다. 물론 최후의 빈곤 대책으로서 공공부조는 다른 어떤 제도보다 대상자 선정이 엄격하다는 특성이 있으므로, 제도 설계가 치밀하게 이루어지는 경향을 보인다. 하지만 이 때문에 도움이 필요한 빈곤층이 지원 대상에서 누락되는 문제도 발생한다. 앞에서도 여러 차례 다루었지만, 소득이 없는 노인이 재산 기준이나 부양의무자 기준에 묶여 필요한 지원을 받지 못하는 일이 수시로 사회문제가 된다. 소득 기준으로는 대상자가 되는 노인들 중에서 실제 혜택을 받는 비율은 20% 정도에 그친다. 2014년 2월, 서울 송파구의 단독주택 반지하에 살던 박 모 씨와 두 딸이 생활고를 겪다 스스로 목숨을 끊은 이른바 '송파 세 모녀 사건'은 우리 공공부조제도의 사각지대 문제를 드러낸 대표적인 사례일 뿐이다.

그러나 이런 문제가 계속 제기되는데도 역설적으로 국민기초생활보장제도가 우리나라의 사회안전망에서 차지하는 비중은 다른 제도에 비해 훨씬 크다. 사각지대 논란 속에서도 국민기초생활보장제도의 혜택을 보는 가구는 전체의 약 5%로, 이웃 일본의 1% 수준에 비해 훨씬 높은 수준이다. 더구나 일단 국민기초생활보장 대상자로 선정되면 다른 복지프로그램은 자동적으로 수혜 대상이 되는 경우가 많아서, 이 제도에 진입하는 것이 빈곤층으로서는 가장 중요한 생명줄 확보가 되고 말았다. 그만큼 한 번 진입하면 빠져나가기도 어려운 것이 이 제도다. 따라서 사각지대에 있는 빈곤층이라는 말은 곧 국민기초생활보장제도에서 제외된 빈곤층이라는 말과 동의어가 되고 말았다.

2015년 7월을 기점으로 국민기초생활보장제도는 생계급여, 의료급여, 주거급여, 교육급여와 같이 욕구별 급여로 분화되었다. 이로써 국민기초생활보장제도에 대한 제도적 집중과 의존이 일부 완화되고, 각각 개별적인 급여로 제도가 발전해나가면서 기초욕구 충족이 어려운 빈곤층 일부가 새롭게 지원 대상이 될 것으로 기대하고 있다.

앞서 빈곤층에게 필요한 여러 단계의 안전망을 설명했지만, 다른 영역은 여전히 빈곤층에게 큰 도움이 되지 못하고 있다. 가장 중요한 안전망이 되어야 할 사회보험제도는 그야말로 사각지대가 매우 넓다. 국민연금은 직장가입자가 아닌 경우에는 50% 이상이 매달 보험료를 납부하지 않고 있다. 고용보험의 경우에 정규직은 80% 이상이 가입해 있지만 비정규직은 30% 정도만이 가입한 상황이다. 무엇보다 자영자 비중이 유독 높은 우리나라에서 사회보험제도의 사각지대는 아직 너무 넓다. 2008년부터 지급되기 시작한 기초노령연금은 2014년 기초연금으로 전환되어 시행되었다. 하지만 아직 연금액이 그리 많지 않아서 노인 빈곤을 완화하기에는 역부족이다. 의료, 교육, 주거 등의 현물이나 서비스 지원은 기본적으로 기초생활보장 수급자나 바로 위의 차상위 빈곤층으로 제한되어 있는 상황이다. 결과적으로 넓은 의미의 빈곤층 상당수가 필요한 수준의 지원을 받지 못하고 있다.

표 13-2 **사회보장제도 수혜 집단 분포(2006년 기준)**[1]

제도 \ 구간		기초생보 수급 가구[2]	1분위	2분위	3분위	4분위	5분위	6분위	7분위	8분위	9분위	10분위	전체
소득분위 간 사회보장 적용 가구 분포(%)													
사회보험 가입	공적연금	1.29	1.02	2.01	5.05	8.82	11.35	12.99	13.68	14.40	14.57	14.82	100.0
	고용보험	0.96	0.03	0.39	3.08	7.23	10.41	13.03	14.33	16.63	17.66	16.27	100.0
	건강보험	1.51	5.82	9.13	9.77	10.21	10.53	10.59	10.58	10.59	10.63	10.64	100.0
국민기초생활보장제도		95.20	1.33	0.63	1.07	0.70	0.80	0.28	0.00	0.00	0.00	0.00	100.0
장애수당/장애아동부양수당		95.07	2.06	1.76	0.45	0.00	0.65	0.00	0.00	0.00	0.00	0.00	100.0
경로연금		69.14	10.50	10.08	4.22	1.23	1.60	1.22	0.18	0.00	0.44	1.39	100.0
모부자가정수당		16.89	8.93	0.00	22.87	51.31	0.00	0.00	0.00	0.00	0.00	0.00	100.0
영유아 보육료 지원		7.30	1.79	2.16	6.73	12.88	20.37	18.68	15.40	9.03	2.24	3.41	100.0
학비 지원		46.62	0.49	0.93	10.33	11.71	9.44	6.06	3.66	5.49	3.51	1.75	100.0
소득분위별 사회보장 적용 가구 비율(%)													
고용보험		5.52	0.29	2.17	12.69	29.23	41.59	51.58	57.35	65.74	69.94	64.04	39.47
국민기초생활보장제도		98.34	41.61	12.07	9.37	4.17	1.28	0.66	0.80	0.61	0.20	0.00	7.07
고용보험·국민기초생활보장제도 미적용		1.12	58.26	86.27	78.61	67.38	57.44	47.92	42.65	33.65	30.04	35.96	53.81

1 2006년 복지패널 원자료를 분석한 결과임. 각종 공적 이전을 분석하기 위하여 복지패널 자료를 활용함.
2 국민기초생활보장제도 수급 가구는 소득분위로 분류할 경우 1분위에 해당되겠지만, 이 표에서 1분위에는 국민기초생활보장제도 대상 가구가 제외되어 있음.
자료: 이현주·강신욱(2008: 63).

표 13-2는 빈곤층 중에서 사회정책의 지원을 받지 못하는 정도와 국민기초생활보장제도로의 함몰을 보여준다. 사회보험의 수혜자는 소득 중·상위 분위에 집중 분포되어 있다. 반면 저소득층을 대상으로 하는 각종 공적 이전은 기초생활보장제도 수급 가구에 집중되어 있고 소득 하위 1~2위 분위는 대부분 그 대상에서 벗어나 있다. 결과적으로 위기 시 현금을 지원하는 고용보험과 국민기초생활보장제도에서 배제된 집단의 분포를 보면 소득 1분위의 비율이 약 58%이고 2분위의 비율은 이보다 더 높은 86%다. 5분위에 이르기까지 50%가 넘는 가구가 국민기초생활보장제도나 고용보험의 보호를 받지 못하고 있다.

그런데 이렇게 공공부조 일변도의 사회안전망은 시간이 지나면 개선되는 것일까? 아직 사회보험의 역사가 일천하기 때문에 가입자나 적용 대상자가 적은 것일 뿐 시간이 지나면 저절로 개선되는 것은 아닐까? 그 대답은 부정적일 수밖에 없다. 무엇보다 100여 년 전 서구에서 사회보험이 도입될 당시는 피고용자가 늘어나고 완전고용을 향해 경제가 확장되는 시기였던 반면에, 현재 우리나라는 고용 불안정이 상시화되는 데다 특유의 영세자영자가 퇴적되어 있는 상태이기 때문이다. 따라서 이는 기다리면 해결될 문제라기보다 우리에게 맞는 방법을 찾아서 그 사각지대를 줄여가는 별도의 노력이 필요한 과제다.

선진국에 비해 아직 한참 부족한 복지재정과 사회지출

1990년대에 비하면 사회복지를 포함한 사회 분야 재정지출의 절대적·상대적 규모가 엄청나게 늘어난 것은 분명한 사실이다. 앞서 그림 13-1에서 본 바와 같이 사회정책 분야의 재정지출 증가 폭은 다른 부문에 비해 매우 크다. 또한 사회지출의 분야별 지출 현황을 보면 사회

그림 13-2 **각국의 소득수준 증가와 공공사회지출 추이 비교**

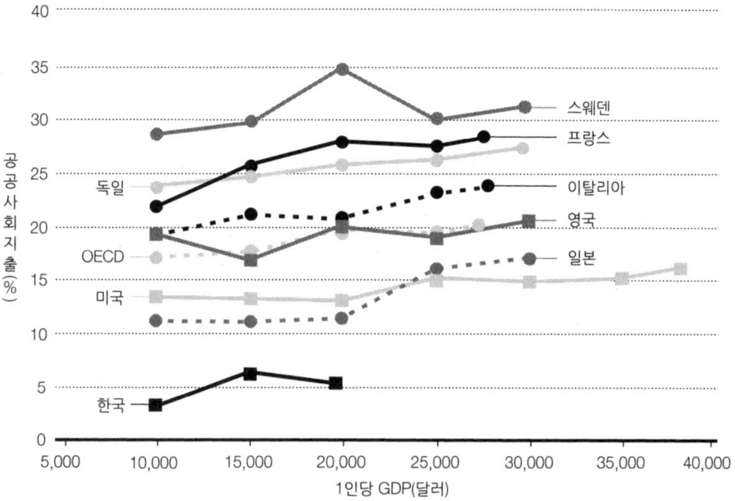

※ 공공사회지출 수치는 국내 총생산에서 차지하는 비중이며, 1인당 국민소득은 실질구매력을 기준으로 환산한 것임.
자료: 박병현 외(2007: 79).

보험, 사회서비스, 주택 및 지역사회개발 분야 지출이 노무현 정부 기간에 급격히 증가했음을 알 수 있다. 특히 1997년과 비교했을 때 증가율이 가장 높은 것은 기초생활보장 예산인데, 이는 물론 중요한 성과이지만, 동시에 앞서 설명한 공공부조 일변도의 사회안전망이라는 한계를 보여주는 것이기도 하다.

그러나 아직 우리나라의 사회지출 총량이나 구성은 선진국에 비해 한참 뒤떨어진 상태다. 1인당 국민소득이 이미 3만~4만 달러를 넘는 나라와 수평 비교를 하지는 않더라도, 각국의 소득수준이 비슷했던 시점을 놓고 비교했을 때, 우리의 공공사회지출 수준은 턱없이 낮다. 그림 13-2를 통해서 볼 수 있듯이, 1인당 국민소득 1만 달러 단계에서

OECD 평균의 4분의 1에도 미치지 못하는 것이다. 그나마 공공사회지출 수준이 낮은 미국이나 일본과 비교해도 절반에 못 미치는 수준이다. 이런 상황은 1인당 국민소득이 2만 달러를 넘어선 최근에도 나아지지 않고 있다.

쉽게 말해 복지나 사회안전망 수준은 재정을 얼마나 투입하느냐에 따라 결정된다. 사회지출을 얼마나 효율화하고 시장 기능과 연계하는지의 문제와는 별개로, 지출 총액은 곧 복지 수준의 척도가 아닐 수 없다. 우리나라의 사회안전망을 다양한 시각에서 평가할 수 있지만, 사회지출이 전체 재정이나 국내총생산(GDP)에서 차지하는 비중이 낮다는 것은 그만큼 공공의 역할이 미흡하다는 증거라고 할 수 있다.

빈곤에 대한 제한적 접근과 무례한 정책집행

현대의 빈곤은 구빈법 시대의 빈곤과는 다르다. 가난한 이들에게 자선을 베풀되 일을 하지 않으려는 사람을 범죄시하던 시대의 가난이 아닌 것이다. 또한 지금의 빈곤은 산업화 시대의 그것과도 다르다. 모두가 미친 듯이 일하려 했고 일자리도 넘쳐났던 시절의 빈곤이 아니다. 당시 완전고용에 대한 기대가 넘치는 가운데 복지국가의 달성은 손에 잡힐 듯했다. 그런데 21세기 들어 세계경제는 더 밀접하게 연결되면서 불안정성도 더불어 커졌다. 직장, 가족, 사회 모두 개인의 울타리가 되어주지 못하는 불안의 시대가 된 것이다.

그만큼 빈곤 문제도 양상이 달라졌다. 전통적으로 일을 하기 어려운 계층이 빈곤 위험에 노출되어 있었지만, 이제 그 위험은 건강한 사람들에게까지 확대되었다. 저출산·고령화와 가족의 변화는 아시아 국가들의 오랜 전통이던 가족안전망이 그 기능을 상실했음을 의미한다.

특히 사회적·경제적 양극화의 심화와 함께 빈곤층 스스로 빈곤을 극복하려는 자신감이 사라지고 있다는 점이 문제의 심각성을 더한다.

그럼에도 아직까지 우리나라의 빈곤정책에서 바라보는 빈곤은 매우 단편적이고 일면적이다. 무엇보다 여전히 물리적인 '소득 기준'에 집착하고 있다는 느낌이다. 소득이 일정 소득 기준 이하인지 아닌지만 따지며, 현대 빈곤을 구성하는 다양한 박탈 및 소외 문제는 무시하는 경향이 있다. 소득과 재산이 빈곤선에 못 미치는 일부 극빈층에게 현금을 지원하는 것만으로 빈곤정책을 해치운 듯한 인상을 지우기 어렵다. 경기가 나빠지고 실업이 늘면 더 근본적인 빈곤정책을 고민하기보다 기초생활보장 대상을 확대하는 방식으로 쉽게 해결하려 하고 있다. 물론 상황이 긴박한 빈곤층에게 기초생활보장 적용을 확대하는 것이 중요한 해법임은 분명하다. 그러나 사회보험 사각지대를 해소하는 근본적이고 '야심찬' 정책은 아직 나오지 않고 있다. 재정도 재정이거니와 기업 부담을 가중시킬 수 있다는 이유 때문이다. 빈곤 예방뿐 아니라 일자리도 늘리고 삶의 질도 높일 수 있다는 사회서비스 분야는 오히려 토목사업 예산에 밀리는 형국이다. 더구나 소득과 재산을 소득으로 환산한 금액의 합을 의미하는 소득 인정액이라는 수치가 소득 기준선을 조금이라도 넘어서면, 이들은 애초에 빈곤 대책의 대상에서 제외된다. 이른바 차상위계층 대책이 있기는 하지만, 아직은 개념도 내용도 애매한 상태에 머물러 있다. 결국 우리의 빈곤 대책은, 조금 비꼬아서 표현하면, '가난해질 때까지 기다렸다가 지원하는 정책'에 그치고 있다.

이와 함께 소득 빈곤선이 포괄하지 못하는 삶의 전체성도 빈곤 대책의 고려 대상에서 제외되어 있다. '가난'은 기본욕구를 스스로 해결할 수 없는 상태를 의미한다. 여기서 소득 기준은 제도 운영상의 편의를 위해 채택한 가난의 대리변수일 뿐이다. 빈곤은 다양한 기본욕구와 관련된 것으로, 복지 선진국들은 빈곤 대책을 다양하게 구성하고 각 정책의 기준도 차별화하고 있다. 빈곤선을 넘어서는 자산(소득과 재산)이 있다 해도 치료받지 못하는 빈곤층에게는 의료 지원을, 교육을 중단할 수밖에 없는 빈곤층에게는 교육비 지원을, 무허가 집에서 불안하게 잠을 청하는 빈곤층에게는 주거 지원을 고민해야 한다. 나아가 빈곤에 빠지지 않고 안정적 생활을 지속할 수 있도록 사전 안전장치를 구상해야 한다.

정책집행에서도 가난한 사람들의 개별 상황을 조금 더 고려하고 그들의 입장과 의견이 반영될 수 있는 세련된 방식을 찾아야 한다. '무례한' 전달체계를 계속 방치해서는 안 된다. 현장에서는 '주고도 욕을 먹는다'는 소리를 자주 한다. 마음의 상처를 주는 지원은 진정한 의미의 빈곤정책이 아니다. 복지의 손발이 없이는 의도한 복지의 성과를 기대할 수 없다. 복지는 '사람이' '사람을 대상으로' 하는 일이다. 살피고 듣고 필요한 무언가를 전하는 과정이 꼭 필요하다. 그런 점에서 무례한 정책집행과 부실한 전달체계는 동전의 양면과 같다. 우리의 복지 전달체계에 문제가 있다는 지적은 계속되고 있는데, 무엇보다 급속히 팽창한 복지에 비해 전달체계가 부족하며 낙후되어 있다는 점이 그 핵심이다. 동사무소를 주민센터로 바꾸고, 시·군·구에 사회복지 전담 조직을 확대하는 등의 조치가 계속되고 있으나, 복지 전달을 담당할 '사람'이 부족한 상황은 그대로다. 이렇게 사람이 부족한 상태에서는 무례한 정책집행은 물론이고 사각지대 문제나 (편법 또는 불법적인) 중복 수혜 문제도 해결하기 어렵다.

빈곤 극복의 길

빈곤 문제의 심각성을 인정하는 것이 출발점이다

빈곤은 오래된 일이다. 더구나 그 판단을 상대적인 기준으로 할 경우에 아무리 사회가 부유해지더라도 빈곤이 사라지기는 쉽지 않다. 사회의 불평등이 존재하는 한, 가난은 지속될 수밖에 없는 것이다. 그래서 우리는 쉽게 사회의 가난에 체념하는 경향이 있다. "예로부터 가난 구제는 임금도 못 한다"라거나 "완전한 평등이 어차피 불가능한 이상 적어도 상대적 빈곤은 막을 수 없다"라는 식이다. 맞는 말일 수도 있다.

그러나 심각한 문제는 현대의 빈곤이 그동안 우리의 상식을 넘어서는 단계에 들어서 있다는 점이다. 첫 번째로, 빈곤의 위험 범위가 매우 넓어졌다. 전통적으로 근로 능력이 없는, 즉 스스로 일해서 돈을 벌기 어려운 사람들이 가난에 빠졌지만, 이제 근로 능력이 있는 사람도 쉽게 가난해질 수 있는 상황이 되었다. 급격한 산업구조의 변화 속에서 갈수록 불안정해지는 노동시장과 상대적으로 낮아진 보상 때문에, 일할 의지가 있고 또 실제 일하고 있는데도 가난에서 벗어날 수 없는 사람이 많아졌다. 이들의 어려운 사정은 곧바로 이들의 부양을 받는 (일할 수 없는) 사람들의 가난으로 이어진다. 근로 능력자들의 가난이 일할 수 없는 사람들의 전통적 가난에도 영향을 미치는 것이다. 이는 우리나라의 급격한 노인 빈곤율 상승에 큰 원인으로 작용한다. 따라서 이제 가난은 극소수의 국민에게만 국한되는 문제가 아니라, 넓게 보아 약 30%의 국민이 위험 반경에 들어서게 되었다.

두 번째로, 가난을 느끼는 영역이 확대되었다. 전통적으로 빈곤은 소득의 부족으로 파악해왔다. 기본적인 생활에 필수적인 물품을 구할 수 있는 소득이 있는지 여부로 빈곤 여부를 결정한 것이다. 그러나 현실에서 빈곤은 이보다 훨씬 더 복잡한 양상을 띤다. 주거, 의료, 교육, 문화생활 등 다양한 영역에서 단순히 소득의 높낮이만으로는 파악할 수 없는 문제가 발생하고 있다. 우리나라처럼 소득에 비해 주거비가 많이 들고 특히 전세로 방을 구해야 하기 때문에 목돈이 필요한 사회에서는 주거 문제가 빈곤에 큰 영향을 끼친다. 국민기초생활보장제도에서 주거급여가 독립되었지만, 서울에서조차 4인 가족 기준으로 월 30만 원 정도(2016년 기준)가 상한액으로 설정되어 있을 뿐이다. 현실의 주거비와는 터무니없이 큰 차이가 날 수밖에 없다. 의료와 관련해서도 당장의 치료뿐 아니라 질병예방이나 건강관리를 할 수 있는지 여부가 빈곤의 새로운 척도가 되었다. 교육의 경우 역시 공교육비를 충당할 수 있느냐 없느냐로 빈곤 여부를 판단하지만, 현실에서 교육비는 그런 수준을 훨씬 넘어선다. 문화생활도 빈곤정책에서 고려되는 수준과 국민이 실제 느끼는 수준이 매우 큰 차이를 보인다. 그만큼 빈곤을 결정하는 영역이 종래의 협소한 '생존' 수준의 문제에서, '인간다운 생활'로 확장된 것이다.

세 번째로, 가난의 결과가 물질적 결핍을 넘어 사회적 고립으로 나타나고 있다. '가난해도 이웃이 살아 있는' 그런 판자촌은 이미 사라졌다. 이제 가난은 고립과 단절을 의미한다. 가족 및 이웃과도 단절되며, 사회와 소통할 기회는 더욱 협소해진다. 요즘 가난으로 쉽게 가족이 해체되는 것도 이런 현상을 더욱 심화시키고 있다. 이런 상황에서 빈곤층은 쉽게 자존감과 자신감을 잃고 무기력에 빠진다. 더구나 사회적·문화적 단절은 가난한 사람들의 정치적 목소리를 더욱 왜소하게 만든다. 사회와 소통하면서 참여할 기회를 잃고, 사회에서 자신의 목소리를 낼 수 없을 때, 정치적으로도 무력한 존재가 되어가는 것이다. 가난이 시민권의 문제와도 연결되는 지점이다. 선진국은 이런 현상을 통틀어 사회적 배제(social exclusion)라고 부르면서 사회정책의 최대 현안으로 삼고 있다.

마지막으로, 가난에서 벗어날 수 있다는 희망이 갈수록 옅어지고 있다. 과거 판자촌이 있을 무렵만 해도 우리는 '희망이 있는 빈곤(slum of hope)'이라는 말로 우리나라의 빈곤 극복을 자신했다. 실제 우리나라는 세계적으로 유례없는 경제성장을 이룩한 동시에 절대 빈곤을 극복한 몇 안 되는 모범 사례에 속한다. 그러나 최근 들어 빈곤은 '경제가 나아지거나 경기가 회복되면' 저절로 해결될 문제가 아닌 것이 되었다. 소득의 문제가 기회의 박탈로 이어지고 있기 때문이다. 극심한 사교육 경쟁에서 이미 청소년들은 부모의 경제력이 자신의 미래를 규정할 것으로 예감하고 있다. 대학 진학률 70~80%인 시대에 대학 진학만으로는 미래가 보장되지 않는다. 어떤 대학에 들어가느냐가 더 큰 문제이며, 이른바 '스펙 쌓기'를 위해서는 다시 그 가정의 경제력이 얼마나 받쳐주는가가 문제가 된다. 더구나 전통적 가족구조의 붕괴 속에서 빈곤층의 가족안전망은 더 취약해지고 있다. 자녀의 장성이 곧 빈곤 탈출 시점이었던 일이 과거 이야기가 되면서 이제 빈곤의 대물림은 더욱 실감나는 현실이 되고 말았다. 빈곤 문제 해결의 가장 큰 원동력이었던 '희망' 자체가 사라지는 시대인 것이다.

이제 빈곤은 더 많은 사람이 더 넓은 영역에 걸쳐 경험하고 있으며, 빈곤에서 벗어날 수 있다는 희망은 점점 더 희박해지고 있다. 어쩌면 우리 사회는 그동안 상상해보지 않았던 전혀 새로운 사회적 위험에 직면한 것인지도 모른다. 무엇보다 '경제만 나아지면, 또는 일할 의지만 있다면 해결할 수 있다'는 식의 구시대적 사고로 빈곤에 접근하기는 어렵다. 더구나 우리 사회안전망이 일단 가난에, 그것도 절대적인 수준의 가난에 빠진 다음에야 지원하는 후진적 체계에 머물러 있는 이상 빈곤 문제는 심화될 수밖에 없다. 빈곤은 놔두면 저절로 해결될 문제도, 극소수만 겪는 우연한 문제도 아니다. 따라서 빈곤 극복은 바로 이런 안이한 인식에서 벗어나 빈곤 문제의 심각성과 위험성을 인정하는 데서 출발해야 한다. 빈곤 문제의 패러다임이 바뀌었고, 따라서 이를 과거 고도성장 시대의 해법으로는 풀 수 없다는 것을 인정해야 한다.

빈곤 극복의 답은 있다

빈곤 문제가 오래된 만큼 그 해법도 오랫동안 모색되어왔다. 그리고 많은 나라들이 실제 빈곤 문제 해결에 상당한 성과를 보이기도 했다. 20세기 이후 이른바 복지국가체제가 구축되면서 빈곤 문제 해결의 원리와 목표가 빠르게 현실정책으로 실현되었다. 공공부조, 사회보험, 사회서비스는 3대 사회안전망이라고 할 수 있을 정도로 빈곤 문제의 예방과 극복에 큰 역할을 했다. 1990년대부터는 이른바 근로 빈곤층이 늘면서, '일'과 '복지'를 어떻게 연결할 것인지가 사회정책의 핵심 과제가 되고, 이것이 다시 사회안전망의 성격을 보완하기도 한다. 각국은 적극적 노동시장정책을 도입함으로써 불안정한 노동시장에 대한 안전장치를 마련하고자 했다. 유연한 노동시장은 안정적인 사회안전망으로 뒷받침되어야 가능하기 때문이다.

따라서 선진국 중에서도 빈곤율이 낮은 나라들의 상황을 보면, 공통적으로 앞서 말한 3대 사회안전망이 튼튼히 구축된 가운데 적극적 노동시장정책이 활성화되어 있음을 알 수 있다. 사회보험이 실업과 질병 또는 노령에 대한 기본적인 안전망을 형성하는 가운데, 보육 및 간병 등 돌봄서비스와 다양한 사회적·문화적 욕구에 대한 사회서비스 지원을 강화함으로써 빈곤을 예방하고 삶의 질을 높이는 체계가 구축되어 있다. 이에 더해 빈곤선 아래로 내려갈 경우에는 인간적인 생활을 보장하는 공공부조제도가 마지막 단계의 안전망 구실을 한다. 물론 국가에 따라서는 사회보험이 더 큰 역할을 하는 경우가 있고 사회서비스가 좀 더 강화된 경우도 있다. 각국의 복지제도 발달의 역사적 경로가 반영된 것이다. 그러나 일반적으로 공공부조제도는 사회정책이 발달할수록 그 비중이 줄어들고 예방적 성격의 안전망이 강화되는 추세다. 선진국 중에서도 미국은 공공부조제도에 대한 의존이 높은 탓에 역설적이게도 복지 후진국이라 불린다.

우리나라도 3대 사회안전망 중 공공부조 일변도의 체제에서 벗어나지 못하고 있다. 물론 다른 예방적 안전망이 작동하지 않을 때는 그나마 공공부조라도 제 기능을 해야겠지만, 전문가들은 '마지막 안전망'이 '최선의 안전망'처럼 취급되는 사실을 우려한다. 따라서 우리나라 빈곤 대책의 최대 과제는 공공부조 일변도의 안전망을 균형 잡힌 안전망으로 확장하는 일이다. 물론 그 단계에 도달할 때까지 국민기초생활보장제도의 비중이나 역할이 줄어서는 안 될 것이지만, 앞으로 예방적 안전망 강화에 더욱 주력해야 한다는 점은 분명하다.

사회보험제도의 광범한 사각지대 문제가 단순히 제도 도입 시기가 얼마 되지 않아 미성숙했기 때문에 발생한 것만은 아니다. 이는 우리나라 산업과 노동시장의 이중구조 문제와 연관되어 있다. 현재 우리는 영세기업 비정규직이나 영세자영업자가 사회보험에 가입하는 비율이 시간이 지난다고 저절로 늘어날 수 있는 상황이 아니다. 비정규직 등의 사회보험 적용에는 영세중소기업의 경쟁력 문제가 직결되어 있다. 사회보험료의 기업부담분은 통상 임금의 10% 정도에 달할 정도로 영세기업 입장에서는 부담이 큰 것이다. 비정규직이 양산되는 데에는 이러한 사회보험료 부담 문제도 중요한 원인으로 작용한다. 역대 정부들이 사회보험 적용률을 높이기 위해 노력했지만 결정적으로 부딪힌 장벽이 바로 영세중소기업의 부담 문제였다. 서구에서는 경제가 팽창하고 고용이 확장되는 시기에 맞물려 사회보험을 도입했기 때문에 사각지대 문제를 조기에 해소할 수 있었다. 그러나 우리는 거꾸로 1990년대 이후 고용 불안정이 상시화되는 시점에 이르러서야 사회보험을 확대한 것이다. 이러한 상황에서 제도적으로 강제한다고 사회보험의 사각지대가 해소되지는 않는다. 영세기업 종사자 및 영세자영업자의 사회보험 가입에 대해 다른 차원에서 접근해야 하는 것이다.

그중 한 가지 방법은 정부가 영세근로자나 자영업자에 대해 한시적으로 사회보험료를 지원하는 것이다. 사회보험 가입이 정착될 때까지 일정 기간 납부액에 차이를 두는 등의 방법을 병행할 수도 있을 것이다. 이는 또한 기업이 비정규직을 정규직으로 전환하는 것을 꺼리는 중요 장애물을 제거한다는 의미도 있다. 정규직 전환 시 일정 기간 기업의 사회보험료 부담금 일부를 지원하는 것이다. 또한 우선 이를 부담이 낮은 고용보험에 적용한 다음 건강보험, 국민연금으로 적용을 확대하는 방안도 생각해볼 수 있다. 그러나 어떻든 사회보험 사각지대 해소는 매우 중요한 문제인데도 노동시장 자체가 불안정한 상황에서는 일시에 개선되기 어렵다는 사실은 분명하다. 정부가 다각적으로 지원한다 해도 당장 작동할 수 있는 장치가 되기는 어려운 것이다.

그런 점에서 사회서비스와 보편적인 수당을 확대하는 방법이 우리 현실에 좀 더 맞는 사회안전망 강화책이라고 할 수 있다. 소득 자체를 지원하는 것은 아니지만, 소비지출에서 중요한 부분을 차지하는 영역을 지원함으로써, 결과적으로 빈곤 문제를 완화하는 방법이다. 다만 복지 선진국에서는 이러한 서비스를 소득과 관계없는 보편적 서비스로 지원하는 경향이 있지만, 우리나라는 재원의 한계와 시급도를 고려해 빈곤 위험도에 따라 우선적으로 지원하는 것이 현실적이다.

일반 가정의 큰 고민거리의 하나인 주거비 문제에 대해서는 저렴한 공공임대주택의 적극적인 공급이 대안이 될 수 있다. 인근 임대 시세의 70% 수준에 공급되는 국민임대주택이나 30% 수준에 공급되는 기존 주택 매입 임대주택은 서민의 주거비 절감에 기여할 수 있다. 특히 뉴타운·재개발사업 등으로 저렴주택이 멸실되도록 내버려둘 것이 아니라 오히려 그 사업 과정에서 임대주택 공급을 늘릴 수 있도록 재정 지원이 이루어져야 한다. 나아가 일반 민간 소유 주택에 세 들어 살더라도 선진국과 마찬가지로 임대료 일부를 지원하는 주거급여제도를 확대할 필요가 있다.

앞서 밝혔듯이 교육비와 관련한 부분에서 공교육비는 이제 중요한 문제가 아니다. 이미 고교생까지도 상당수가 학비를 면제 또는 지원받고 있기 때문이다. 따라서 그중 사각지대가 없는지 살피는 한편, 사교육비 부담을 줄이기 위한 더 실효성 있는 방안을 찾는 것이 중요하다. 좀 더 근본적으로는 당장의 학습능력이 떨어지는 저소득층 자녀에게 일정한 가산점을 주는 계층 균형 선발을 확대하는 것이다. 이는 현재 지역 균형 선발과 함께 일부 자리 잡고는 있으나, 대상이 기초생활보장 대상자 자녀로 한정됨으로써 그 적용 범위가 협소하다. 기왕 입학사정관제를 확대하려 한다면 빈곤 위험층까지 대상으로 하는 대학 입학 인센티브가 필요하다. 아울러 대학 학자금을 적극적으로 지원하고, 특히 거치 기간을 장기화하면서 저리로 융자하는 방안을 확대해야 한다. 그 밖에 선진국에서 다양하게 실험하고 있는 멘토나 후견인 방식을 통해 취업과 자립에 이르기까지 지속적으로 지원하는 제도를 도입할 필요가 있다.

보육료 지원은 최근 획기적으로 발전한 서비스 중 하나다. 대상자와 지원액 모두 급격히 늘어났다. 그러나 보육 문제는 여전히 부모의 가장 큰 걱정거리다. 안심하고 아이를 맡길 수 있는 서비스가 여전히 부족한 것이다. 특히 오늘날 맞벌이 부부가 많은데도 늦은 시각까지 자녀를 맡아줄 보육서비스는 턱없이 부족한 상황이다. 보육서비스는 저출산 대책의 일환뿐 아니라 영유아기의 조기개입이라는 차원에서도 적극적으로 강화할 필요가 있다. 보육서비스에 대한 지원이 늘면 그만큼 부모가 저렴한 비용에 안심하고 아이를 맡기면서 생업에 종사할 수 있어 빈곤 예방에도 도움이 된다. 아동수당 도입 필요성도 일부 논의가 있었지만, 당장 시행하기가 어렵다면 보육시설을 이용하지 않는 아동에 대해 현금 지원을 확대하는 방식으로 보완할 수 있을 것이다.

장애인과 관련해서는 미흡하나마 저소득층에 한해서 이미 수당이 도입되었고 연금은 대상자와 지원 수준을 둘러싸고 논란이 진행되는 중이다. 앞서 밝혔듯이 중증장애인은 근로활동을 하기 어려운 데다 비장애인에 비해 생활에 더 많은 비용이 들어가므로 빈곤해질 위험이 매우 크다. 따라서 국가와 공동체의 지원이 필수적이다. 이와 함께 장애인의 이동과 일상생활을 돕는 활동보조인제도를 활성화하면 장애인의 사회참여와 소득활동을 도울 수 있다. 장애인도 사회의 일원으로서 독립적인 생활을 할 수 있게 되는 것이다.

한편 고령자가 점점 늘어나는 상황에서 노인을 대상으로 한 간병·요양 서비스를 확대하는 것도 가계의 압박 요인을 줄이는 데 크게 기여할 수 있다. 이미 기초연금제도를 통해서 비록 풍족한 액수는 아니지만 현금을 지원하고 있고 노인장기요양보험제도를 도입해 운용하고 있지만, 앞으로 이러한 지원을 더욱 확대·강화해야 한다. 우선 노인성 질환의 예방과 치료에 대한 지원과 독거노인 돌보기에 주안점을 둘 필요가 있다.

의료비 부담 문제는 일반 가정이 빈곤에 빠지는 주원인이 되고 있다. 현재 기초생활보장 대상자로 선정되면 부족하나마 의료비 지원을 받을 수 있지만, 그렇지 않은 경우에는 여전히 지원을 받기가 어렵다. 의료비 지원이 필요한 경우에 대해서는 생계비 지원이 필요한 경우보다 지원 요건을 좀 더 관대하게 설계할 필요가 있다. 특히 의료급여에 대해서는 별도 법률을 둘 정도로 독립적인 지원의 필요성을 인정하고 있지만, 실제 운용은 기초생활보장제도의 자격 기준에 얽매여 있다. 따라서 이를 별도 기준으로 완화해 확대 지원하는 것이 필수적이다.

그 밖에 근로 빈곤층에 대한 지원책으로 도입된 근로장려금제도도 강화할 필요가 있다. 물론 선진국에서는 이러한 근로연계형 복지 프로그램에 대해 논란이 있어왔다. 그러나 우리는 이른바 차상위 근로 빈곤층에 대한 지원책이 그동안 거의 없었기 때문에, 근로장려금을 확대하는 것은 현실적으로 매우 중요한 의미가 있다. 지급 후 성과를 평가해 지원 대상과 수준을 단계적으로 늘릴 필요가 있다.

이처럼 우리나라도 사회서비스나 수당(성격의) 제도(기초연금 등)가 나름대로 골격을 갖추고 있고, 이제 그 대상과 지원 수준을 확대하기만 하면 되는 수준에 와 있다. 그러나 아직까지 적극적 노동시장정책은 사회정책에서 매우 취약한 상태다. '실업 시의 안전망, 직업능력 개발, 재취업 촉진'의 세 요소가 상호 밀접하게 연계되어야 하지만, 우리나라는 세 개의 구성이 모두 취약하다. 현재 고용보험의 실업급여는 대상자도 협소하지만 지원 기간이나 액수 모두 실업안전망으로서는 미흡한 수준이다. 상시적으로 이루어져야 할 직업능력 개발은 아직 종래의 직업훈련 개념에서 벗어나지 못하고 있다. 취업자 및 고용자에 대한 각종 재취업 촉진책도 이렇다 할 성과를 거두지 못하고 있다. 따라서 적극적 노동시장정책은 그 방향부터 도입전략까지 새롭게 구상하고 기초부터 다져가야 하는 상황이다.

빈곤 예방과 탈출을 위해 사회안전망을 강화해야 한다는 요구는 사실상 사회정책 전반을 확대·강화해야 한다는 것과 다르지 않다. 결국 선진국에 비해 부족했던 사회정책의 모든 영역을 강화하는 일인 것이다. 그렇다면 현실적으로 이에 소요되는 엄청난 재원은 어떻게 마련할 것인가? 또 무엇부터 강화할 것인가? 이는 곧 사회안전망 강화를 위한 현실전략의 문제다.

멈출 수 없는 빈곤 극복의 꿈

앞에서 설명한 사회안전망들은 어느 하나 소홀히 할 수 없을 만큼 중요한 것이다. 그런데 우리는 빈곤층이 빠르게 늘어나고 재정이 턱없이 부족한 상황이다. 특히 빈곤 극복과 복지국가체제에 대한 사회적 합의 수준은 지금 우리와 경제 단계가 비슷하던 시기의 선진국과 비교해보더라도 무척 낮다. 무엇보다 사회정책 추진에 필요한 재원을 부담하려는 사회적 자세가 형성되어 있지 않다. 정당은 세금을 둘러싼 쟁점을 회피하기에 급급하고, '세금은 적게, 혜택은 많이'라는 식의 포퓰리즘적 환상을 유포하는 수준이다. 세금 문제야말로 사회정책, 나아가 국가의 역할을 둘러싸고 우리 사회가 언젠가는 넘어야 할 장애물이다.

이러한 현실의 한계를 고려하면 우선 제한된 자원으로 효과를 극대화할 수 있는 전략이 필요하다. 부족한 자원에다 경제위기로 빈곤층이 늘어나고 있는 상황에서는 자원 투입의 효과가 빨리 나타나는 분야부터 강화하는 것이 현실적이다. 그런 점에서 국민기초생활보장제도의 사각지대를 줄여 도움이 필요한 사람들이 대상에서 누락되지 않게 하는 일이 급선무다. 지원이 절실한 사람들이 재산이나 부양의무자 문제 때문에 배제되지 않도록 제도를 보완해야 한다. 긴급복지제도도 적극적으로 활용할 필요가 있다. 의료급여는 차상위계층에 대한 지원을 확대해 의료비 지원 대상을 추가로 늘리는 것이 중요하다. 이와 함께 근로 빈곤층에 대해서는 앞에서 설명한 각종 사회서비스 적용을 우선적으로 강화할 필요가 있다. 전 국민으로 대상을 확대하는 일은 차후에 하더라도 차상위계층 또는 차차상위계층에 대한 지원 확대는 더 이상 미뤄서는 안 된다.

그러나 문제는 이처럼 위기대응형 조치에만 그쳐서는 안 된다는 것이다. 아직까지는 응급조치식 사회안전망 강화전략이 유효하겠지만, 정말 중요한 것은 빈곤을 예방하고 빈곤에서 탈출하는 데 유효한 체계를 빨리 구축하는 일이다. 응급형 대책에 안주했다가는 우리는 끝내 '빈곤에 빠지기를 기다렸다 지원하는' 후진적 체제에서 벗어날 수 없을 것이다. 따라서 적극적 노동시장정책을 도입해 정착시키고, 사회서비스의 종류와 수혜 대상을 확대하며, 사회보험 사각지대를 해소할 수 있는 근본 대책을 단계적으로, 그러나 중단 없이 추진해야 한다. 이에 대해 국민들이 이해하고 예측할 수 있도록 비전과 로드맵을 제시해야 한다. 각 정당들은 바로 이 영역에서 경쟁해야 하며, 진보와 보수를 가르는 잣대도 여기서 찾아야 한다.

빈곤 문제는 인류 역사와 함께 시작되었고, 또 그 극복의 꿈도 그만큼 오래되었다. 빈곤 극복에 가까워졌던 시대가 있었는가 하면, 멀어진 시대도 있었다. 어떤 나라는 좀 더 큰 희망을 보여주었고, 경제력이 있는 나라인데도 그렇지 못한 경우도 있다. 우리도 누대에 걸친 가난에서 벗어날 수 있겠다 싶던 무렵에 두 차례 경제위기를 경험했다. 이는 빈곤 문제가 어떤 것인지를 재차 숙고하게 해주었다. 희망이 작아지고 절망은 커진 빈곤 문제와 마주하게 된 것이다. 우리가 직면한 빈곤 문제는 경제가 회복된다고 저절로 해결될 성격의 것이 아니며, 특히 일을 계속하거나 자녀가 장성해도 빈곤에서 벗어날 가능성이 더욱 낮아졌다는 점에서 새로운 위험이다. 우리가 새로운 빈곤 문제에 집중해야 하는 이유다.

그런데 그 해법은 사실 새롭지 않다. 이미 정해진 답이 있다 해도 과언이 아니다. 우리보다 먼저 경제구조 전환과 인구구조 및 가족구조 변화를 경험한 나라들의 사례에서 답을 찾을 수 있는 것이다. 더 튼튼한 사회안전망과 더 많은 일할 기회, 적절한 노동의 대가가 그것이다. 그러나 우리의 사회정책은 아직 믿고 의지할 만하지 못하다. 안전망이라고 하지만 그물이 너무 성기게 짜여 있어 사람들을 빠뜨리기 십상이다. 탈출을 위해 꼭 잡은 밧줄은 중도에 풀리거나 아예 끊어져 있기조차 하다. 가난이 자기 책임이라고 질책하는 소리는 큰 반면, 북돋고 격려하는 목소리는 너무 작은 것이 현실이다. 빈곤층에게 쓰일 돈은 비효율적이라는 이유로 우선순위에서 곧잘 밀린다. 부자들의 세금을 깎아주면서 복지국가를 약속하는 무책임한 정치인도 많다. 과연 우리에게 희망은 있을까?

그래도 우리의 꿈을 감히 빈곤 극복이라고 정하자. 빈곤을 그대로 놔둬서는 위험하다는 식의 쫓기는 입장에서가 아니라, 새로운 빈곤의 시대도 극복할 수 있다는 희망과 의지 속에서 빈곤 극복을 생각해보자. 한국 사회의 놀라운 역동성이 빈곤 극복의 새로운 사회적 합의를 만들어낼 것으로 기대해봄 직하지 않은가?

참고문헌

강성호·김태완·김문길. 2008.「국민연금 미수급자 규모 추정과 지역가입자 관리개선 방향」. 국민연금관리공단.

강신욱. 2006.「(특집: 대안적 사회정책 모델) 사회적 배제 개념의 정책적 적용을 위한 이론적 검토」. ≪동향과 전망≫, 통권 제66호.

강신욱 외. 2005.「사회적 배제의 지표개발 및 적용방안 연구」. 한국보건사회연구원.

고용노동부. 2014.「2014 고용형태별 근로실태조사 보고서」. 고용노동부.

공계순 외. 2006.『아동복지론』. 학지사.

곽현근. 2007.「지역사회 사회자본에 미치는 동네효과에 관한 연구」. ≪지방정부연구≫, 제11권 4호, 59~86쪽.

구인회 외. 2009.「빈곤과 아동발달의 관계에 대한 종단분석」. ≪한국사회복지학≫, 제61권 1호, 57~79쪽.

구인회·손병돈. 2005.「노후소득보장의 사각지대: 1990년대 후반기의 변화추이와 변화요인」. ≪한국노년학≫, 제25권 4호, 35~52쪽.

구차순. 2007.「결혼이주여성의 다문화가족 적응에 관한 연구」. ≪한국가족복지학≫, 제20호, 319~360쪽.

국가인권위원회. 2002.「국내 거주 외국인노동자 인권실태조사」. 전북대학교 사회과학연구소 외국인노동자대책협의회.

국무조정실. 2006.「국제결혼가정의 사회적응 지원대책 관련 행정서비스 모니터링 결과보고서」.

국민연금관리공단. 2008.『2007년 국민연금통계연보』.

국토교통부. 2014.「2014년도 주거실태조사 연구보고서」.

금재호 외. 2006.「자영업의 실태와 정책과제」. 한국노동연구원.

금재호. 2009.「자영업의 사회안전망」. 한국노동연구원. ≪국제노동브리프≫, 2009년 3월호, 1~3쪽.

김교신. 1934.「조선의 빈곤상」. ≪성서조선≫, 제68호

김남줄. 2007.「빈곤층의 거주지역에 따른 근린환경과 사회적 관계」. ≪아세아연구≫, 제50권 2호.

김미숙 외. 2007. 「한국의 아동빈곤실태와 빈곤 아동 지원방안」. 한국보건사회연구원.
김상균. 1987. 『현대사회와 사회정책』. 서울대학교출판부.
김성숙 외. 2007. 「노령기초소득보장제도의 국제비교연구: 미국·일본·캐나다·호주를 중심으로」. 국민연금연구원.
김승권 외. 2010. 「2009년 전국 다문화가족 실태조사 연구」. 보건복지가족부·법무부·여성부·한국보건사회연구원.
김수현. 1998. 「홈리스 문제의 구조와 대책」. 한국산업사회학회, ≪경제와 사회≫, 제38호, 189~214쪽.
_____. 2000. 「저소득층 주거의 성격과 대책」. 하성규 외 지음. 『주택·도시·공공성』. 박영사.
_____. 2008. 『주택정책의 원칙과 쟁점: 시장주의를 넘어』. 도서출판 한울.
김연희·조영아·유시은. 2009. 「장기 정착 새터민의 빈곤특성 연구」. ≪한국사회복지학≫, 제61권 1호, 195~218쪽.
김영옥·민현주·김복순. 2006. 「여성노동시장의 양극화 추이와 과제」. 한국여성개발원.
김원섭 외. 2006. 「주요 복지국가의 다층노후소득보장체계의 변화와 우리나라 공·사 연금제도의 발전방안」. 국민연금연구원.
김유선. 2008. 「비정규직 남용과 차별실태 연도별 추이: 경활부가조사 2001~2008년 분석결과를 중심으로」. 고려대노동문제연구소 엮음. 『2008 한국사회와 비정규직 근로자』.
_____. 2005. 「노동시장의 구조변화와 비정규직」. 최장집 엮음. 『위기의 노동』. 후마니타스.
김이선·김민정·한건수. 2006. 「여성 결혼이민자의 문화적 갈등 경험과 소통증진을 위한 정책과제」. 한국여성개발원.
김종숙·이선행·윤병욱. 2006. 「여성 근로 빈곤계층과 노동시장정책」. 한국여성개발원.
김지혜. 2013. 「국민기초생활보장법 부양의무자 기준의 위헌성」. ≪공법연구≫, 제41권 3호, 111~135쪽.
김태성·손병돈. 2007. 『빈곤과 사회복지정책』. 청목.
_____. 2016. 『빈곤론』. 형지사.
김태완 외. 2007. 『2007년 빈곤통계연보』. 한국보건사회연구원.
_____. 2008. 『2008년 빈곤통계연보』. 한국보건사회연구원.
김태완 외. 2013. 「2013년 최저생계비 계측조사 연구」. 보건복지부·한국보건사회연구원.
김현미·김민정·김정선. 2008. 「'안전한 결혼 이주'?: 몽골 여성들의 한국으로의 이주 과정과 경험」. ≪한국여성학≫, 제24권 1호, 121~155쪽.

김호진·최종철·양수정. 2013.「2013년 장애인 경제활동 실태조사」. 한국장애인고용공단 고용개발원.
김혜승. 2007.「최저주거기준을 활용한 2006년 주거복지소요추정 연구」. 국토연구원.
남기철. 2004.「체험지역 가계부 및 생활비 조사 결과」. ≪복지동향≫, 제71호, 6~19쪽.
_____. 2007.『노숙인과 사회복지 실천』. 한국학술정보.
노대명 외. 2006.「새로운 도시빈곤으로서 근로빈곤층의 발생과 대책」. ≪한국지역지리학회지≫, 제12권 6호, 671~692쪽.
_____. 2007a.「빈곤의 동태적 특성 연구: 2003~2005년」. 한국보건사회연구원.
_____. 2007b.「근로빈곤층에 대한 국제 비교 연구: 실태와 정책을 중심으로」. 한국보건사회연구원.
다나카 유·가시다 히데키·마에키타 미야코. 2007.『세계에서 빈곤을 없애는 30가지 방법』. 이상술 옮김. 알마.
데이비스, 마이크(Mike Davis). 2007.『슬럼, 지구를 뒤덮다』. 김정아 옮김. 돌베개.
드림스타트사업지원단. 2008.「2008 드림스타트사업 교육매뉴얼」.
류정순. 1996.「한국 도시가계의 빈곤선 재정립에 관한 연구」. 동국대학교 박사학위논문.
박경동. 2007.「다문화가족 형성과 갈등에 대한 연구: 한국의 광주, 전남지역 사례를 중심으로」. 전남대학교 석사학위논문.
박경준. 2004.「자본주의와 빈곤, 그리고 무소유」. ≪불교평론≫, 제19호.
박경태·안태숙·남현주. 2006.「미군 관련 혼혈인 실태조사 및 중장기 지원 정책방안」. 여성가족부.
박대식·마상진·심재만. 2006.「농촌사회의 양극화 실태와 정책과제」. 한국농촌경제연구원.
박병현 외. 2007.『동아시아 사회복지 연구』. 공동체.
박성정 외. 2008.「고령층 여성의 직업 능력개발지원 방안」. 한국여성정책연구원.
박순일. 1994.「선진국 경제의 문턱에서 본 한국의 빈곤현실과 사회보장」. 일신사.
박순일 외. 1994.「최저생계비 계측 조사 연구」. 한국보건사회연구원.
박영란. 2005.「이중의 빈곤, 빈곤의 여성화」. 최장집 엮음.『위기의 노동』. 후마니타스.
박찬용·강석훈·김태완. 2002.「소득분배와 빈곤 동향 및 변화 요인 분석」. 한국보건사회연구원.
박찬용 외. 1998.「최저생계비계측모형개발」. 한국보건사회연구원.
박홍주. 2005.「성별화된 노동시장, 주변화된 여성노동자」. 최장집 엮음.『위기의 노동』. 후마니타스.
방하남·김기헌. 2003.「한국사회의 교육계층화: 연령 코호트 간 학력 단계별 차이」.

≪한국사회학≫, 제37권 4호, 31~65쪽.
배화옥. 2008.「아동빈곤 결정요인 분석: 가족요인과 사회요인 한국보건사회연구원」. ≪보건복지포럼≫, 통권 139호, 23~32쪽.
배화옥·강지영. 2015.「아동방임 재발유형과 관련요인」. 한국보건사회연구원. ≪보건사회연구≫, 제35권 1호. 455~474쪽.
백학영. 2006.「저소득 독거노인의 빈곤 경험에 관한 질적 연구」. ≪사회복지연구≫, 제31권, 5~39쪽.
변용찬 외. 2004.「장애인의 종합적 소득보장체계 구축방안」. 한국보건사회연구원.
보건복지가족부. 2009.「2009 국민기초생활보장사업 안내」.
보건복지부. 2014.『2014년도 보건복지백서』.
_____. 2016.「2016년 국민기초생활보장사업안내」. 보건복지부.
보건복지부·중앙아동보호전문기관. 2014.『2013 전국 아동학대 현황보고서』. 보건복지부·중앙아동보호전문기관
삭스, 제프리(Jeffrey Sachs). 2006.『빈곤의 종말』. 김현구 옮김. 21세기북스.
서울시 주거환경개선정책 자문위원회. 2009.「서울시 주거환경개선정책 종합점검 및 보완발전방안」. 서울시 주거환경개선정책 공청회 자료집.
서울연구원. 2013.『지도로 본 서울』.
석상훈·김헌수. 2012.「노인빈곤의 실태와 결정요인 분석: 생애 근로이력과의 연관성을 중심으로」. ≪재정학연구≫, 제5권 3호(통권 74호), 99~124쪽.
석재은. 2003.「여성의 빈곤실태 분석과 탈빈곤 정책과제 개발」. 한국보건사회연구원.
_____. 2007.「여성과 빈곤」. 한국도시연구소 엮음.『한국사회의 신빈곤』. 도서출판 한울.
설동훈. 2007.「혼혈인의 사회학: 한국인의 위계적 민족성」. 영남대 인문과학연구소. ≪인문연구≫, 제52권, 125~160쪽.
설동훈 외. 2005.「국제결혼 이주여성 실태조사 및 보건복지 지원 정책방안」. 보건복지부.
설동훈·이혜경·조성남. 2006.「결혼이민자 가족 실태조사 및 중장기 지원정책방안 연구」. 여성부.
설동훈·한건수·이란주. 2003.「국내거주 외국인노동자 아동의 인권실태조사」. 국가인권위원회.
성효용·강동관·강병구. 2015.「외국인 노동자의 임금결정 요인 분석」. ≪여성경제연구≫, 제12집 2호.
손낙구. 2008.『부동산 계급사회』. 후마니타스.
손병돈. 1998.「가족간 소득이전의 결정요인」. 서울대학교 박사학위논문.

_____. 1999. 「사적 소득이전의 빈곤완화 효과」. ≪한국사회복지학≫, 제39권, 157~179쪽.
_____. 2006. 「한국과 미국, 영국의 공공부조제도 급여수준 비교」. ≪사회복지연구≫, 제30호, 243~277쪽.
손병돈 외. 2008. 『사회복지와 인권』. 양서원.
_____. 2013. 「국민기초생활보장제도 부양의무자 기준 개선방안에 관한 연구」. 보건복지부 평택대학교 산학협력단.
신명호 외. 2004. 「'사회적 배제'의 관점에서 본 빈곤층 실태 연구」. 한국도시연구소.
신현중. 2008. 「OECD국가의 아동 및 노인복지지출규모의 상쇄현상 추세와 아동빈곤율과의 관계」. ≪정책분석평가학회보≫, 제18권 2호, 99~126쪽.
양극화·민생대책위원회. 2007. 『참여정부 사회정책 돋보기』.
여성부. 2004. 『여성백서』.
여유진 외. 2003. 「국민기초생활보장제도 부양의무자기준 개선방안 연구」. 한국보건사회연구원.
_____. 2005. 「빈곤과 불평등의 동향 및 요인 분해」. 한국보건사회연구원.
_____. 2007. 「2007년 최저생계비 계측조사 연구」. 한국보건사회연구원.
_____. 2015. 「사회통합 실태진단 및 대응방안 II: 사회통합과 사회이동」. 한국보건사회연구원.
윤인진. 2004. 「탈북자의 한국사회 적응문제」. ≪북한≫, 2004년 9월호, 79~ 87쪽.
윤일성. 2005. 「영국의 노숙자 연구: 원인과 정책을 중심으로」. 한국인구학회. ≪한국인구학≫, 제28권 1호, 235~275쪽.
윤정혜. 2013. 「(주요 고용이슈 심층 분석) 외국인 고용 현황과 시사점」. 한국고용정보원. ≪고용동향브리프≫, 11월호.
윤진호 외 편역. 2004. 『선진국의 빈부격차와 차별시정을 위한 국가행동계획 사례 연구』. 서울사회경제연구소.
이강국. 2008. 『가난에 빠진 세계』. 서울: 책세상.
이두호 외. 1991. 『빈곤론』. 나남.
이미숙. 2005. 「한국 성인의 건강불평등」. ≪한국사회학≫, 제39집 6호, 183~209쪽.
이병희 외. 2008. 「노동시장의 구조변화와 고용변동」. 한국노동연구원.
이병희·반정호. 2009. 「근로빈곤층의 실태와 동학」. 한국사회과학연구소. ≪동향과 전망≫, 제75호, 215~244쪽.
이병희·정성미. 2008. 「08년도 경제활동인구조사 부가조사 결과 분석」. 한국노동연구원.
이상록·백학영. 2008. 「한국사회의 빈곤구조의 지역편차 분석」. ≪한국사회복지학≫,

제60권 4호, 205~230쪽.
이소정 외. 2008.「노년기 사회경제적 불평등의 다차원적 구조 분석」. 한국보건사회연구원.
이재환. 2009.3.9. “폭력사각지대, 결혼이주민: ‘죽거나 죽여야’ 표면에 드러나는 국제결혼 문제”, ≪시민사회신문≫.
이정우. 1991.『소득분배론』. 비봉출판사.
이정우·이성림. 2000.「경제위기와 빈부격차: 1997년 위기 전후의 소득분배와 빈곤」. 서울사회경제연구소.
이주미·김태완. 2014.「우리나라 노인가구의 소득 및 자산빈곤 실태와 정책방안」. ≪보건복지포럼≫, 통권 212호, 64~73쪽.
이태진 외. 2007.「노숙인 정책의 평가와 개선방안」. 한국보건사회연구원.
이현주·강신욱. 2008.「경기침체기 사회보장제도의 대응방안 모색」.『경제위기에 대비한 사회정책 핵심과제』. 한국보건사회연구원·한국사회복지정책학회 공동주관 정책토론회 발표자료(2008. 12. 11).
이현주·박소영. 2000.「경제위기가 저소득가구의 아동학대에 미치는 영향 분석」. 한국보건사회연구원. ≪보건사회연구≫, 제20권 1호.
이현주 외. 2005.「차상위계층 실태분석 및 정책제안」. 보건복지부·한국보건사회연구원.
_____. 2006.「우리나라 빈곤실태와 정책적 함의: 구조 분석을 중심으로」. 한국보건사회연구원.
_____. 2008.「2006년 차상위계층 실태분석 및 정책제안」. 보건복지가족부·한국보건사회연구원.
이혜영·김미란·한준. 2006.「학교교육이 사회계층 이동에 미치는 영향 분석」. 한국교육개발원.
임석준. 2004.「세계화와 고용 불안정의 일상화」. ≪당대비평≫, 제26호, 123~138쪽.
임세희. 2015.「최저주거기준 미달가구의 결정요인」. 한국사회복지정책학회, ≪사회복지정책≫, 제42권 4호.
임영인. 2009.『내가 누구인지 알려주세요』. 삶이 보이는 창.
임완섭·이주미. 2014.『2014년 빈곤통계연보』. 한국보건사회연구원.
장미혜 외. 2013.「여성노인의 노후 빈곤 현황 및 대응정책」. 한국보건사회연구원·한국여성정책연구원.
전기택 외. 2013.「2012년 전국 다문화가족 실태조사 연구」. 여성가족부.
전병유·김혜원·신동균. 2005.「노동시장의 양극화와 정책과제」. 한국노동연구원.
정경희 외. 2014.「2014년도 노인실태조사」. 보건복지부·한국보건사회연구원.

정은희·이주미. 2015.『2015년 빈곤통계연보』. 한국보건사회연구원.
주영수. 2008.「노숙인 사망실태와 해결방안 모색」. 인의협 노숙인진료소 10주년 기념 심포지엄 발표자료.
최금해. 2007.「조선족 여성들의 한국결혼생활 적응유형에 관한 질적 연구」. ≪여성연구≫, 제72권 1호, 143~188쪽.
최은진. 2015.「아동의 신체적 건강상태와 정책과제」. 한국보건사회연구원 보건복지포럼(2015.2).
최장집 엮음. 2005.『위기의 노동』. 후마니타스.
최현수·류연규. 2003.「우리나라의 노인빈곤 동향 및 빈곤구성에 대한 연구」. ≪한국노년학≫, 제23권 3호, 143~160쪽.
토인비, 폴리(Polly Toynbee). 2004.『거세된 희망』. 이창신 옮김. 개마고원.
통계청. 2001.「2000 가구소비실태조사」.
_____. 2006.「2006 사회통계조사」.
_____. 2008.「2007년 혼인통계 결과」.
_____. 2016a.「인구동향조사」.
_____. 2016b. "가계금융·복지조사로 본 가구의 동태적 변화 분석". 보도자료(2016. 2.29).
_____. 각 연도.『도시가계연보』.
통일부. 2015.『2015 통일백서』.
≪한겨레≫. 2009.5.14. "시간제 노동자가 40%, 그래도 차별은 없다".
한국농촌경제연구원. 2009. ≪농업·농촌경제동향≫. 2009년 봄호.
한국비정규노동센터. 2010.「2010년 3월 경제활동인구조사 근로형태별 부가조사 분석」. ≪월간 비정규노동≫, 7월호.
한국은행 경제통계국. 2009. 4.「우리나라의 고용구조 및 노동연관 효과」.
홍경준. 2003.「근로빈곤층의 사회보장 적용실태와 사각지대 개선방안」. ≪보건복지포럼≫, 제77호, 42~56쪽.
홍백의. 2005.「우리나라 노인빈곤의 원인에 관한 연구」. ≪한국사회복지학≫, 제57권 4호, 275~290쪽.
황익주. 1998.「세계화와 노동부문의 변화: 경기도 성남지방 공장근로자들의 사례연구」. ≪한국문화인류학≫, 제31권 1호.

Kerns, A. 2004. "Social, Capital, Regeneration and Urban Policy." ESRC Center for Neighbourhood Research. CNR paper 15.
Lott, Bernice. 2002. "Cognitive and Behavioral Distancing From the Poor."

American Psychologist. Vol. 57. No. 2, pp. 100~110.
OECD. 2004. "Benefits and Wages."
_____. 2015. "Education at a Glance 2015."
Rosenbaum, J. E., L. Reynolds and S. Deluca. 2002. "How do places matter? the Geography of Opportunity, Self-efficacy and a Look inside the Black Box of Residential Mobility." *Housing Studies*. Vol. 17, No. 1, pp. 71~83.
Rowntree, B. S. 1922. *Poverty: A Study of Town Life*, 2nd ed. London: Longman.
Scott, John. 1994. *Povery and Wealth: Citizenship, Deprivation and Privilege*. London: Longman.
Social Exclusion Unit. 2001. *A New Commitment to Neighbourhood Renewal: National Strategy Action Plan*. Cabinet Office.
Townsend, P. 1979. *Poverty in the United Kingdom*. London: Allen Lane.
UNICEF. 2005. "Child Poverty in Rich Countries 2005." Innocenti Report Card No. 6.

지은이

김수현

세종대학교 공공정책대학원에서 부동산정책, 주거복지 등을 가르치다가 현재는 잠시 휴직하고 서울연구원 원장을 맡고 있다. 서울대학교에서 주택정책에 관한 연구로 박사학위를 받았으며, 참여정부에서 사회정책비서관, 환경부 차관 등을 지내면서 현실 사회정책의 역할과 한계에 대해 고민했다. 주요 논저로 『위기의 부동산』(공저), 『주택정책의 원칙과 쟁점』, 「철거민이 본 철거」 등이 있다.

이현주

현재 한국보건사회연구원에서 일하고 있다. 서울대학교에서 사회복지 분야 연구로 박사학위를 받았으며, 최근에는 차상위 빈곤층과 사회복지행정 전달체계에 관한 연구에 집중해왔다. 그동안의 빈곤 연구를 정리해 「우리나라 빈곤실태와 정책적 함의」라는 보고서로 발표했다. 빈곤 현장과 만나면서 일선의 사회정책이 더욱더 인간적이 되었으면 하는 바람을 더욱 강하게 갖게 되었다.

손병돈

현재 평택대학교 사회복지학과 교수로 재직 중이다. 서울대학교에서 사회복지정책 분야 연구로 박사학위를 받았다. 함께 잘 사는 사회와 이에 보탬이 되는 사회복지를 꿈꾸고 있다. 주요 연구 분야는 빈곤과 사회복지정책이며, 한국 사회복지의 특성 및 발전 방향에도 많은 관심을 기울이고 있다. 주요 논저로 『사회복지정책론』, 『빈곤론』(공저) 등이 있다.

한울아카데미 1919

한국의 가난	새로운 빈곤, 오래된 과제 개정판
지은이	김수현·이현주·손병돈
펴낸이	김종수
펴낸곳	한울엠플러스(주)
초판 1쇄 발행	2009년 12월 28일
개정판 1쇄 발행	2016년 8월 30일
개정판 3쇄 발행	2024년 4월 10일
주소	10881 경기도 파주시 광인사길 153 한울시소빌딩 3층
전화	031-955-0655
팩스	031-955-0656
홈페이지	www.hanulmplus.kr
등록번호	제406-2015-000143호

ISBN 978-89-460-5919-1 03330

Printed in Korea.
※ 책값은 겉표지에 표시되어 있습니다.